조선 궁궐의 직업 세계

조선 궁궐의 직업 세계

지은이 박영규
1판 1쇄 인쇄 2024년 9월 25일
1판 2쇄 발행 2025년 5월 30일

발행처 ㈜옥당북스
발행인 신은영

등록번호 제2018-000080호
등록일자 2018년 5월 4일

주소 경기도 고양시 일산동구 위시티1로 7, 507-303
전화 (070) 8224-5900 **팩스** (031) 8010-1066

블로그 blog.naver.com/coolsey2
이메일 coolsey2@naver.com

값은 표지에 있습니다.
ISBN 979-11-89936-49-5 (03910)

저작권자 © 2024 박영규
이 책의 저작권은 저자에게 있습니다. 저자와 출판사의 허락 없이
내용의 일부 또는 전부를 복제·전재·발췌할 수 없습니다.

조선 궁궐의 직업 세계

궁궐은 조선 시대 최고의 일터였다

박영규 지음

옥당

서문

궁궐은 조선 시대 최고의 일터였다

조선 시대 '궁궐'이라고 하면 왕이 나라를 다스리고, 왕과 왕의 가족이 살았던 곳이라는 생각이 떠오른다. 누군가의 '직장'이었다고 생각하기는 쉽지 않다. 하지만 사실 궁궐은 조선 시대에 가장 많은 사람이 일터로 삼았던, 말 그대로 최강의 직장이었다.

예를 들어, 경복궁을 생각해보면 지금은 관광지로 구경꾼들이 많이 몰리는 곳이지만, 경복궁이 활발하게 운영되던 시절에는 하루에도 수천 명이 출퇴근하던 거대한 일터였다. 이곳에서 일하는 사람들은 신분도 매우 다양했다. 무수리나 의녀 같은 천민 여성들에서부터 숙수나 각종 기술공·군졸 등의 평민과 기술관료·하급 장교 같은 중인, 귀족층인 양반(문무 관리들)까지 다양한 사람들이 함께 생계 활동을 했다.

조선 시대 어느 직장도 궁궐만큼 크고 다양한 계층이 공존하는 공간은 없었다. 현대적 시각으로 보면 궁궐은 조선 시대를 대표하는 '최대 기업'이었다고 할 수 있다.

누구나 선망하는 직장

그렇기에 조선 시대 궁궐은 누구나 선망하는 최고의 직장이었다. 신분과 직급을 막론하고 당시 사람들은 궁궐에서 일하는 것을 선호했다. 그 업무가 무엇이든 상관없었다. 물을 긷는 일이든, 음식을 만드는 일이든, 옷을 짓는 일이든, 책을 만드는 일이든, 환자를 돌보는 일이든, 누군가를 시중드는 일이든, 문을 지키는 일이든 상관없이 자신이 처한 신분과 상황에서 맡을 수 있는 일이라면 그 일을 최고의 직업으로 여겼다.

심지어 월급을 받지 않는 직책이거나 계약직이라도 크게 개의치 않았다. 실제로 궁궐에서 일하는 사람들 중 무급직이거나 계약직인 경우가 훨씬 많았다. 그런데도 사람들은 어떻게든 궁궐에서 일하기를 원했다.

그들이 궁궐을 최고의 직장으로 여기는 데는 이유가 있었다. 궁궐에서 근무한다는 자부심과 외부의 시선뿐만이 아니라 조선의 그 어느 직장에서 근무하는 것보다 자신이 얻을 이익이 컸던 것이다. 비록 정규적인 급여가 없다고 하더라도 별도의 보상이 그 이상으로 주어질 것을 알았던 것이다. 그렇지 않고서야 어느 누가 그 고된 일들을 하려고 했겠는가?

조선 시대에도 워라밸 직종이?

요즘 젊은 직장인은 이른바 '워라밸'을 추구하는 경향이 짙다. 워라밸은 '워크 앤 라이프 밸런스(Work and life balance)'의 줄임말로 '일과 삶의 균형'을 뜻한다. 즉, 생존을 위한 노동 시간은 최대한 줄이고, 개인적 삶은 최대한 확충하여 행복을 추구하겠다는 의미다. 이 때문에 우리 사회의 젊은이들, 즉 워라밸 세대가 선호하는 직장은 기성세대와 많이 다르다.

기성세대는 대기업을 최고의 직장으로 여겼다. 이들은 노동 시간이 길고 강도 높은 직무를 요구하는 환경에서도 안정성과 높은 급여를 중요하게 생각했다. 반면, 워라밸 세대는 금전적 보상보다는 개인적인 삶의 질, 직장 문화의 유연성, 적절한 노동 강도와 노동 시간을 더 중시한다. 이들은 직장에서의 성장뿐만 아니라 개인의 자유로운 삶을 추구하며, 이를 중요하게 여긴다.

비록 근무 환경이나 상황은 다르지만, 조선 시대에도 워라밸을 추구하는 사람들이 있었다. 대표적으로 별정직인 별감들이 그러했다.

별감은 문과나 무과 같은 과거시험에 합격한 사람들은 아니었다. 그저 혈연, 지연 혹은 인간관계를 통해 직장을 얻은 사람들이었다. 이들은 문과나 무과 출신들처럼 과중한 업무에 시달리지 않았다. 물론 직급도 높지 않고, 책임질 일도 많지 않았다. 업무의 중요도도 높지 않았는데, 때로는 시시한 일들이 대부분이었다. 월급은 많지 않거나 아예 없었지만, 부수입은 짭짤했고, 화려한 옷을 입을 수 있었으며, 개인적인 시간도 많았다. 재미있는 점은, 이런 별감직이 매우 인기가 좋았다는 것이다. 궁궐의 별감으로 근무하고 있다고 하면 사람들이 부러워할 정도였다.

별감뿐만 아니라, 별로 대단하지는 않지만 인기 있는 직종들이 또 있었다. 예를 들어 내수사의 공노비나 관청의 창고지기인 창노도 그랬다. 이들은 노비였지만 권세도 있었고, 수입도 짭짤했다. 무엇보다 개인적인 시간을 많이 누릴 수 있었다. 내수사의 노비는 왕의 재산을 관리하면서 생기는 떡고물이 많았고, 창노는 관청에 채소를 대는 납품권을 가지고 있었다.

조선 시대 백성들이 신분과 상관없이 별감이나 내수사 공노비, 창노 같은 사람들을 부러워했다는 사실은 그 시대에도 워라밸을 추구하는 사람들이 있었다는 방증이 아닐까 싶다.

최고 직장의 어두운 그림자

조선 시대 궁궐엔 스무 개가 넘는 관청이 있었고, 거기에 딸린 직장인은 수천 명이었다. 이들은 스스로 최고의 직장에서 일하고 있다는 자부심을 가졌다. 궁궐은 당시 가장 '핫hot'한 직장이었기 때문이다.

하지만 어떤 직장이든, 특히 선호도가 높은 직장일수록 그만큼 어두운 면도 짙기 마련이다. 선호도가 높다는 것은 그곳에 들어가고자 하는 사람들이 많다는 뜻이고, 이는 자연스럽게 경쟁과 질시, 내부 공격이 많다는 것을 의미한다. 또한, 기득권을 쥔 선임자들의 횡포나 신입에 대한 지독한 신고식이 존재했을 가능성도 높다.

현대적인 관점에서 보면, 궁궐은 부정과 부패가 넘쳐났을 법하다. 월급이 없는 무록관들이 어떻게 경제생활을 했는지를 생각해보면 알 수 있다. 사실 앞으로 버는 돈보다 뒤로 버는 돈이 많다는 말이 궁궐의 직업 세계를 잘 설명해주는 말이다. 그러나 이는 궁궐만의 문제는 아니었다. 조선 사회 전반에 그러한 경향이 있었기 때문이다.

예를 들어, 각 관아의 아전이나 관졸은 월급을 한 푼도 받지 못했으나, 나름대로 잘 먹고 잘 살았다. 그 이유는 짐작하기 어렵지 않을 것이다. 이렇듯 한낱 관아의 아전들이 이러할진대 관가의 정점에 있었던 궁궐의 직장인들은 어떠했겠는가?

하지만 이러한 부정과 부패는 현대의 잣대로 판단한 결과일 뿐이다. 당시에는 많은 일이 부정·부패도 아니었고, 어떤 경우는 합법적이거나 관습적으로 인정되는 일일 때도 있었다. 따라서 조선 시대의 일을 이해하기 위해서는 폭넓은 관점에서 그 시대의 시각으로 바라볼 필요가 있다. 이 책은 그런 시각으로 조선의 궁궐에 접근했다.

이 책은 궁궐 안에 있는 관청들, 즉 궐내각사와 그곳에서 근무하던 사람들의 이야기를 주로 다룬다. 궁궐을 왕의 통치 공간이 아닌, 백성들의 직장으로 바라보며, 그곳의 일을 국사가 아닌 직장인의 직업이라는 관점에서 조명하고 있다. 물론 궁궐 직장인들의 모든 이야기를 담아내진 못했지만, 가능한 범위 내에서 그들의 직업 세계를 살펴보고자 노력했다.

필자가 이 책을 통해 추구하는 바는 단순하다. 궁궐을 단순히 왕이 나라를 다스리기 위해 사용한 통치 공간으로만 보지 말고, 수많은 직장인들이 자신의 직업에 최선을 다한 일터로 인식을 바꿔서 봐보자는 것이다. 그리하면 역사가 현대로 걸어오는 놀라운 경험과 만나게 될 것이다. 부디 이 책이 여러분에게 그런 경험이 되길 기대해본다.

2024년 9월
일산 우거에서
박영규

차례

서문 궁궐은 조선 시대 최고의 일터였다 _ 04

0장 궁궐 조선에서 가장 핫한 직장

- 01 궁궐은 조선 최고의 직장 _ 21
- 02 조선을 대표하는 5궁 _ 25
- 03 궁궐 속 베스트 잡job은? _ 30
- 04 계약직과 무보수가 득실대는 곳 _ 34
- 05 월급보다 뒤로 버는 수입이 더 많은 별감 _ 39
- 06 괴로운 신고식에 시달린 조선의 직장인들 _ 44

1장 홍문관 문관들의 직장 선호도 1위

- 07 집현전에서 시작된 인재 양성의 텃밭 _ 49
- 08 서적 관리, 왕을 위한 정치 자문 _ 58
- 09 감시와 시비, 공격에 시달리는 관원들 _ 62
- 10 조선에서 가장 영예로운 선비, 대제학 _ 67

2장 **예문관** 목숨 걸고 역사를 기록하는 곳

11 왕을 그림자처럼 따라다니며 작성한 시정기 _73
12 사관의 임무에 충실한 죄로 귀양 간 민인생 _77
13 사관은 술도 잘 먹고 시도 잘 지어야 _82
14 피바람을 불러온 가장 사초 _85

3장 **승정원** 정승 판서로 가는 징검다리

15 조선 왕의 비서기관이자 출세의 전당 _91
16 임금의 눈과 귀, 손과 발이 되었던 주서와 서리 _96

4장 **사간원** 직언과 직간

17 관료 중에 가장 꼿꼿한 집단 _101
18 사간원과 사헌부의 대립을 이용해 인사 문제 해결한 태종 _105

5장 **승문원** 외교의 최전선

19 외교 문서는 우리 손에서 나온다 _111
20 글자 하나 토씨 하나의 오류도 용납되지 않는 곳 _115

6장 교서관 인쇄와 글씨 전담

21 조선의 출판과 인장 관리 _121
22 교서관에 승려가 근무했다? _124

7장 세자시강원과 세자익위사 세자 보필

23 미래 권력의 산실 _131
24 세자시강원 출신의 세도가 홍국영 _135

8장 상서원 옥새와 병부 관리

25 조선에서 가장 중요한 도장, 옥새 _143
26 군대를 움직이는 데 필요한 병부 _146
27 전국에 마패가 670개나? _149

9장 내의원 궁궐 속 왕실 전담병원

28 왕과 왕비의 병마를 다스리는 사람들 _155
29 조선 시대를 풍미한 어의들 _160
  - 세종이 신뢰한 조선 초 최고의 명의 **노중례** _160

- 조선의 편작으로 불린 《동의보감》의 편찬자 **허준** _ 163
- 한낱 마의에서 어의로 발탁된 까막눈 **백광현** _ 168

10장 의녀 조선의 여의사

30 조선 관비들의 선망 직종 1위 _ 173
31 온갖 일에 동원되는 의녀들 _ 181
32 양반들의 첩 선호도 1순위, 내의녀 _ 187
33 역사에 이름을 남긴 의녀들 _ 193

- 중종이 마지막까지 몸을 맡긴 주치의 **대장금** _ 194
- 충치 제거술의 달인 **장덕**과 **귀금** _ 201
- 중독 치료의 명의 분이와 내의녀 교육에 헌신한 **애종** _ 203

11장 궁녀 왕족의 생활비서

34 조선의 전문직 여성 공무원 _ 207
35 궁녀의 범주와 명칭 _ 211
36 7개 부서로 구성된 여관 조직 _ 220
37 상궁들의 핵심 보직 _ 224
38 궁녀의 근무방식과 월급 _ 228
39 궁녀들은 월급으로 무엇을 했을까? _ 232

12장 환관 왕족의 최측근 수행비서

41 왕조 시대의 특이 직업, 환관은 언제부터 있었을까? _ 239
42 환관의 조직화에 남다른 열정을 보인 이성계 _ 243
43 현실성과 합리성을 두루 갖춘 조선의 내시부 _ 246
44 조선 왕들은 환관들을 어떻게 대했을까? _ 254
  - 환관에게 호랑이처럼 굴었던 **태종** _ 254
  - 깐깐한 원칙으로 환관들을 휘어잡은 **세종** _ 256
  - 많은 환관을 공신으로 삼은 **선조**와 **광해군** _ 259
  - 환관에게 유독 엄했던 **영조** _ 261
  - 환관들의 횡포를 막기 위해 애쓴 **정조** _ 262

45 역사에 이름을 남긴 환관들 _ 264
  - 조선의 환관제도를 정착시킨 **김사행** _ 264
  - 단종의 마지막 보루 **엄자치** _ 268
  - 연산군의 학정을 꾸짖다 참혹하게 살해된 **김처선** _ 273

13장 경연청 왕을 위한 정치 학교

46 왕과 신하들의 정치 토론장 _ 283
47 왕비에게 쫓겨나 경연청에서 자야 했던 태종 _ 286

14장	**선전관청** 무관들의 직장 선호도 1위
48	가장 가까이에서 왕의 목숨을 지키는 사람들 _ 291
49	고위직으로 가는 출세의 지름길 _ 295
50	왕과 힘겨루기도 마다하지 않는 선전관청 행수 _ 299
51	선전관 천거 문제로 억울하게 파직당한 박섬 _ 302

15장	**금군청** 최정예로 이뤄진 왕의 친위부대
52	왕을 지키는 700명의 무사들 _ 309
53	내금위에서 벌어진 별별 사건들 _ 313
54	천인 출신 겸사복을 얕보다 괘씸죄에 걸린 두 사람 _ 317

16장	**오위도총부** 조선의 합동참모부
55	군졸들의 호랑이로 군림한 도총부 관원들 _ 323
56	악습이 관습이 되어버린 '궐내행하' _ 326

17장 관상감 천문과 풍수 업무

57 조선의 자연과학 전문가 집합소 _ 333
58 조선 천문학의 대가 이순지와 《제가역상집》_ 337
59 관상감이 남긴 조선 천문 과학의 유산들 _ 341
60 조선의 '위대한 손' 장영실과 세종의 과학 혁명 _ 347

18장 사복시 말과 목장 관리

61 궁궐에서 가장 많은 인력을 부리는 곳 _ 351
62 점마별감 비리 사건 _ 355

19장 전설사 장막과 차일 전담

63 날씨에 운명이 달린 그들 _ 361
64 유악때문에 순식간에 죄인이 된 관원들 _ 365

20장 　 내수사　왕실 재산 관리

- 65 　알고 보면 최고 권력 기관 _ 371
- 66 　연산군 시절, 절정에 이른 내수사 별좌의 횡포 _ 375
- 67 　내수사의 고리대금업이 불러온 폐단 _ 379

21장 　 사옹원　조선 최고 요리사들의 일터

- 68 　궁궐 음식을 담당하는 곳 _ 385
- 69 　조선 왕조의 수라상과 궁중 음식의 대중화 _ 391
- 70 　궁중 식사를 책임진 반감들의 수난 _ 395

22장 　 상의원　조선 패션을 선도하는 곳

- 71 　왕실의 옷과 보석을 담당한 600명의 장인들 _ 401
- 72 　늘 가슴 졸이며 사는 상의원의 의복 장인들 _ 404
- 73 　'상방기생'으로 불린 침선비 _ 408

일러두기　이 책에 나오는 경복궁과 궐내각사 배치도는 궁궐 내 생활과 역할을 살피기 편하도록 재구성한 자료입니다. 현재 남아 있는 여러 경복궁도(국립중앙도서관, 서울역사박물관 소장 자료 등)를 토대로 하였습니다.

0장

궁궐
조선에서 가장 핫한 직장

경복궁과 궐내각사 배치도

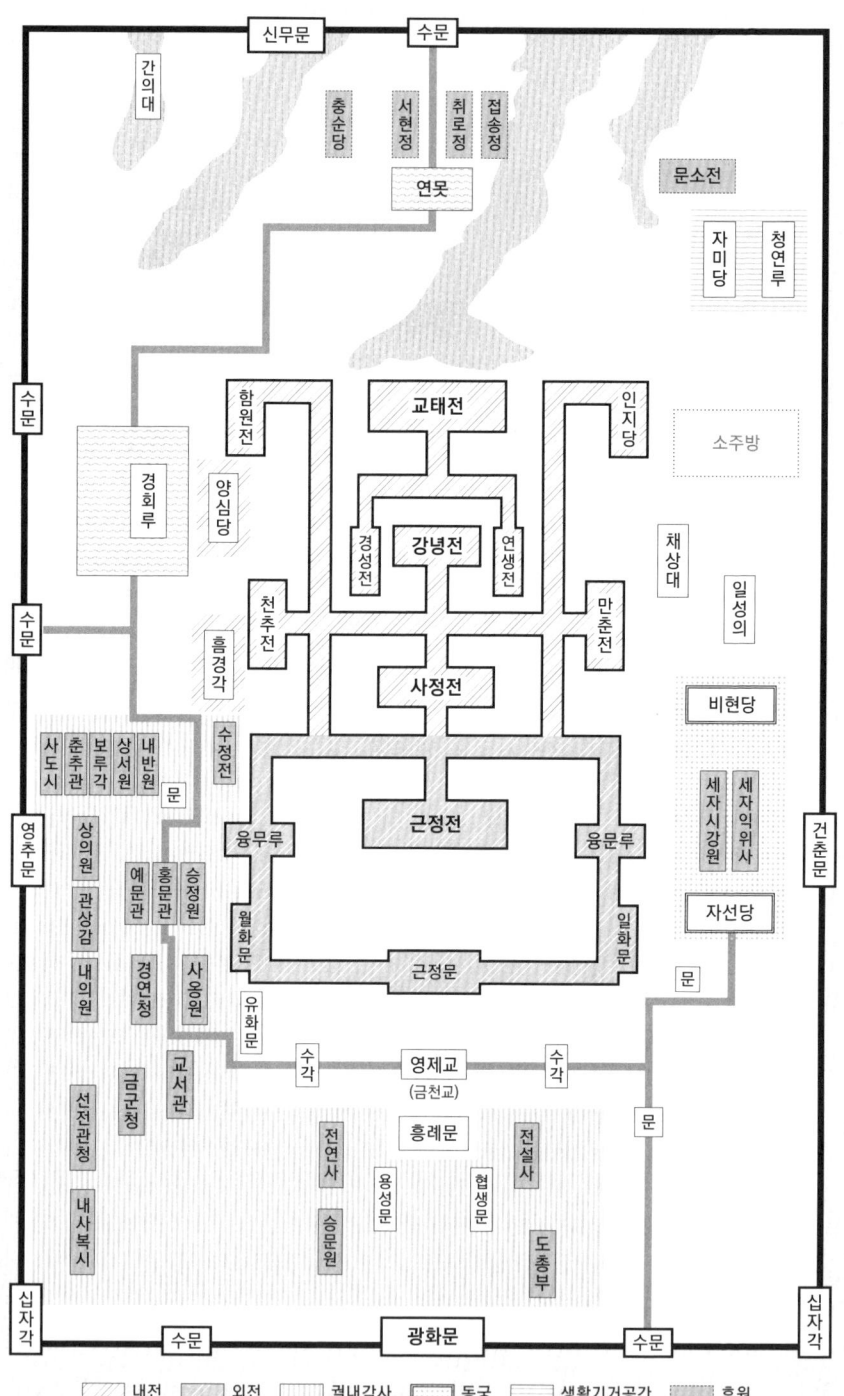

0장 | 궁궐, 조선에서 가장 핫한 직장

01

궁궐은 조선 최고의 직장

흔히 궁궐은 왕과 왕족이 사는 곳 정도로 인식할 뿐, 조선에서 가장 핫한 직장이었다는 생각까지는 하지 못한다. 그러다 보니 궁궐에 관한 이야기는 대부분 왕에 관한 것에 한정되기 쉽다. 하지만 궁궐을 직장의 관점에서 보면 전혀 다른 이야기가 전개된다. 궁궐은 나라의 주인인 왕의 업무 공간이자 생활 공간이기도 했지만, 많은 사람이 가장 선호하는 직장이기도 했다.

조선의 중앙관청은 크게 궐내각사와 궐외각사로 이루어져 있다. 궐내각사는 궁궐 내부에 있는 관청을, 궐외각사는 궁궐 외부에 있는 관청을 의미한다. '각사各司'는 '각각의 관아'라는 뜻으로, 궁궐 안의 궐내각사에 근무하는 사람들에게 궁궐은 곧 직장이었다.

궁궐의 구조 및 관청 배치

구분	설명
내전	임금이 개인적인 생활을 하는 곳. 정문에서 먼 안쪽에 위치 침전(임금의 사생활 공간), 중궁전(왕비의 거처), 대비전(대비의 거처), 후궁들의 전각
외전	임금이 업무를 수행하는 곳. 정문에서 가까이 위치 - **편전**: 평소 업무 공간. 사정전 - **정전**: 공식 행사 및 업무 공간. 경복궁의 근정전, 창덕궁의 인정전 등
경복궁 내 주요 문 배치	- **광화문**: 정문 - **흥례문**: 광화문 통과 후 위치 - **용성문**: 흥례문 왼쪽 문 - **협생문**: 흥례문 오른쪽 문 - **근정문**: 흥례문을 지나 보이는 문 - **유화문**: 근정문 왼쪽에 위치
궐내각사 배치	- **사옹원**: 유화문을 열고 들어가면 맨 앞에 위치 - **승정원, 홍문관, 예문관**: 사옹원 안쪽 - **흠경각, 내의원, 상서원, 보루각, 춘추관, 관상감, 내반원, 수정전**(집현전), **빈청, 경연청, 금군청, 선전관청, 액정서**: 정문에서 서남쪽 위치
기타	- **동궁**: 근정전 오른쪽 일화문을 빠져나가면 위치 (세자가 거처하는 곳) - 궁궐 내에는 20여 개 관청이 존재하며, 다양한 계층의 사람들이 근무

    궁궐을 직장으로 둔 사람들은 신분상으로 최상층인 양반부터 최하층인 노비까지 모든 계층을 포함했고, 업무적으로는 관리직, 비서직, 사무직, 전문직, 기술직, 경비직, 잡직 등 매우 다양했다. 이들 대부분은 매일 출퇴근을 했는데, 이들은 어디서 근무하며 어떤 처우를 받았을까?

    궁궐은 크게 내전과 외전으로 구분된다. 내전은 왕과 그 가족들의 생활 공간이며, 외전은 왕의 업무 공간이다. 내전은 궁궐 깊숙한 곳에 위치하며, 임금이 사생활을 하는 침전, 왕비가 머무는 중궁전, 대비가 머무는 대비전, 후궁들과 궁녀들이 머무는 여러 건물이 모여 있다. 외전은 임금이 평소에 업무 공간으로 사용하는 편전(사정전)을 기점으로 바깥쪽에 배치되어 있다. 편전 바깥에는 경복궁의 근정전, 창덕궁의 인정전, 창경궁의 명정전 등과 같이 공식 행사를 치르는 정전이 있으며, 정전의 담 바깥에는 왕을 보좌하는 신하들의 사무실인 궐내각사가 있다.

궁궐을 직장으로 삼아 출퇴근하는 사람들은 모두 궁궐 속에 있는 관청인 궐내각사에서 근무했다. 궐내각사는 구체적으로 궁궐 어느 곳에 배치되어 있었을까? 경복궁을 예로 들면, 정문인 광화문을 들어서면 홍례문이 보이고, 홍례문을 중심으로 왼쪽에는 교서관과 전연사가, 오른쪽에는 전설사가 있었다. 홍례문 왼쪽의 용성문을 열고 들어가면 내사복시가, 반대편 문(협생문)을 열고 들어가면 오위도총부가 있었다.

이 관청들의 임무가 무엇인지는 뒤에 논하기로 하고, 경복궁 안으로 계속 들어가 보자. 홍례문을 열고 안으로 들어서면 정면으로는 근정문이 보이고, 왼쪽으로는 유화문이 있었다. 대다수의 궐내각사는 유화문을 열고 들어가면 만날 수 있었다.

유화문을 열고 들어가면, 사옹원이 맨 앞에 있고, 그 안쪽에는 승정원, 홍문관, 예문관이 나란히 있었다. 더 안쪽으로 들어가면 흠경각, 내의원, 상서원, 보루각, 춘추관, 관상감, 내반원, 수정전(집현전), 빈청, 경연청, 금군청, 선전관청, 액정서 등을 볼 수 있었다. 그리고 홍례문을 열고 안으로 들어서면 근정문이 보이는데, 근정문 안으로 들어서면 정전인 근정전이 있고, 그 오른쪽에 있는 일화문을 빠져나가면 세자가 머무는 동궁이 나왔다.

　이처럼 궁궐 안에는 20여 개의 관청이 있었으며, 이곳에서는 양반부터 노비까지 다양한 계층의 사람이 매일같이 출퇴근하며 근무했다. 이들은 신분에 상관없이 궁궐에서 근무한다는 사실만으로도 대단한 자부심을 가졌다. 심지어 계약직이거나 월급이 없더라도 궁궐에서 근무하는 것을 매우 선호했다. 조선 시대 궁궐은 그만큼 핫hot한 직장이었다.

0장 | 궁궐, 조선에서 가장 핫한 직장

02

조선을 대표하는 5궁

조선 시대 사람들이 가장 선호하던 직장인 궁궐을 얘기하려면 조선의 대표적인 궁궐인 5궁에 대해서 알 필요가 있다. 그 전에 먼저 궁궐이라는 명칭에 대해 알아보자.

궁궐은 왕과 왕족이 살던 '궁宮'과 궁전 출입문 좌우에 세웠던 망루나 담장을 일컫는 '궐闕'을 합친 말이다. 그리고 궁궐은 쓰임새에 따라 몇 가지로 나눈다. 우선 임금님이 항상 거처하며 정사를 돌보는 궁궐을 '정궁正宮' 또는 '법궁法宮'이라고 하고, 정궁에 불이 났거나 수리를 할 일이 있어 잠시 옮겨 가서 일을 하는 곳을 '이궁離宮'이라고 한다. 그 외에 '별궁別宮'과 '행궁行宮'이 있는데, 임금이 왕위에 오르기 전이나 왕위에서 물러나 상왕이 되어 머무르던 집, 왕비나 세자빈을 맞아들이던 곳을 별궁이라고 하고, 임금이 피난을 가거나 휴가를 갈 때 잠시 묵던 집을 행궁이라고 한다.

쓰임에 따른 궁궐 명칭

구분	내용
정궁 또는 법궁	임금이 항상 거처하며 정사를 보는 곳
이궁	정궁이 수리 중이거나 문제가 발생했을 때 임시로 거처하는 곳
별궁	왕위에 오르기 전이나 상왕이 된 후 머무르던 집, 왕비나 세자빈을 맞이하는 곳
행궁	임금이 피난하거나 휴가 시 머무르는 곳

이 다양한 궁들 중에 조선 왕조를 대표하는 경복궁, 창덕궁, 창경궁, 경희궁, 덕수궁 등을 5궁이라고 한다. 이 중 가장 먼저 지어진 곳은 경복궁이다.

하지만 조선 왕실에서는 경복궁을 꺼렸다. 조선 왕조 건국 이후 1398년에 이방원에 의한 제1차 왕자의 난이 일어난 후, 당시 왕이었던 정종은 1399년에 한성을 떠나 개경의 수창궁으로 옮겨 간다. 그런데 1400년 정월, 개성에서 다시 이방간에 의해 제2차 왕자의 난이 일어나자, 정종은 왕위를 이방원에게 넘기고 상왕으로 물러났다. 이방원이 태종으로 즉위한 후, 1405년에 다시 한성으로 돌아오게 되었으나, 태종은 경복궁으로 가지 않고 새로운 궁궐을 짓게 된다. 이 궁궐이 바로 조선의 두 번째 궁궐인 창덕궁이다.

이후 창덕궁은 조선 왕실이 가장 많이 사용한 궁궐이 되었다. 공식적으로 조선의 법궁은 경복궁이었고, 창덕궁은 이궁에 불과했지만 정작 조선 왕실이 가장 오랫동안 사용한 궁궐은 창덕궁이었다. 왕자의 난을 겪으면서 경복궁에 뿌려진 피 때문에 왕들이 경복궁을 꺼림칙하게 여겼기 때문이었다.

창덕궁 이후 세 번째 지어진 궁궐은 창경궁이었다. 창경궁은 창덕궁 동쪽에 담 하나를 사이에 두고 건설되었다. 그래서 창덕궁과 창경궁을 합쳐 동궐이라고 부르기도 한다. 창경궁의 원래 이름은 수강궁이었는데, 세종이 즉위하면서 상왕 태종을 모시기 위해 지은 것이었다. 이후 성종 때 세조의 왕비 정희왕후와 성종의 생모 소혜왕후, 예종의 계비 안순왕후 등 3명의 대비를 모시기 위해 더욱 확장한 뒤 창경궁으로 이름을 바꿨다. 따라서 창경궁은 원래 별궁으로 지어진 건물임을 알 수 있다.

창경궁은 조선사의 비극을 오롯이 안고 있는 궁궐이다. 숙종의 후궁 장희빈이 이곳에서 자진형을 받았고, 영조 또한 이곳에서 사도세자를 뒤주에 가둬 죽였다. 그리고 일제강점기 때에는 창경원이라는 이름으로 동물원과 유원지로 전락해버렸다.

창경궁에 이어 네 번째 지어진 궁궐은 덕수궁이었다. 1592년 임진왜란이 일어나 경복궁과 창덕궁, 창경궁 등이 모두 소실되자, 1593년에 한성으로 돌아온 선조는 성종의 형 월산대군의 사저였던 곳을 임시 거처로 사용하였다. 선조는 1608년에 사망할 때까지 이곳에서 거처하였고, 이어 광해군이 왕위에 올라 1611년에 창덕궁을 중건하여 돌아갈 때 이곳을 경운궁이라고 지었다. 하지만 광해군은 창덕궁에서 단종과 연산군이 연이어 폐위된 것을 꺼림칙하게 여긴 나머지 다시 경운궁으로 돌아와 머물렀다. 그런데 경운궁은 너무 좁고 시설이 미진한 곳이었다. 그래서 1615년에 창덕궁과 창경궁 중건 작업이 거의 완료되자, 광해군은 다시 창덕궁으로 돌아가게 된다. 하지만 이때 그의 계모인 인목대비는 옮겨가지 않았고, 이후 정치적 상황이 더욱 악화되어 인목대비는 이곳에 유폐되기에 이른다. 그 무렵부터 경운궁은 경복궁의 서쪽에 있다고 해서 서궁으로도 일컫게 된다. 이후 줄곧 경운궁으로 불리다가 1907년에 고종이 퇴위해 머물게 되면서 덕수궁으로 개칭되었다.

조선 5궁 중 가장 마지막으로 지어진 궁궐은 경희궁이다. 경희궁의 원래 이름은 경덕궁이었다. 경덕궁은 원래 인조의 아버지인 원종(정원군)의 사저가 있던 곳이었는데, 임진왜란 이후 정원군의 집에 왕기가 서렸다는 말이 돌자, 광해군이 왕기를 누르기 위해 1617년에 그 집을 빼앗아 지은 궁궐이다.

이후 인조반정이 일어나 경덕궁은 사용되지 않았다. 그런데 인조 즉위 후 창덕궁에 화재가 나서 불에 타는 사태가 벌어졌고, 설상가상으로 이괄의 난이 일어나 창경궁마저 불타버렸다. 그래서 인조는 어쩔 수 없이 버려뒀던 경덕궁에 거처하게 되었다. 이후로 경덕궁은 조선 왕실이 이궁으로 많이 사용하게 된다. 숙종은 이곳에서 태어났고, 이곳에서 죽음을 맞이하기도 했다. 또 경종, 정조, 헌종은 이곳에서 즉위식을 가졌으며, 영조와 순조는 이곳에서 임

조선의 5대 궁궐

궁궐명	별칭	건설 시기	설명	역사적 배경 및 용도
경복궁	-	1395년	조선 왕조 첫 궁궐. 1592년 임진왜란 때 전소, 1865년(고종2) 흥선대원군이 중건	초기에는 조선 왕실의 주요 궁궐이었으나, 왕자의 난 이후 사용을 꺼림. 이후 법궁으로 지정되었으나, 창덕궁이 더 많이 사용됨
창덕궁	동궐	1405년	경복궁 이후 세운 조선의 두 번째 궁궐	조선 왕실이 가장 오랫동안 사용한 궁궐. 경복궁의 피로 인한 꺼림칙함을 피해 사용됨
창경궁	수강궁, 별궁, 동궐	1483년	창덕궁 동쪽에 위치. 동향 배치	원래 별궁으로 지어졌으며, 후에 확장되어 창경궁으로 명칭 변경됨. 숙종의 장희빈 자진형, 영조의 사도세자 가두기 등 비극의 장소
덕수궁	경운궁, 서궁	-	월산대군의 사저를 선조가 임시 거처로 사용. 1615년에 경운궁으로 이름 변경. 이후 덕수궁으로 개칭됨	임진왜란 후 건설되었으며, 광해군과 인목대비의 유폐지로 사용됨. 1907년 고종 퇴위 후 덕수궁으로 개칭
경희궁	경덕궁, 서궐	1617년	원종의 사저를 개조하여 만든 궁궐	인조 즉위 후 창덕궁과 창경궁의 화재로 사용됨. 숙종, 경종, 정조, 헌종의 즉위식이 열렸고, 영조 때 경희궁으로 이름 변경됨

종을 맞이했다. 그런 까닭에 경덕궁에는 98채나 되는 많은 전각이 세워졌다. 그리고 영조 때에는 경희궁으로 이름이 바뀌었다. 경덕이라는 이름이 원종의 시호인 경덕과 한자는 다르지만, 소리가 같아 경희로 바뀌게 된 것이다. 경희궁은 경복궁의 서쪽에 위치해 있고, 동궐과 비견된다고 하여 서궐로도 일컬어졌다.

0장 | 궁궐, 조선에서 가장 핫한 직장
03

궁궐 속 베스트 잡_{job}은?

조선의 궁궐에는 20여 개의 궐내각사가 있는데, 이 기관들의 임무는 크게 3가지로 구분되었다. 첫째는 왕의 업무를 보좌하는 것, 둘째는 왕과 왕족의 신변을 보호하는 것, 셋째는 사생활을 뒷받침하는 것이었다. 왕의 업무 보좌 역할을 하는 기관으로는 승정원, 홍문관, 예문관, 승문원, 상서원, 교서관, 춘추관, 빈청, 오위도총부 등이 있었다. 이들의 주된 임무는 국정 논의, 자문, 문서 작성, 군무 등이었다. 신변 보호 역할은 금군청과 선전관청이 담당했다. 그리고 내반원을 비롯하여 내의원, 사복시, 내사복, 액정서 등은 사생활을 뒷받침하는 역할을 했다.

그렇다면 이 기관들 중에 조선 사람들이 가장 선호하고 우러러보는 직장, 즉 베스트 잡은 어디였을까? 조선은 신분 사회였으니, 당연히 양반들의 선호도가 가장 높은 직장을 꼽을 수 있을 것이다. 조선은 왕조 사회로서 왕을 정점으로 모든 것이 결정되는 구조였다. 왕은 입법, 사법, 행정권을 모두 가진 절대 권력자였다. 그리고 양반은 왕의 명령을 받아 권력을 행사하는 계층이었다. 따라서 양반의 직장 선호도는 당연히 왕과의 거리와 비례한다.

조선 관리가 선호한 최고의 직장

분류	직장	주요 임무	장점	기타 정보
문관	홍문관	학문 연구, 자문, 언론 활동	왕과 가까운 위치, 위험 및 업무 부담 적음, 예문관 상위 직책 겸함	청요직 중 으뜸, 문관 선호 1위
무관	선전관청	부신 출납, 왕명 전달, 왕의 목숨 보호	왕의 신임 높음, 고속 승진 특전, 왕의 가장 가까이서 경호 담당	무반들의 승정원, 무관 선호 1위

그렇다면 조선의 관직 중에서 왕과 가장 밀접한 기관은 어디였을까? 우선 문관직을 살펴보면 왕의 비서기관인 승정원, 왕의 자문기관이자 언론 기관인 홍문관, 왕의 글을 짓고 사초를 작성하는 예문관을 꼽을 수 있다.

이 세 기관의 공통점은 모두 대궐 안에 있었다는 것이다. 이곳의 관원이 된다는 것은 출세가도에 올랐다는 뜻이기도 했다. 특히 이들 기관 중에 홍문관을 최고의 부서로 쳤는데, 홍문관은 '가장 깨끗한 요직'이라는 뜻의 청요직淸要職 중에서도 으뜸이었다. 청요직이란 청직淸職과 요직要職을 합친 말로, 청직은 사헌부, 사간원, 홍문관 등 삼사와 사관史官의 임무를 비롯해 왕의 교서 작성을 맡은 예문관을 일컫고, 요직은 육조 중에서 이조, 예조, 병조를 일컫는다.

이 청요직의 으뜸으로 친 홍문관은 예문관과 함께 나라의 학문을 책임질 뿐 아니라 임금의 자문기구이면서 동시에 언론 기관이었다. 하지만 직접적인 권력을 행사하지 않기 때문에 책임도 무겁지 않았다. 사헌부와 사간원과 함께 언론삼사言論三司로 불리었지만 사헌부는 권력을 행사하는 곳이고, 사간원은 간쟁을 전담하는 부서인 데 반해 홍문관은 학문과 자문, 언론에만 치중하기 때문에 위험 부담이 적었다. 이것이 홍문관을 사헌부나 사간원보다 선호하는 이유였다. 또한 홍문관의 관리는 예문관의 상위 직책을 겸하기 때문에 왕의 글을 짓는 데도 간여한다. 하지만 예문관 관원들처럼 사초를 작성하는 임무가 없기 때문에 피로도가 덜하고 책임감도 덜하다. 홍문관은 여러모로 문관들이 선호하는 장점들만 모아놓은 기관인 셈이다.

이에 비해 승정원의 주서와 승지들은 항상 격무에 시달리고 업무로 인한 스트레스도 매우 심했다. 특히 승지들은 육조의 모든 업무와 연관되어 있어서 늘 무거운 책임감에 시달리기도 한다. 이런 까닭에 왕과 가장 가까운 부서 중에 홍문관을 제일의 직장으로 꼽는 것이다.

이렇듯 홍문관이 문관들이 가장 선호하는 베스트 잡이라면,

무관들이 가장 선호하는 베스트 잡은 어디일까? 바로 무관직 중에서 유일하게 청요직으로 분류됐던 선전관청이다. 선전관청은 무반들의 승정원으로 불리는 곳인데, 홍문관보다 왕의 신임이 더 높은 기관이었다. 선전관청의 가장 주된 임무는 병력을 움직이는 데 사용하는 부신의 출납과 전국 각 군에 왕명을 전달하는 역할, 그리고 무엇보다도 왕의 목숨을 지키는 임무를 맡고 있었기 때문이다.

선전관은 왕이 외부로 나갈 때는 가장 근거리에서 왕을 경호하고, 왕이 잠자리에 들면 목숨을 걸고 침전을 지켰다. 물론 야간에 왕을 가장 가까이서 시중드는 존재는 궁녀와 환관이다. 하지만 그들은 왕의 사생활을 시중드는 역할을 할 뿐이었고, 왕의 목숨을 지키는 역할은 선전관의 몫이었다. 선전관은 왕 주변에서 유일하게 칼을 차고 있는 존재였기 때문이다. 그러니 왕이 가장 믿고 의지하는 사람들만이 선전관에 임명되는 것은 당연했다.

선전관의 숫자는 대개 20명 정도였는데, 정3품 당상관인 선전관 1명이 행수로서 예하를 통령하는 책임을 졌고, 그 밑으로 종6품의 참상관인 선전관이 3명, 종9품의 참하관인 선전관이 17명 있었다. 조선의 왕들은 이들 선전관에게 매일 밤 자신의 목숨을 맡긴 채 잠들었던 것이다. 이렇듯 선전관의 임무가 막중했던 까닭에 선전관 출신들은 고속 승진의 특전을 입어 조선 무관의 중추로 성장했다. 한마디로 출세가 보장된 직책이었으니, 무관들이 가장 선호하는 베스트 잡일 수밖에 없었던 셈이다.

0장 | 궁궐, 조선에서 가장 핫한 직장

04

계약직과 무보수가 득실대는 곳

　조선 시대에도 정규직과 계약직이 존재했다. 당시에도 요즘 사람들과 다름없이 정규직을 선호했다. 양반이 가장 선호하는 직장인 홍문관이나 선전관의 관원들도 모두 정규직이다. 하지만 궁궐 안에는 정규직보다 계약직이 많았다. 조선 시대엔 계약직을 '체아직'이라고 했는데, 조선의 관직은 정규직보다 체아직의 숫자가 훨씬 많았다. 궁궐 역시 예외는 아니었다.

　조선은 왜 그렇게 계약직을 많이 뒀을까? 이유는 간단하다. 재정이 부족했기 때문이다.

　조선의 관직은 크게 실직과 산직으로 구분된다. 실직은 실제 실무가 있는 직책이고, 산직은 벼슬만 주어지고 근무처가 없는 일종의 명예직이다. 실직은 직장이라 할 수 있지만 산직은 직장에 포함되지 않는다. 그런데 실직이라고 해서 모두 월급을 받는 직장인 것도 아니다. 실직에도 녹봉祿俸, 즉 월급을 받는 녹관과 월급이 없는 무록관으로 구분된다. 따라서 당연히 무록관보다는 녹관을 선호했다. 녹관이라고해서 모두 똑같은 조건으로 근무하는 것도 아니었다. 녹관 중에도 정직과 체아직이 있었다.

관직 구분 및 선호도

분류	구분	설명
실직	녹관	정직: 실제 업무가 있으며 녹봉을 받는 정규직
		체아직: 실제 업무가 있으며 녹봉을 받는 계약직
	무록관	실제 업무가 있으나 녹봉을 받지 않는 직
산직	명예직	실무가 없는 명예직

조선의 헌법인 《경국대전》에 따르면 문무관직 수는 총 5,605개였다. 그중에서 정직은 2,495개였고, 나머지 3,110개는 체아직이었다. 2,495개의 정직 중에서 문관직은 1,779개, 무관직은 716개였다. 조선 양반들은 우선적으로 2,495개의 정직 자리를 확보하는 것이 직장 선택의 관건이었다. 만약 이 자리를 확보하지 못하면 임시직이나 계약직을 택해야 했다.

그런데 체아직이라도 얻으면 다행으로 여기는 사람들도 많았다. 체아직은 녹봉이라도 있었지만, 아예 녹봉도 없는 직장인들도 있었다. 아니, 녹봉이 없는 직장인이 녹봉 있는 사람들보다 훨씬 더 많았다. 무록관, 서리, 사령들이 바로 그들이다.

무록관은 신분이 양반이고 품계까지 얻었지만, 녹봉은 없는 관리를 말한다. 궁궐 안에 있는 관원들 중에 무록관으로 지정된 양반 관리들이 생각보다 많다. 교서관, 사옹원, 상의원, 전설사, 전연사 등에 속해 있는 정3품 제거와 정4품 제검, 정5품 별좌, 정6품 별제, 정8품 별검 등의 관원들은 모두 월급 없는 무록관이었다.

관직 종류와 수

총 관직 수	정직 (정규직)		체아직 (계약직)
5,605개	문관	1,779개	3,110개
	무관	716개	
	2,495개		

그렇다면 정규직이든 계약직이든 녹봉을 받는 사람들의 보수 수준은 어느 정도였을까?

조선 시대에 관리들이 받던 보수는 시기에 따라 변화가 심했다. 조선 초기에는 국가 재정이 풍부한 덕에 관리들에 대한 처우도 좋았다. 관리들은 품계에 따라서 녹봉과 함께 과전이라는 토지도 받았기 때문이다. 녹봉은 지금의 봉급과 같은 개념으로 이해하면 되고, 이와 함께 지급된 과전은 과전법에 따른 것이다.

과전법은 관리에게 지급된 일정 크기의 국유지에 대한 토지세를 국가 대신 관료가 지급받는 제도이다. 말하자면 국유지를 소작하는 농민들로부터 일정한 세금을 거둬들일 수 있는 권한을 가지는 셈이다. 그런데 과전은 현직 관리뿐 아니라 퇴직 관리에게도 지급했고, 심지어 여러 구실을 달아 상속도 가능하게 했다.

그러다 보니 시간이 흐르면서 과전으로 지급한 땅이 부족해지는 것은 당연했고, 그래서 성종 대에 이르면 퇴직 관리에겐 과전을 지급하지 않고 현직 관리에게만 과전을 지급하는 직전법이라는 제도가 마련되었다. 그런데도 국유지는 점점 줄어들어 명종 대에 이르면 과전을 지급할 수 없는 지경에 이른다. 이후 관리들의 보수는 녹봉밖에 남지 않게 되었다.

그렇다면 녹봉의 액수는 어느 정도였을까? 물론 품계마다 달랐다. 최하위직인 종9품에게는 매달 쌀 10두와 콩 5두를 지급하였고, 최고위직인 정1품에게는 쌀 38두와 콩 20두를 지급하였다. 당시 종9품과 정1품의 녹봉 차이는 약 4배 정도였는데, 이것을 요즘 돈으로 환산하면 종9품의 월급은 약 55만 원 정도, 정1품의 월급은 약 212만 원 정도다.

이는 현재 쌀과 콩 가격을 기준으로 단순 계산한 금액이므로 정확한 가치로 보기는 힘들다. 당시 쌀이나 콩의 가치가 지금보다 몇 배는 높았으니까 그 가치를 기준으로 다시 환산한다면 단순 계산한 금액에 대략 4배 정도 곱하면 될 듯싶다.

그렇게 다시 계산한다면 종9품의 월급은 약 220만 원 정도이고, 정1품의 월급은 840만 원 정도라 할 수 있다. 현재 대한민국 국무총리의 월급이 약 1,500만 원 정도임을 볼 때, 당시 공무원의 월급이 매우 적었음을 알 수 있다.

녹봉(월급) 예시

품계	쌀 (두)	콩 (두)	월급 (현 시가)	환산 월급 (가치 기준)
정1품	38두	20두	약 212만 원	약 840만 원
종9품	10두	5두	약 55만 원	약 220만 원

그런데 이 박한 월급조차 없는 직장인들이 궁궐 안에만 해도 부지기수였다. 앞에서 언급한 무록관은 물론이고 서리, 사령도 월급이 없었다. 그들의 숫자를 모두 합치면 월급을 받는 유록관의 몇 배나 되었다.

신기한 것은 월급이 없는데도 이들은 자원해서 궁궐에 들어와 일하기를 원했다는 점이다. 도대체 그들은 왜 월급도 받지 못하는 직장을 택했을까? 그리고 그들은 월급도 없는 상황에서 어떻게 생계를 유지했을까?

사실, 조선의 관리들은 대부분 월급보다 뒤로 버는 수입이 훨씬 많았다. 특히 체아직과 무록관, 서리 등은 아예 공공연히 뒷돈을 챙겼고, 나라에서도 이에 대해서는 묵인해줬다. 오히려 직위를 이용하여 부정을 저지르도록 나라에서 인정해줬던 셈이다.

0장 | 궁궐, 조선에서 가장 핫한 직장
05

월급보다 뒤로 버는 수입이 더 많은 별감

 그렇다면 그들이 어떤 형태로 뒷돈을 챙겼는지 궁궐 별감과 그 아래에 있는 사령들의 행태를 통해 살펴보자. 궁궐에 근무하는 체아직 중에 가장 대표적인 존재가 별감이다. 별감이 어떤 사람들인지 잘 모르겠다면, 임금이 행차할 때 붉은색이나 노란색의 화려한 도포와 갓으로 치장하고 맨 앞에 서서 어가를 시위하는 존재를 떠올리면 된다. 이들은 왕이 행차하는 곳엔 언제든지 맨 앞에 서는 자들이다. 궁중의 각종 행사나 국왕의 종묘제사, 문묘 참배, 선대왕릉 참배 등 모든 궁중 행사에 그들은 어김없이 등장한다. 그런 까닭에 숫자가 꽤 많은 편이다. 궁궐 내에서 근무하는 별감을 통칭하여 흔히 내시별감이라고 하는데, 별감의 숫자는 대개 100

별감의 역할과 수입원

구분	내용
정의	임금 행차 시 화려한 도포를 입고 맨 앞에 서서 어가를 시위하는 사람들. 모든 궁중 행사에 등장
역할	점마별감: 사복시 별감. 각도의 목장에서 기르는 말의 숫자를 세고 기록. 궁궐 드나드는 수레나 말 관리 내직별감: 다방별감 또는 사준별감. 채소, 약초, 꽃, 술, 과일 재배 및 공급 대전별감: 임금을 모시는 별감. 중궁전, 세자궁 등에 배치
직급	종9품에서 종7품, 대개 900일 계약직
수입원	왕실 행사 수입, 궁문 통행세

명 안팎이었고, 많았던 때는 150명을 넘기도 했다. 이들의 벼슬은 종9품에서 종7품까지 주어졌는데, 대개 900일 계약직으로 채용되었다. 몇 차례에 걸쳐 계약을 연장하는 경우도 많았지만 벼슬은 종7품 이상 올라갈 수 없었다.

별감들이 매우 화려한 옷을 입었기 때문에 세간에서는 그들의 차림새를 부러워하는 사람들이 많았다. 적어도 그들은 옷차림에 있어서만큼은 선망의 대상이었다.

그런데 별감이라고 해서 모두 같은 것은 아니다. 별감의 직책도 다양하기 때문이다. 점마별감, 내직별감, 대전별감 등 근무 장소와 임무에 따라 부르는 호칭이 모두 달랐다. 점마별감은 각도의 목장에서 기르는 말을 점고點考, 즉 숫자를 세고 기록하는 임무를 맡은 사복시 별감이다. 사복시는 내사복시와 외사복시가 있는데,

내사복시는 경복궁 영추문 안쪽과 창경궁 홍문관 남쪽에 있었고, 외사복시는 지금의 서울 종로구 수송동에 있었다. 사복시의 임무는 수레, 말, 마구, 목축을 관장했는데, 내사복 별감은 궁궐에서 사용하는 말과 궁궐을 드나드는 수레나 말을 관리했다.

내직별감은 다방별감 또는 사준별감이라고도 하는데, 다방茶房은 궁궐에 필요한 채소와 약초, 꽃, 술, 과일 등을 재배하고 공급하는 기관이었다. 다방은 훗날 내직원으로 개칭되었는데, 그래서 이곳의 별감을 내직별감이라고 불렀다. 그리고 내직원은 다시 사준원으로 개칭되어 사준별감이라고도 했다.

대전별감은 임금을 모시는 별감인데, 별감 중에서 임금과 가장 밀접한 존재라고 할 수 있다. 대전 외에도 중궁전, 세자궁, 후궁처소, 세손궁, 무수리간, 세수간 등에도 별감이 배치되었다.

이렇게 궁궐 안에 근무처를 두고 있는 별감들을 내시별감이라고 하는데, 그들이야말로 별감 중에 가장 요직을 차지한 자들이라 할 수 있다. 그래서 그들은 별감의 꽃으로 불리었는데, 이들은 화려한 차림새 못지않게 수입도 짭짤한 편이었다. 체아직이라 녹봉은 많지 않았지만, 은근히 뒤로 버는 수입이 좋았기 때문이다.

별감들의 수입원은 다양했다. 왕실 사람들의 피접이나 국왕의 능행, 왕실의 혼사, 제사 등이 있으면 녹봉 외에 별도의 수입을 챙기는 것은 당연했고, 궁중에 연회가 있으면 양반들로부터 일종의 궁문 통행세 같은 것을 거둬들였다. 그리고 무엇보다도 짭짤한 수입원은 궁궐을 드나드는 지방관들로부터 거둬들이는 통행세였다.

지방에 수령으로 발령이 난 관리들은 임지로 가기 전에 반드시 임금을 배알해야만 했는데, 이때 그들은 각 궁문을 통과할 때마다 일종의 통행세를 내야만 했다. 그 통행세를 거둬들이는 자들이 바로 이들 별감들이었다. 이것은 궐내행하闕內行下라고 하여 공공연히 나라에서도 허용하는 관습이었다.

별감들은 각 궁문을 지키는 사령이나 나장들을 지휘하는데, 일정 정도 이상의 통행세를 내지 않으면 아예 궁문을 통과하지 못하게 막아버렸다. 그래서 지방관들은 궁중의 각 문과 관아를 지날 때마다 거액의 통행세를 지급해야만 임금을 만날 수 있었다. 그 액수는 대략 적게는 60냥에서 많게는 300냥 정도 되었다. 당시 1냥은 곧 엽전 100푼인데, 이 돈이면 쌀 3말을 사고, 포 1필을 살 수 있었다. 이를 감안할 때 300냥이면 무려 3,600만 원 정도 되는 거액이었다.

물론 이 돈을 지방관이 마련하는 것은 아니다. 이 돈을 마련하는 것은 지방관의 임지에 사는 백성들이었다. 새로운 지방관이 발령이 나면 임지의 아전이 백성들에게 돈을 거둬서 궐내행하 비용을 마련해 상경하는 것이다.

어쨌든 별감들은 매일같이 궁궐을 드나드는 사람들에게서 통행세를 거둬들여 수입을 챙긴다. 물론 이렇게 거둬들인 돈을 별감들만 챙기는 것은 아니다. 별감들 중 계급이 높은 자가 상당 부분을 먼저 챙기고, 다시 그 아래 별감들이 일정 부분 챙긴다. 그리고 나머지는 별감 아래에 있는 도사령에게 내려준다. 도사령은 흔히 문지기로 불리는 사령들의 우두머리인데, 그가 별감으로부터 받은 돈의 절반 정도를 챙기고, 나머지는 아래 사령들이 조금씩 나눠 갖는 구조다.

별감들이 이렇게 거둬들이는 뒷돈은 월급보다 몇 배로 많았다. 그 외에도 별감들은 각 근무지에 따라 챙기는 돈이 또 있었다. 그런 까닭에 궁궐 별감 자리는 비록 체아직이지만 아주 인기가 좋았다. 누군가 별감에서 물러나기만 하면 그 자리를 차지하려고 뒷줄을 대기에 바빴다. 그런 까닭에 양반 출신이면서 별감 자리를 탐내는 경우도 많았다.

궁궐 별감과 궁궐 사령들의 사례에서 보듯 조선 시대는 부정과 불법, 편법이 넘쳐나는 시대였다. 궁궐 안뿐 아니라 궁궐 밖이나 지방에도 월급 없이 관청에 근무하는 자들은 모두 직위를 이용하여 부정과 협잡을 통해 얻어낸 뒷돈으로 생활했다. 나라에서 월급을 주지 않으니 당연한 일이었다. 나라가 부정과 부패를 방치하고 부추긴 꼴이었다. 하지만 조선 사회는 그것을 당연하게 여겼다. 당시로선 그런 행위를 부정이나 부패로 보지 않았기 때문이다.

0장 | 궁궐, 조선에서 가장 핫한 직장
06

괴로운 신고식에 시달린 조선의 직장인들

조선 시대를 거론할 때, 우리는 흔히 과거에 합격하면 당연히 관리로 등용된다고 생각하지만, 관리로 등용되기 전에 거치는 혹독한 신고식을 견디지 못하면 관직을 얻을 수 없었다. 물론 최고의 직장이라고 일컫는 궐내각사의 관원들도 예외일 수는 없었다.

예컨대 누군가가 과거에 합격하여 관직을 얻게 되면 허참례許參禮라는 것을 하는데, 이는 신입이나 신참을 지칭하는 신래新來를 대상으로 선배 관원들이 행하는 신고식이었다. 허참례는 신래가 선배 관원들에게 크게 한 턱을 내는 것인데, 말 그대로 상다리가 부러지도록 차리지 않으면 선배 관원들이 상을 뒤집어버리고 다시 차려오라고 요구한다. 그 요구를 들어주지 않으면 신래의 옷을 벗기고 상투를 잡고 땅에 질질 끌고 다니기도 하고, 온갖 욕설로 모욕을 주기도 한다. 또한 일을 제대로 가르쳐주지 않고 업무에서 배제하는 일까지 벌어진다. 이 때문에 신래들은 원만한 직장 생활을 위해서 어떻게든 허참례를 무사히 통과해야만 했다. 그런데 허참례에 드는 비용이 너무 커서 몹시 부담스러워했다. 웬만한 초가집 한 채 값이었기 때문이다.

신고식은 신래들에게 행하는 허참례만 있는 것이 아니었다. 허참례가 끝나면 이어서 면신례免新禮가 기다리고 있었다. 허참례가 신래가 처음으로 관원이 되는 과정에서 치르는 신고식이라면, 면신례는 해당 관청의 부서에서 치르는 신고식이었다. 면신례는 면신벌례免新罰禮라고도 불렸는데, 이는 면신례가 일종의 벌처럼 느껴졌음을 의미한다.

신래들의 면신례는 보통 허참례가 끝난 후 약 보름쯤 지나서 이루어졌다. 면신례는 부서 신고식이었으므로 참석하는 인원은 줄어들었지만, 준비해야 할 음식은 훨씬 풍성해야 했다. 그 때문에 면신례에 들어가는 비용도 허참례 못지않게 많이 들었다.

면신례는 신래들에게만 행해지는 것이 아니었다. 이미 관직에 있던 사람도 새로운 부서로 발령이 나면 그 부서의 기존 관원들을 대상으로 면신례를 치러야 했다. 물론 부서 이동에 따른 면신례는 신래들의 허참례나 면신례처럼 가혹하지는 않았지만, 어쨌든 신고식을 치르는 데 드는 비용은 부담이 될 수밖에 없었다. 그래서 조선의 관리들은 부서를 옮길 때마다 상당한 비용을 지출해야 했다.

이런 까닭에 허참례와 면신례가 싫어서 관직을 얻고도 출사하지 않는 사람도 있었다. 이렇듯 허참례와 면신례의 폐단이 심각해지자, 왕이 직접 나서서 금지하기도 했지만 지켜지지 않았다. 중앙 관청 중에는 오히려 이를 규찰하고 금지시켜야 할 사헌부나 육조의 허참례와 면신례가 가장 고약하기로 정평이 나 있었으니, 단속이 될 리가 없었다.

숙종 25년 11월 22일엔 사헌부에서 신군졸의 면신례를 금지시키도록 주청하여 숙종이 면신례 금지 지시를 내렸지만 소용없었다. 심지어 면신례 때문에 영조 51년 7월 1일엔 승문원 관원 전원을 삭직토록 명하는 사태가 벌어지기도 했다. 당시 승문원 관원으로 발령 난 황택인에 대해 면신례를 매우 심하게 했다가 이런 사단이 난 것이다.

이 사건으로 관직 사회가 떠들썩했지만, 이후에도 면신례는 사라지지 않았다. 특히 군인들이 많은 무관들의 부서에서는 조선 말기까지 끈질기게 이 악습이 이어졌다. 하지만 이런 악습에도 불구하고 관직은 여전히 조선에서 가장 인기 있는 직장이었고, 그중에서 궐내각사는 선호도가 가장 높은 곳이었다.

1장

홍문관

문관들의 직장 선호도 1위

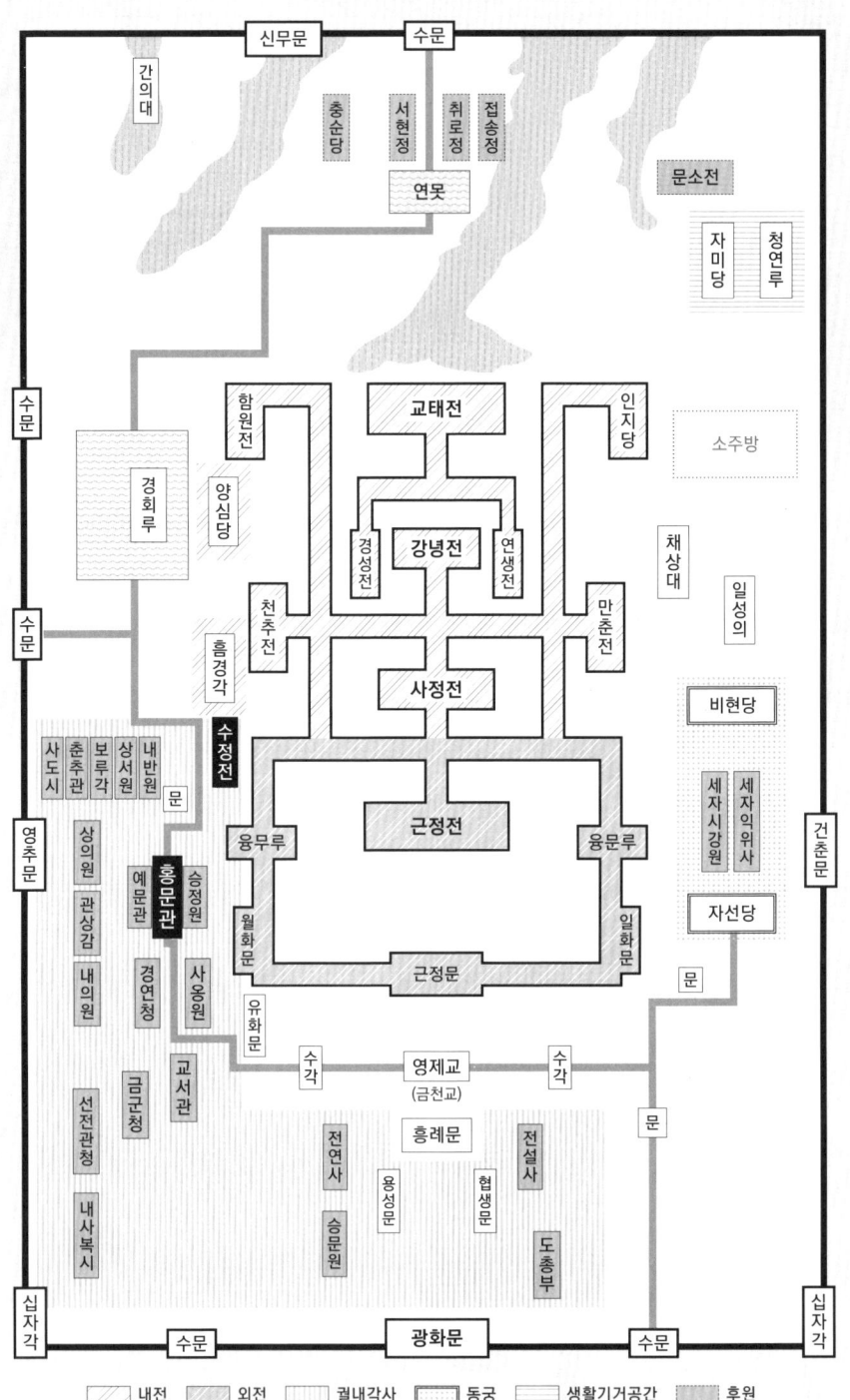

07

집현전에서 시작된 인재 양성의 텃밭

　홍문관弘文館은 집현전集賢殿에서 비롯된 기관인데, 집현전은 세종이 인재를 양성하기 위해 만들었다. 세종은 군주가 아무리 뛰어나도 우수한 인력이 없다면 좋은 정치는 불가능하다고 판단하여 즉위 초부터 인재 양성에 주력했다. 그는 뛰어난 인재란 학문이라는 나무에 열리는 열매라고 생각했고, 그 열매를 얻기 위한 텃밭으로 일군 것이 바로 집현전이었다. 집현전은 현재의 수정전 자리에 있었다.

　집현전 제도는 원래 중국에서 유래한 것으로 한나라 때에 처음 설치되었다. 하지만 그 조직이 확대되고 학문적인 기관으로 성장한 것은 당나라 현종 무렵이었다. 우리 역사에 이 제도가 도입된 것은 삼국 시대였지만, 구체적인 조직을 갖추고 집현전이라는 명칭을 처음 사용한 것은 고려 인종 대였다.

인종은 연영전延英殿을 집현전으로 개칭하고 대학사와 학사를 두고 강의를 하는 기관으로 삼았다. 그러나 원나라 지배가 확고해진 충렬왕 이후 유명무실한 곳으로 전락했다. 조선 개국 이후에는 정종 1년(1399년) 3월 13일에 조박의 건의로 집현전 활성화 방안이 마련됐다. 이때 조박의 상언上은 이렇다.

"집현전은 그 이름만 있고 실상은 없으니, 청컨대 옛 제도를 회복하여 서적을 대거 비치하고 예문교서로 하여금 주장하게 하되, 문신 4품 이상인 자 중에서 번갈아 경서를 강론하게 하고 늘 전하의 물음에 대비토록 하소서."

정종이 조박의 상언을 받아들여 좌정승 조준, 예천백 권중화, 대사헌 조박, 중추 권근, 이첨 등을 제조로 삼고 문신 5품 이하로 교리校理에 충당하였으며, 7품 이하로 설서說書와 정자正字에 충당했다. 하지만 그 뒤로 집현전은 별다른 구실을 하지 못하고 또다시 유명무실한 기관으로 전락하고 말았다.

집현전으로 인재를 끌어 모으는 세종

그런데 세종이 즉위하면서 집현전은 되살아났다. 세종 1년(1419년) 2월 16일에 좌의정 박은이 계를 올려 말했다.

"문신을 선발하여 집현전에 모아 문풍을 진작시키소서. 또 문과는 어렵고 무과는 쉬우므로 많은 양반 자제가 무과에만 몰리니, 이제부터 무과도 사서를 통달한 뒤에만 응시할 수 있게 하소서."

세종은 박은의 말을 매우 달가워하며 무과에 학문을 추가하고, 집현전을 확대 개편할 것을 명령했다. 그런데 그로부터 10개월이 지나도 별다른 진척이 없었다. 그해 12월 12일에 세종은 직접 나서서 집현전 확대 개편을 서둘렀다.

"일찍이 집현전 설치를 의논한 바 있는데, 어찌 다시 아뢰는 이가 없는가. 선비 10여 인을 뽑아 날마다 모여서 강론하게 하라."

세종의 강력한 추진 의지를 확인한 신하들은 3개월 뒤인 이듬해 3월 16일에 집현전의 인원수를 확정했고, 세종은 즉시 관원을 임명했다.

세종은 집현전의 위상을 높이 세우기 위해 집현전 최고직인 영전사 2명을 정1품 정승급이 맡도록 하고, 실제적인 운영자인 대제학은 판서급인 정2품 2명으로 정했다. 또 2명의 제학은 종2품으로 했다. 이들은 모두 겸직이어서 실제 연구 활동을 하는 직책은 아니었다.

하지만 그 이하 부제학부터는 겸직이 아닌 순수 학관직이었다. 부제학은 정3품, 직제학은 종3품, 직전은 정4품, 응교는 종4품, 교리는 정5품, 부교리는 종5품, 수찬은 정6품, 부수찬은 종6품, 박사는 정7품, 저작은 정8품, 정자는 정9품으로 정했고, 이들 모두는 임금에게 강의를 하고 정치 토론을 이끄는 경연관을 겸하도록 했다. 또 집현전 제학과 부제학의 서열을 사간보다 위에 둠으로써 그들의 정치적 비중도 높였다.

당시 임명된 관리들의 구체적인 면면을 보면, 영전사는 재상직에 있던 박은과 이원이 당연직으로 맡았고, 대제학은 류관과 당대의 명유 변계량이 맡았다. 제학은 탁신과 이수였고, 직제학은 김자와 신장이었으며, 그 아래로 어변갑과 김상직이 응교에, 설순과 유상지가 교리에, 유효통과 안지가 수찬에, 김돈과 최만리가 박사에 임명되었다. 세종은 문관 가운데서 재주가 뛰어나고 행실이 올바른 인물을 택하되 되도록 나이가 젊은 사람으로 택하여 경전과 역사 강론을 주로 하며 임금의 자문에 응할 수 있는 능력이 있는 자를 등용 기준으로 삼았다. 노소에 관계없이 당대 최고의 석학들을 집현전 관리로 등용했던 것이다.

세종은 또 집현전 학사들의 잡무를 없애기 위해 집현전을 전담하는 노비를 책정하고, 서리도 10명을 뒀다.

집현전 관리들은 품계에 관계없이 대제학의 감독 아래 정기적으로 시를 지어 평가받았고, 경전과 역사를 강독하게 하여 월말에 평가를 받았으며, 2~3명씩 돌아가며 매일 강의해야 했다. 또 백성 교화와 학문에 필요한 서적을 편찬하고 중국에 보내는 표表(군주에게 올리는 글)와 외교문서를 작성하고, 어려운 법령을 백성이 알기 쉽게 이두로 번역하는 일도 맡았다. 이 때문에 이들은 다른 관원보다 일찍 출근하고 늦게 퇴근하며 오직 공부에만 열중해야 했다. 이런 집현전 관리의 임무에 전념토록 하기 위해 일부 학관들에겐 본전에 출근하지 않고 집에서 글을 읽고 대제학의 지도만 받으면 되는 특혜도 주어졌다. 말하자면 그들은 공부하고 강의하는 것이 유일한 임무였고, 시작詩作과 강의, 서적 편찬을 통해 그 성과를 보여야만 능력을 인정받을 수 있었던 것이다.

집현전의 변천사

집현전의 존속 기간은 1420년(세종 2년)부터 1457년(세조 2년)까지 37년간이다. 이를 대략 4기로 나눠볼 수 있는데, 제1기는 설립 때부터 세종 10년까지다. 이 기간은 집현전 학사들이 학문 수련에 전념하던 시기로 주로 강연이나 문서 작성, 경서 연구를 했고, 관원 수도 16명에 불과했다.

제2기는 세종 11년부터 18년까지로 잡을 수 있는데, 가장 활발한 활동을 하던 시기다. 이 무렵의 집현전은 법제와 의례 등을 손질하고 정리했으며, 각종 사서를 편찬하고, 당면하는 정치 제도의 문제점을 보완하는 데 필요한 참고 자료들을 만들어냈다. 세종은 이들이 만들어낸 자료와 학설을 바탕으로 소신 있는 정책을 구사하였고, 때때로 조정 대신들의 반대에 부딪히면 집현전 학사들을 통해 그들을 물리칠 수 있는 명분을 얻곤 했다. 따라서 이 시기엔 관원 수도 대폭 늘어 32명이나 되었다.

제3기는 세종 19년부터 세종 말년까지다. 이때 집현전의 관원

수는 20명으로 축소 조정되었으며, 정치적 비중이 높아지고 학문적인 기능은 다소 축소되었다. 이는 세종의 지병 때문에 세자가 정무를 대신 처리하면서 빚어진 결과였다. 집현전 학사들은 종래에 맡아왔던 서연직 이외에 세자의 정무 처결 기관인 첨사원직까지 겸하게 되었던 것이다. 하지만 세종이 살아 있을 때까지만 해도 집현전은 여전히 학문적인 기능이 훨씬 강했다.

제4기에 해당하는 문종·단종 대부터 집현전 학사들의 대간 출입이 잦아지고, 집현전 출신들이 대거 대간으로 차출되는 경향이 생기면서 집현전은 정치적 출세의 요람으로 변질되었다. 특히 세조가 등극한 이후에 집현전은 왕권에 집착한 세조와 잦은 충돌을 일으켰고, 급기야 1456년 6월에 집현전 출신자들이 단종 복위를 도모하는 사태가 벌어졌다. 이른바 사육신 사건으로 불리는 이 일이 발생한 후 세조는 집현전을 혁파해버렸다.

이후로 조선 조정에선 집현전과 같은 기능을 하는 곳이 사라졌다가 성종 대에 이르러 홍문관이 설립됨으로써 그 전통을 이었다. 하지만 홍문관은 집현전처럼 순수한 학문 연구를 위한 기관이라기보다는 정치적 성향이 짙은 곳이었다. 사간원, 사헌부와 함께 언론삼사라 불리며 정치적인 발언을 하는 것이 주요 업무 중 하나였기 때문이다.

야사 속의 집현전

서거정은 《필원잡기》에 집현전 학사들의 학구열과 출세에 대해 기록해놓았는데, 그 내용은 이렇다.

세종이 문치에 정신을 기울여 재위 2년 경자년에 비로소 집현전을 설치하고 문사 10명을 뽑아서 채웠더니, 그 뒤에 더 뽑아서 30명이 되었다가 또 20명으로 줄여 10명에게는 경연의 일을 맡기고 또 10명에게는 서연의 일을 보게 하였다. 그들은 오로지 학문과 관련된 일만 맡았으며, 낮밤으로 고금의 일을 토론하는 것을 쉬지 않았다. 덕분에 문장을 아는 선비가 대거 배출되어 많은 인재를 얻을 수 있었다. 집현전 남쪽에 큰 버드나무가 있었는데 기사년과 경오년 사이에 흰 까치가 와서 둥지를 짓고 흰 새끼를 얻더니, 몇 해 사이에 요직에 오른 이는 모두 집현전 출신이었다.

성현의 《용재총화》는 집현전에 관해 매우 간단하게 기록하고 있지만, 세종이 집현전 학사들을 어떻게 대접했는지를 단적으로 보여준다.

집현전은 일찍 출근하여 늦게 파했는데, 항시 일관이 시간을 아뢴 뒤에야 퇴청하게 했다. 조식과 중식 때는 내관이 직접 식사를 챙겼으니, 그 우대하는 뜻이 지극하였다.

《필원잡기》에도 학사들에 대한 세종의 극진한 마음을 읽을 수 있는 기록이 있다.

임금이 인재를 기르는 그 아름다운 일은 어느 옛 임금보다 뛰어났다. 집현전 선비들이 날마다 숙직을 했는데, 임금이 그들을 사랑하는 것과 융숭하게 대접하는 것을 두고 사람들은 신선이 사는 땅에 오른 것에 비교하였다.

하루는 밤 2경 무렵에 내시를 시켜 숙직하는 선비들이 무엇을 하는지 엿보게 했는데, 신숙주가 촛불을 켜놓고 글을 읽고 있었다. 내시가 돌아와서 임금에게 아뢰었다.

"서너 번이나 가서 봤지만 글 읽기를 끝내지 않다가 닭이 울자 비로소 취침하였습니다."

이를 가상하게 여긴 임금은 돈피갖옷을 벗어 깊이 잠들 때까지 기다렸다가 덮어주라고 했다. 숙주가 아침에 일어나 이 일을 알게 되었고, 선비들이 이 소문을 듣고 더욱 학문에 힘을 쏟았다.

이정형의 《동각잡기》에도 세종이 학사들을 배려하는 내용이 실려 있다.

세종 8년에 임금이 집현전 부교리 권채, 저작랑 신석견, 정자 남수문 등을 불러 일렀다.

"내 들으니, 너희들이 나이가 젊고 장래가 있다 하니, 이제부터 벼슬을 그만두고 각기 집에서 편히 지내면서 독서에 전력하라. 또 그

효과를 드러내게 하되, 독서하는 규범은 대제학 변계량의 지도를 받도록 하라."

하지만 세종이 집현전 학사들과 항상 잘 지낸 것은 아니었다. 중종 대의 개혁자 조광조의 글에 이런 내용이 있다.

임금이 말년에 궁궐 안에 불당을 지었으므로 대신들이 간했으나 듣지 않았다. 집현전 학사들이 그 부당함을 간했으나 역시 듣지 않았다. 그 때문에 학사들이 모두 집현전을 나가버려 텅 비게 되었다. 임금이 눈물을 지으면서 황희를 불러 일렀다.
"집현전 선비들이 나를 버리고 가버렸으니 장차 어이 할꼬?"
황희가 대답했다.
"신이 가서 달래겠습니다."
황희가 곧 모든 학사들의 집을 두루 찾아다니며 간청하여 돌아오게 하였다.

1장 | 홍문관, 문관들의 직장 선호도 1위
08

서적 관리, 왕을 위한 정치 자문

세종은 인재 양성에 국가의 미래가 달렸다는 생각으로 집현전을 매우 귀중한 기관으로 여겼지만 그의 아들 세조는 집현전을 없애버렸다. 집현전은 학문 연구뿐만 아니라 정치적 언론 기관의 역할도 했지만, 단종을 내쫓고 왕위를 찬탈한 세조에겐 눈엣가시처럼 여겨졌다. 그래서 집현전을 없애고 왕의 교서(왕이 백성이나 신하에게 내리는 명령서)를 작성하던 예문관에 그 기능을 넘겨버렸다.

이후, 홍문관이 집현전의 역할을 이어받았다. 하지만 홍문관이 제 역할을 하기까지는 제법 오랜 세월이 흐른 뒤였다. 1463년에 양성지의 건의에 따라 장서각을 홍문관이라고 이름을 바꿨는데, 이때의 홍문관은 도서관 기능에 한정되어 있었기 때문이다. 원래 홍문관이라는 명칭은 당나라에서 건너온 것이다. 당나라에서는 수문관이라는 학문 기관이 있었는데, 이것이 홍문관이라는 이름으로 변경되었고, 이 명칭이 고려 시대에 수입되었다. 고려 시대에 학문 기관인 숭문관이라는 이름의 관청이 있었는데, 고려 성종이 홍문관으로 개명했다. 양성지는 이 홍문관의 명칭으로 장서각을 대신하게 한 것이다. 따라서 당시만 하더라도 홍문관은 그저 궁궐 도서관에 불과했다.

그러다 성종 대에 이르러 집현전의 기능과 관직을 부활시켜 그대로 홍문관에 옮겨놓았고, 예문관은 다시 예전에 하던 업무로 돌아갔다. 이렇게 하여 학술, 언론, 자문 기관으로서의 홍문관은 성종 9년(1478년)에야 비로소 제 모습을 갖추게 되었다.

이후 홍문관은 조선 시대 문관들이 가장 선호하는 직장이 되었다. 홍문관 관원들의 주요 업무는 궁중의 서적과 역사기록물의 관리 및 문서의 처리였지만, 보다 중요한 역할은 각종 현실 문제에 대한 왕의 물음에 답하는 것이었다. 학술적인 기관이면서도 왕을 위한 정치 자문 기관이었기에 왕과 밀접할 수밖에 없었다. 또한 사헌부, 사간원과 함께 언론삼사로 불리며 국가 대사에 대한 의견을 내는 곳이기도 했다. 따라서 출세가 보장된 직장이었으므로 문관들의 선호도가 높은 것은 당연했다.

홍문관은 옥당玉堂이라는 이름으로 더 많이 불리었다. 임금이 자주 찾는 곳이었기 때문이다. 또한 맑고 깨끗한 곳이라고 하여 청연각淸燕閣이라고도 불렀다. 그만큼 청렴한 관리들이 근무하는 곳이라는 의미였다.

청연각이라는 이름에서 알 수 있듯이 홍문관은 청요직淸要職의 상징이 되었으며, 이곳의 관원이 된다는 것은 곧 출세가도에 들어섰다는 뜻이었다. 조선 시대의 정승, 판서 중에 이곳을 거치지 않은 사람이 거의 없을 정도였다.

그러다 보니 홍문관의 관원이 되는 일은 매우 까다로웠다. 왕이 내리는 교서를 작성할만한 문장력과 왕에게 경서를 강의할만한 학문과 인격을 갖춰야 했다. 거기다 출신 가문에 허물이 없어야 했고, 등용될 때는 홍문관, 이조, 의정부의 승인을 받아야 했다. 그만큼 홍문관의 관직은 요직 중의 요직이었다.

홍문관을 사헌부, 사간원과 함께 언론삼사라 부른다고 했는데, 역할엔 다소 차이가 있었다. 대개 사헌부와 사간원을 합쳐 언론양사라고 하고, 홍문관은 별도의 언론사로 취급했기 때문이다. 사헌부와 사간원은 어떤 사안을 두고 왕과 의견을 달리하며 대립하는 경우가 많은데, 이때 홍문관은 중재 역할을 하거나 방향을 제시하는 역할을 했다. 또 사헌부나 사간원이 신하의 잘못에 대해 논하지 않을 때 이를 지적하는 역할도 했다.

예를 들어, 선조 1년 10월 4일에 홍문관은 이런 내용을 선조에게 올린다.

"양사가 환관 주태문이 능침陵寢의 위전位田(관아, 학교, 사원 등의 유지를 위하여 설정된 토지)을 남몰래 사사寺社(절과 사당)에 옮겨 줘 주상의 의중을 시험하려고 한 간사한 행동에 대해서 논핵한 지 얼마 안 되어 곧 정계停啓(임금에게 보고하는 죄인 문건인 전계에서 죄인의 이름을 빼는 것)하였고, 간원은 무심하게 방관만 하고 한마디도 하지 않았으니 이들은 대간의 체모를 잃었습니다. 모두 체직遞職(직을 바꿔 다른 부서로 보내는 것)시키소서."

여기서 말하는 양사란 사헌부와 사간원을 지칭한다. 그런데 이 양사가 환관 주태문의 비리를 알고 비판했는데, 얼마 되지 않아 주태문을 죄인 명단에서 빼버리고는 방관했으니, 사헌부 관원들을 모두 바꿔야 한다는 것이다.

선조는 홍문관의 말을 듣고 양사의 관원을 모두 체직시켜버렸다. 이렇듯 홍문관은 언론양사가 제 기능을 하지 않을 때, 양사를 공격하거나 무게 중심을 잡아주는 역할을 했다.

1장 | 홍문관, 문관들의 직장 선호도 1위

09

감시와 시비,
공격에 시달리는 관원들

누이 문제로 공격당한 부제학
유진

홍문관은 문관들이 가장 선호하는 직장이었던 만큼 홍문관 관원에 대한 공격과 질시도 많았다. 특히 홍문관 관원의 품위에 대한 시비가 많았는데, 가족과 친지에 대한 태도나 관리 문제로 공격받는 경우가 잦았다.

성종 9년(1478년) 4월 15일에 당시 유생이었던 남효온이 올린 상소도 홍문관 관원의 품위에 관한 것이었는데, 남효온의 상소 요지는 다음과 같았다.

"몸이 옥당玉堂에 있고 지위가 당상堂上에 이르면 녹祿이 또한 많은데, 오히려 한 명의 누이를 포용하여 양식을 주어서 생활하게 하지 아니한다."

남효온의 말인즉, 홍문관의 당상관 벼슬에 있는 자가 하나밖에 없는 누이에게 양식도 나눠주지 않아서 누이가 굶주리고 있다는 것이었다.

남효온은 상소문에서 구체적인 이름을 거론하지는 않았지만, 그가 지목한 인물은 당시 홍문관 부제학이었던 유진이었다. 유진은 그해 1월에 홍문관 부제학으로 임명되었는데, 남효온은 유진이 이른바 옥당으로 일컫는 홍문관의 관원, 그것도 고위직인 부제학에 오르는 것은 적절치 않다고 주장한 셈이다.

사실, 남효온이 이런 상소를 하기 전에 성종이 유진을 홍문관 부제학으로 임명하려 하자, 인사를 담당하고 있던 이조에서 먼저 이렇게 말했다.

"유진은 한 명의 누이를 보호하지 못하여 시장에 다니면서 구걸하게 합니다."

하지만 성종은 유진을 홍문관 부제학에 임명했고, 남효온은 이에 대해 반대 상소를 올린 것이다. 그런데 남효온의 상소를 읽은 성종이 상소의 내용이 사실이라면 그냥 넘길 일이 아니라고 하며 신하들의 견해를 물었다.

그러자 사헌부 장령 박숙달은 유진을 두둔하며 말했다.

"그때는 유진이 벼슬이 낮고 녹祿이 박하여 형편이 보호할 수 없었기 때문이었습니다."

유진이 원래 사헌부 장령 벼슬에 있다가 홍문관으로 옮겨왔으니, 박숙달은 그의 후임이었다. 그래서 유진을 보호하려는 입장으로 나선 것이었다.

그 외에도 여러 중신들이 유진을 옹호하는 입장을 드러내며 되레 남효온을 공격하였다. 그리고 결국은 유진도 직접 성종 앞에 나서서 항변했다.

"남효온의 상소에 이르기를, '한 명의 누이를 용납하여 양식을 주어 생활하도록 하지 아니한다.'고 하였으니, 이는 필시 신을 가리킨 말입니다. 신의 매부 조염은 바로 이시애의 사촌 동생인데, 이시애가 주살되고 조염도 죽자 온 집안이 달아나 피하였으므로 신이 누이와 같이 살고 있습니다. 누이에게 딸이 하나 있으나 또한 정조를 잃어, 갑사 장순손의 아내가 되었다가 장순손이 버리자 의지할 곳이 없어서 남대문 밖 빈집에 기거하였습니다. 사헌부에서 이로써 신이 화목하지 못함을 의심하여 논핵하였는데, 특별히 천은天恩을 입어 단지 장杖 80대에 처하였습니다. 이제 누이는 신의 안성 농사農舍에 살고 있는데도 남효온이 신을 가리켜 한 명의 누이를 포용하지 아니한다고 하였으니, 신이 대죄를 청합니다."

유진의 말인즉, 자신은 역적 이시애의 집안으로 시집가 불행하게 된 누이동생을 거둬 현재 자신의 안성 농가에 살게 하고 있으니, 누이를 저버린 게 아니라는 항변이었다.

결국, 성종은 유진의 해명을 듣고 이미 지나간 일이니 문제 삼지 말라며 유진을 홍문관 부제학 자리에 그대로 두게 하였다.

아내에게 첩의 피가 섞여 있다는 이유로 홍문관에서 쫓겨난 권경희

유진은 누이 관련 시비 문제를 가까스로 넘겨 홍문관 부제학으로 남게 되었지만, 당시 홍문관 부수찬이었던 권경희는 쫓겨났다. 권경희가 쫓겨난 것은 유진에 대한 시비 사건 이듬해인 성종 10년(1479년) 2월이었다. 당시 권경희의 직위는 종6품 부수찬으로 정3품 벼슬인 부제학엔 비교할 수 없을 정도로 낮은 직책이었다. 하지만 아무리 낮은 직책이라도 홍문관에 근무한다는 자체로 무수한 질시와 공격을 받는 자리였다. 그만큼 홍문관 관원은 주변이 깨끗해야 했다.

성종은 권경희에 대한 사헌부의 비판이 있자, 바로 그를 홍문관에서 내쳤다. 그 이유를 실록은 다음과 같이 기록하고 있다.

권경희는 김치운의 딸에게 장가들었는데, 김치운은 하구의 양첩이 낳은 아들인 하복생의 사위이다. 그래서 대간臺諫이 청선淸選에 있어서는 안 된다고 논박하였는데, 이때에 이르러《태종실록》을 상고하니 과연 대간이 아뢴 것과 같았으므로 이 명命이 있었다.

이 내용에 따르면 권경희는 아내 신분 때문에 사헌부, 사간원, 예문관과 함께 4대 청직 중 하나인 홍문관 관원이 되어서는 안 된다는 것이다. 권경희의 아내 신분을 따져보니 그녀의 외조부가 서자, 즉 첩 소생이라는 이유였다. 물론 양첩이기에 그녀의 외증조모는 비록 첩이긴 해도 양인 신분이었다. 그럼에도 4대 청직 중에 제1순위인 홍문관에 첩의 피가 흐르는 아내를 둔 관원은 있어서는 안 된다는 주장이었고, 성종은 이러한 사헌부의 주장을 받아들여 권경희를 같은 품계인 형조 좌랑으로 내보냈다.

이렇듯 홍문관 관원으로 살기 위해서는 행동거지뿐 아니라 아내의 혈통까지도 염두에 둬야 할 정도로 어떠한 시빗거리도 없어야 했다. 홍문관은 조선 양반들이 가장 선호하는 직장이었던 만큼 감시와 질시에 의한 공격도 많은 자리였기 때문이다.

1장 | 홍문관, 문관들의 직장 선호도 1위

10

조선에서 가장 영예로운 선비, 대제학

　홍문관의 관원은 정1품 영사 1명을 비롯하여, 대제학 1명(정2품), 제학 1명(종2품), 부제학 1명(정3품) 외에 직제학 1명(정3품), 전한 1명(종3품), 응교 1명(정4품), 부응교 1명(종4품), 교리 2명(정5품), 부교리 2명(종5품), 수찬 2명(정6품), 부수찬 2명(종6품), 박사 1명(정7품), 저작 1명(정8품), 정자 2명(정9품) 등 총 20명이었다. 그러나 정1품인 영사는 의정부 정승이 겸직하였기 때문에 홍문관의 최고 직책은 정2품 대제학이었다.
　살펴보았듯이 홍문관 관원은 영예만큼 질시와 공격이 많은 곳이라 홍문관의 최고 자리, 즉 홍문관 대제학이 된다는 것은 모든 조선 선비의 꿈이었고, 집안에서 대제학이 나온다는 것은 대대로 가문의 자랑거리였다.

홍문관 대제학은 조선 학문을 맡은 수장으로서 홍문관과 예문관의 최고 책임자 자리를 겸했다. 이에 대제학을 일컬어 '학문의 저울'이라는 의미로 '문형文衡'이라고 불렀다.

대제학의 선발 관련 용어 및 권점 과정

항목	설명
문형	대제학의 별칭, '학문의 저울'
권점	요직 관원 선발 시 추천자들이 동그라미 표시를 하여 표를 가장 많이 받은 사람을 임명
홍문록/도당록	권점 기록을 보관한 문서
선발 과정	1차 권점: 부제학 이하 모든 현직 관원 참여 2차 권점: 의정부와 이조의 당상관 참여. 역사 시험 후 최종 합격자 선정
대제학 권점	전임 대제학들이 참여, 가장 많은 점수 받은 사람을 왕이 임명

나라의 학문을 책임지고, 모든 학자를 대표하는 문형이 된다는 것은 조선 시대 사대부 집안의 엄청난 영예였다. 그래서 조선 선비 사회에서는 집안에서 문형이 나오는 것을 정승이 되는 것보다 더 명예롭게 여겼다. 문형을 거쳐 정승이 되는 사례는 있었지만, 정승이 되었다고 문형을 반드시 거치는 것은 아니었기 때문이다. 그래서 정승을 선택할 때는 별도의 과정을 거치는 법이 없었으나 문

형을 뽑을 때는 반드시 별도의 과정을 거쳐야 했다.

문형을 뽑을 때는 반드시 권점圈點이라는 과정을 거쳤는데, 권점이란 요직의 관원을 뽑을 때 추천권자들이 한자리에 모여 추천 대상자들의 명단 위에 각기 동그라미 표시를 하여 표를 가장 많이 받은 사람을 임금이 임명하게 하는 제도다. 이러한 권점법이 가장 엄격하게 시행되던 부서가 바로 홍문관과 예문관이었다. 대제학은 이 두 기관의 우두머리였기 때문에 반드시 권점을 거쳐서 뽑았다.

권점을 통해 올린 득점 기록은 별도로 보관하게 했는데, 이를 홍문록 또는 도당록이라고 했다. 홍문관이나 예문관에서는 관원을 뽑을 때 반드시 권점 과정을 거쳤는데, 특히 예문관의 한림을 뽑을 땐 권점법을 매우 엄격하게 시행했다. 1차 권점에는 부제학 이하의 모든 현직 관원들이 참여하였고, 2차 권점에는 의정부와 이조의 당상관들이 모두 참여하였다. 그리고 여기서 뽑힌 사람들은 다시 역사 시험을 보게 하여 최종 합격자를 가리게 하였다. 이렇게 홍문관과 예문관의 권점을 통과하여 최종 합격된 사람들은 부제학까지는 권점 없이 승진하게 된다.

하지만 한 나라의 학문을 책임진 문형인 대제학이 되기 위해서는 다시 권점을 거쳐야 했다. 대제학 권점 때는 전임 대제학들이 모두 참여한다. 그래서 그들로부터 가장 많은 점수를 받은 사람을 왕이 임명하게 되는 것이다. 따라서 대제학은 홍문관이나 예문관 출신이 아니면 될 수 없고, 이 두 기관 출신이라고 하더라도 권점에서 높은 점수를 받지 못하면 결코 오를 수 없는 자리였다. 이 때문에 대제학이 되는 것은 정승이 되는 것보다 더 영예롭게 여겼다.

조선의 예문관과 홍문관을 책임진 역대 문형들을 열거하자면 우선 태조 대에는 권근을 들 수 있고, 태종 대에는 변계량, 세종 대에는 윤회, 권제, 안지, 정인지 등이 있었다. 또 세조 대에는 신숙주와 최항이 있었으며, 성종 대에는 어세겸과 홍귀달이 있었다. 중종 시대에는 신용개, 남곤, 이행, 김안로, 소세양, 김안국, 성세창 등 7명이었고, 선조 대에는 박순, 이황, 노수신, 김귀영, 이이, 이산해, 유성룡, 이양원, 황정욱, 이덕형, 윤근수, 홍성민, 이항복, 심희수, 이귀구, 이호민, 유근 등 17명이나 되었다.

선조 대에 이렇듯 문형이 많았던 것은 선조가 오랫동안 재위한 데다 선조 대가 조선사를 통틀어 학문적으로 가장 많은 인재가 배출된 시기였기 때문이다. 광해군 대의 문형으로는 이이첨을 꼽고, 인조 대에는 신흠, 김류, 최명길, 이식, 김상헌, 이경석, 이명한, 정홍명, 조경 등을 꼽는다. 숙종 대의 문형으로는 박태상, 남구만, 남용익, 이여 등을 꼽으며, 영조 대에는 조문명, 이덕수, 김양택, 서명응, 이휘지, 이복원, 정실, 황경원 등이 꼽힌다. 정조 대의 문형으로는 오재순, 김종수, 서유신 등이 있었다.

하지만 순조 이후 외척 독재가 진행되고 국운이 기울면서 문형에 대한 시각도 많이 달라졌다. 조정이 외척들에 의해 장악되면서 문형 역시 그저 하나의 고위직 벼슬로 전락하여 더는 선비의 표상으로 여겨지지 않았다.

2장

예문관

목숨 걸고 역사를 기록하는 곳

경복궁과 궐내각사 배치도

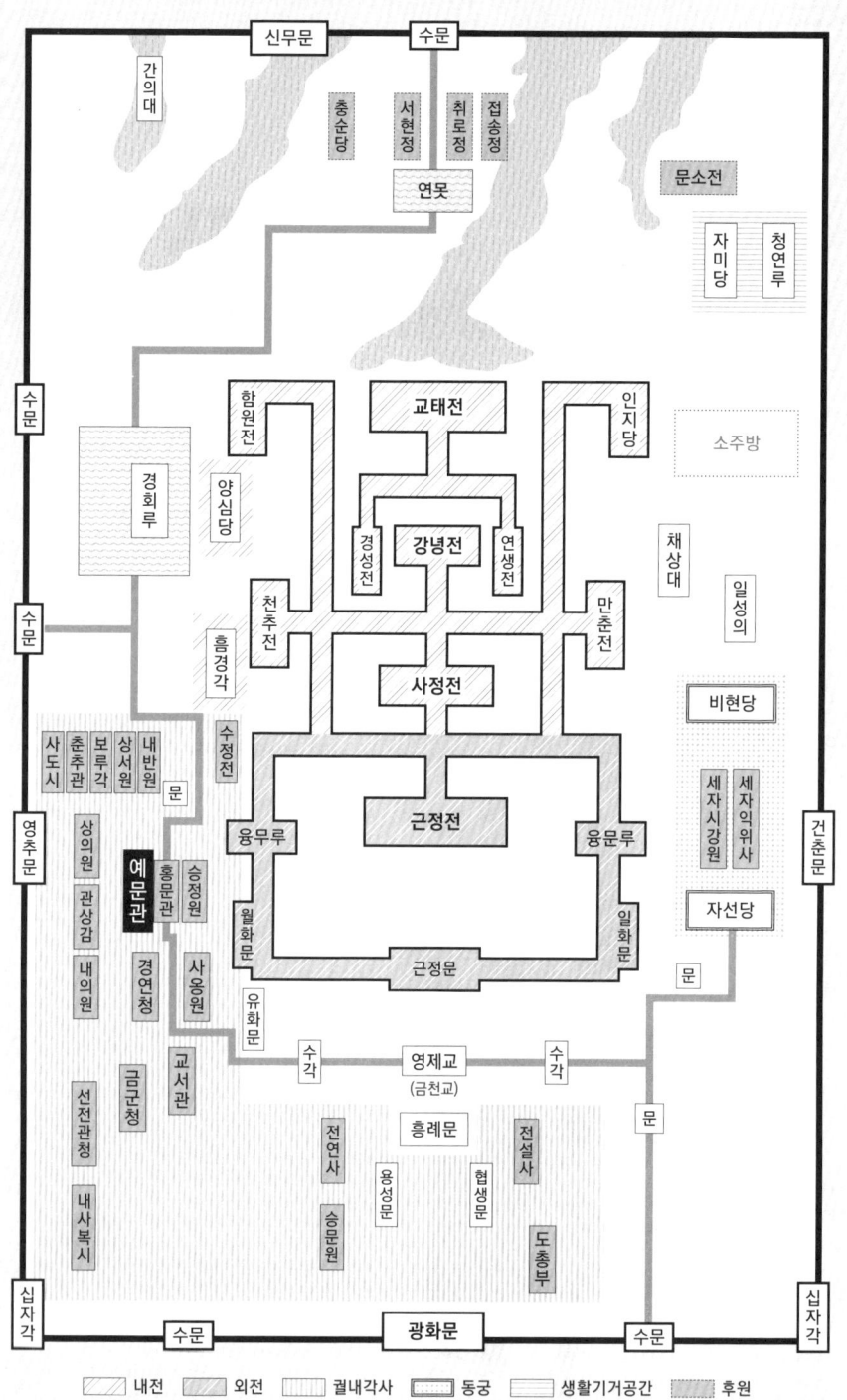

2장 | 예문관, 목숨 걸고 역사를 기록하는 곳

왕을 그림자처럼 따라다니며 작성한 시정기

　홍문관과 함께 조선의 학문을 책임지고 있던 예문관에는 특별한 임무를 맡은 8명의 젊고 청렴한 관원들이 있었다. 8한림으로 불리는 사관들이 바로 그들이다. 8한림은 예문관 관원 중 정7품 봉교 2명, 정8품 대교 2명, 정9품 검열 4명을 통칭하는 말이다. 그들은 모두 7품 이하의 낮은 직급이었지만, 춘추관 기사관을 겸직하며 조선의 역사를 기록하는 막중한 임무를 맡았다.

　사관史官이란 사초를 작성하고 시정기를 찬술하는 임무를 맡은 관원을 의미한다. 넓은 의미로는 춘추관에 소속된 수찬관(정3품 당상관) 이하의 모든 관원을 통칭하지만, 일반적으로는 예문관

예문관의 8한림 및 사관의 역할

항목	내용
8한림	예문관 관원 중 정7품 봉교 2명, 정8품 대교 2명, 정9품 검열 4명
주요 임무	춘추관 기사관을 겸직하며 조선의 역사 기록
사관의 정의	사초 작성, 시정기 찬술
넓은 의미	춘추관에 소속된 수찬관 이하의 모든 관원
일반적인 의미	예문관에 소속되면서 춘추관의 기사관직을 겸한 8한림

8한림의 임무와 활동

항목	내용
근무 방식	2인 1조, 2교대 근무
참여 장소	조회, 조참, 상참, 윤대, 경연, 중신회의, 백관회의 등
기록 장소	승정원, 의정부, 중추원, 육조, 국왕의 사냥과 온천 등 각종 행사
기록 목적	국사 논의와 관련된 모든 사항 기록
사관의 어려움	왕의 사적 활동까지 기록, 왕에게 귀찮은 존재로 인식됨

에 소속되어 있으면서 춘추관의 기사관 직을 겸한 8한림만을 지칭한다. 이들 8한림을 사관이라고 부르는 이유는 춘추관의 나머지 관원들은 모두 다른 임무를 겸하고 있는 반면, 이들은 오로지 역사 기록에만 전념하기 때문이다.

    이들은 비록 예문관의 낮은 관원에 불과했지만, 봉교 이하의 8한림은 봉교의 지휘 아래 독자적으로 업무를 진행했다. 이들 8명은 2인 1조가 되어 2교대로 근무하면서 국사가 논의되는 곳이면 어디든 참여하여 역사를 기록하였다. 조회, 조참, 상참과 같은 회의는 물론 왕과 신하가 만나는 윤대나 왕의 수업 시간인 경연, 중신회의, 백관회의 등 국사와 관련된 일이 있는 곳이면 어디나 그들이 있었다. 또한 왕의 비서기관인 승정원에도 항상 검열 1명이 파견되어 정사에 대한 기록을 하였고, 의정부, 중추원, 육조 등의 대신이나 삼사의 관원이 국왕을 특별히 면대하는 장소나 국왕의 각종 행사에도 따라다니며 기록을 멈추지 않았다. 심지어 국왕이 사냥을 가거나 온천을 갈 때도 항상 곁에 붙어 있으면서 상황을 낱낱이 기록하였다.

이 때문에 왕의 입장에서는 때때로 사관이 매우 귀찮은 존재로 여겨졌다. 특히 개인적인 취미를 즐기고 색을 탐하는 왕에게는 항상 따라붙는 사관의 존재가 매우 성가실 수밖에 없었다. 그래서 태종 이방원 같은 경우에는 사관이 사냥터까지 따라붙는 것에 대해 매우 신경질적인 반응을 보이기도 했다. 사치와 향락을 일삼으며 폭정을 행했던 연산군 역시 사관의 존재를 매우 귀찮아했고, 그것은 결국 무오사화라는 엄청난 피바람을 일으켰다.

하지만 왕의 그런 태도와 상관없이 사관들은 왕이 가는 곳이면 어디든 따라다니면서 기록을 멈추지 않았다. 그리고 이렇게 기록한 자료는 시정기時政記라는 이름으로 매달 책으로 묶어 공적 사초로 사용했다. 매년 마지막 달에 시정기가 몇 권이나 편집되었는지 왕에게 보고했다. 하지만 책의 수만 보고할 뿐 시정기의 내용은 왕도 볼 수 없었다. 왕이 사초를 볼 수 없도록 한 것은 사관들이 거짓 없이 사초를 기록하게 하기 위함이었다.

시정기는 편찬되면 춘추관에 봉인되어 보관했다가 왕이 죽은 후에 실록을 편찬할 때 사초로 사용되었다. 또한 시정기는 실록이 편찬되면 세초라 하여 물에 빨아서 내용을 완전히 없애버리고 종이만 재생하여 사용했다.

시정기를 구성할 때는, 첫째 줄에는 연월일, 간지, 날씨, 각 지방에서 일어난 변괴를 기록하고 둘째 줄에는 왕이 머무른 곳, 경연 참석 여부, 왕에게 보고된 일이나 왕의 명령 사항을 쓰도록 되어 있었다.

왕명에 관한 기록을 하는 데도 원칙이 정해져 있었다. 왕명이 내려진 경위를 쓰는 데 있어서 우선, 신하가 입시하여 설명한 내용을 간략하게 요점만 기록하되, 사건의 진행 과정과 시시비비에 관한 것은 기승전결을 세세하게 적도록 했다. 또한 사헌부나 사간원에서 보고한 것은 무슨 내용이든 모두 기록하였으며, 반복된 내용은 첨가된 부분만 적도록 했다.

의식과 예법에 관련된 사항은 생략 없이 모두 기록하는 것이 원칙이었고, 과거 급제자를 기록할 때는 급제자 모두를 적는 것이 아니라 누구 외 몇 명이라고만 쓰고, 관리 임용과 관련해서는 정3품 이상 고관만 쓰는 것이 원칙이었다. 하지만 지방관의 임명과 특별 임용 또는 임용 과정에서 문제가 있는 경우는 아무리 낮은 관리도 쓰도록 되어 있었다.

이렇게 만든 시정기는 한 부를 필사하여 부본副本을 만든 후에 충주사고에 따로 보관했다. 화재나 도난, 망실에 대비하기 위한 것이다.

2장 | 예문관, 목숨 걸고 역사를 기록하는 곳
12

사관의 임무에 충실한 죄로
귀양 간 민인생

시정기를 작성하기 위해서는 왕의 일거수일투족을 소상히 기록할 필요가 있었다. 하지만 왕의 입장에서 보면 자신을 따라다니며 행적을 소상히 기록하는 것이 몹시 부담스럽고 귀찮을 수 있었다. 그런 까닭에 예문관 사관들은 자신의 임무를 충실히 행한 죄로 죄인이 되는 경우도 있었다. 태종 시절의 민인생도 그런 사람 중에 하나였다.

태종 1년(1401년) 3월 18일에 태종이 당시 중신들인 이거이, 하륜, 조준 등과 강변에 나가 연회를 즐겼다. 연회가 끝난 뒤에 태종은 십여 명의 무신들과 함께 매를 풀어 매사냥을 즐기다가 날이

저문 뒤에 환궁했다. 그런데 예문관 학사 민인생이 사관의 임무를 띠고 어가(임금이 타던 수레)를 졸졸 따라다녔다. 태종은 그 모습이 몹시 눈에 거슬렸던 모양인지 내관에게 눈짓으로 사관이 왜 따라왔느냐고 물었다. 이에 내관이 민인생에게 가서 상께서 왜 왔느냐고 하문하신다고 전했다. 이에 민인생이 주저 없이 나서서 대답했다.

"신이 사관으로서 감히 임무를 다하지 않을 수 없어 왔습니다."

그 말에 총제 이숙번이 민인생의 입장을 두둔하며 말했다.

"사관의 직책이 매우 중하니, 원컨대 묻지 마옵소서."

태종은 민인생이 그 자리에 있는 것이 영 내키지 않았지만, 꾹 참고 넘어갔다. 그런데 한 달 뒤인 4월 29일에 민인생은 또 태종의 눈에 거슬리는 행동을 했다. 당시 태종은 편전에 사관이 입시하는 것을 허락하지 않았다. 하지만 모든 정사를 편전에서 논의하는데, 정사를 논하는 자리에 사관을 입시하지 못하게 하는 것은 이치에 맞지 않는 일이었다. 그럼에도 태종은 사관이 편전에 들어와서 정사에 관한 모든 것을 소상히 적는 것은 허락할 수 없다며 사관의 편전 입시를 극구 수용하지 않았다.

그래서 태종은 전날 이미 사관 홍여강이 편전 입시를 시도했지만, 허락하지 않았다. 그런데 이날 다시 민인생이 입시를 시도한 것이다. 그러자 도승지가 민인생을 말리면서 말했다.

"어제 홍여강이 섬돌 아래 왔었는데, 주상께서 들어오지 말라고 하셨네. 그냥 돌아가게. 주상께서는 정전이라면 마땅히 사관이 입시해야 하지만, 편전에까지 사관이 들어오는 것은 허락할 수 없다고 하셨네."

하지만 민인생은 공식적으로 그런 명을 받은 바 없다며 편전으로 밀고 들어갔다. 그러자 태종이 그를 보고 화를 내며 물었다.

"사관이 어찌 들어왔는가?"

민인생이 대답했다.

"전일에 문하부門下府에서 사관이 좌우에 입시하기를 청하여 윤허하셨습니다. 신이 그 때문에 들어왔습니다."

태종이 엄한 표정을 지으며 말했다.

"편전에는 들어오지 말라."

하지만 민인생은 쉽게 물러나지 않았다.

"비록 편전이라 하더라도, 대신이 일을 아뢰는 것과 경연에서 강론하는 것을 신 등이 만일 들어오지 못한다면 어떻게 갖추어 기록하겠습니까?"

민인생이 당당한 태도로 대꾸하자, 태종이 웃으면서 말했다.

"이곳은 내가 편안히 쉬는 곳이니, 들어오지 않는 것이 가하다."

그리고 이렇게 덧붙였다.

"사필史筆은 곧게 써야 한다. 하지만 비록 궐 밖에 있더라도 어찌 내 말을 듣지 못하겠는가?"

이에 민인생이 대답하였다.

"신이 만일 곧게 쓰지 않는다면 위에 하늘이 있습니다."

이렇듯 결기를 보인 뒤에 민인생은 일단 물러났다. 하지만 며칠 뒤인 5월 8일에 경연이 열리자, 민인생은 편전의 사관 입시를 주장하며 이렇게 말했다.

"지금 여러 신하들과 더불어 강론하심이 매우 분명하고, 온화한 말씀이 친밀하시니, 원컨대 전하께서 비록 편전에 앉아 정사를 들으실 때라도 사관으로 하여금 입시하여 아름다운 말을 기록하게 하소서."

민인생의 그 말에 태종이 다소 멋쩍어하며 대신들에게 사관의 말을 들어보라고 했다. 하지만 대신들은 입을 모아 이렇게 말했다.

"사관이 경연에 입시하는 것은 가하지만, 어찌하여 정사를 듣는 때에 들어오려고 합니까? 신 등도 역시 전조前朝(고려) 신씨辛氏(우왕)의 사관이었는데, 두렵고 위축되어 감히 뵙지 못하였습니다."

이 말을 듣고 민인생이 아뢰었다.

"임금이 밝으면 신하가 곧은 것입니다. 어찌 감히 전조로 오늘에 비교할 수 있습니까?"

이런 논쟁이 있은 이후에도 태종은 여전히 편전에는 사관 입시를 허락하지 않았는데, 민인생 역시 물러설 생각이 없었다. 그리고 두 달 뒤인 7월 8일에 마침내 태종이 격노하고 말았다. 이날 태종이 편전에 대신들을 불러놓고 정사를 의논하는데, 민인생이 바깥에서 엿보고 있었다. 태종이 그를 발견하고 좌우에 물었다.

"저 자는 누구인가?"

좌우의 신하들이 대답했다.

"사관 민인생입니다."

그 말을 듣고 태종이 노하여 도승지 박석명에게 명하였다.

"이제부터는 사관이 매일 대궐에 들어오는 것을 못하게 하라!"

이렇듯 태종이 노기를 드러내자, 결국 조정에서 민인생을 귀양 보낼 것을 건의했고, 결국 민인생은 변방으로 쫓겨 가고 말았다.

하지만 민인생 사건 이후 간관들이 지속적으로 사관의 편전 입시를 요구하자, 태종은 결국 그 해 말에 사관의 편전 입시를 허락하였다.

2장 | 예문관, 목숨 걸고 역사를 기록하는 곳

13

사관은 술도 잘 먹고 시도 잘 지어야

　예문관의 사관이라고 해서 늘 왕의 글을 짓고 사초만 작성하는 것은 아니었다. 예문관 관원은 근본적으로 임금의 비서였기에 임금이 시키는 일이라면 비록 잡다한 일이라도 행해야만 했다. 그런 까닭에 임금의 성향에 따라 하는 일도 다양했다.

　술을 좋아하고 시문을 즐기던 성종 시절의 사관이라면 우선 술을 잘 먹고 시를 잘 지어야 했다. 성종실록의 관련 기록을 살펴보면 다음과 같은 내용들을 발견할 수 있다.

　성종 17년(1486년) 12월 30일: 승정원에 술을 내려 주고, 인하여 전교하기를, "입직한 병조의 당상관과 낭청과 사관史官 등과 더불어 밤을 지키면서 즐거움을 다하라." 하고, 인하여 관탕官帑(관의 금고)의 물건을 내려 주었다.

성종 18년(1487년) 1월 3일: 궁온宮醞(술)을 승정원에 내려주어서 입직한 병조·도총부·사관과 더불어 마시게 하고, 인하여 홍매紅梅 한 가지를 내어 주며 각각 배율팔운排律八韻*을 지어 올리게 하였다.

사관은 두 명씩 돌아가면서 궁궐에서 밤을 새워 당직을 서야 했는데, 연말연시를 맞이하여 왕은 숙직 관리들과 사관에게 술을 내려 마시게 하기도 하고, 한 발 더 나아가 술값으로 한시를 바쳐 올리라는 명령을 내리기도 했다. 술이야 약하면 안 마시면 그만이었지만, 율시를 바치라고 하니 여간 곤혹스러운 일이 아니었을 것이다. 다른 사람도 아닌 임금이 시를 지어 바치라고 했으니 대충 지어 올릴 수도 없었다. 더구나 예문관 관원인 사관은 의당 문장이 좋은 자들만 가려 뽑은 자들인 만큼 임금의 기대가 클 수밖에 없었다. 그러니 다음 날 아침까지 한시, 그것도 가장 긴 배율팔운을 지어 바치라고 하니, 밤새 시를 짓느라 끙끙댔을 사관들의 모습이 눈에 선하다.

사관은 때때로 임금의 명령을 받고 지방 관리들을 감찰하는 역할도 수행했다. 암행어사가 없던 시절이라 사관이 암행어사 노

---

* 배율팔운排律八韻: 배율은 한시漢詩의 한 체體로써 오언五言 또는 칠언七言으로 열두 짝, 곧 여섯 구 이상이 되는 율시律詩를 일컫고, 팔운은 여덟 자의 운자를 사용하여 짓는 것을 말함.

룻을 한 셈이다. 물론 사헌부 행대감찰이 따로 있었지만, 임금의 특명을 받고 홍문관 관원이나 예문관 관원이 지방에 파견되어 암행 감찰을 하기도 했던 것이다. 그리고 감찰 결과에 문제가 있으면 탄핵을 당하기도 했으니, 지방 감찰은 결코 녹록한 일이 아니었다.

임금이 사관에게 내리는 명령은 이 외에도 여러 가지였는데, 실록의 다음 기록에서 그 내용을 알 수 있다.

> 성종 17년(1486년) 10월 18일: 승정원에 전교하기를, "오늘은 날씨가 매우 추우니, 주서·사관을 보내어 가서 형옥刑獄을 살피게 하라." 하였다.
>
> 성종 21년(1490년) 2월 3일: 주서注書와 사관을 종묘·문소전·연은전에 보내어 금화禁火(소방)하는 것을 자세히 살피게 하였다.
>
> 중종 28년(1533년) 10월 23일: 정원에 전교하였다. "타위打圍(사냥)할 때에 잡은 사슴 두 마리를 사관을 시켜서 종묘에 천신薦新(철에 따라 과일이나 농산물을 신에게 올리는 것)하게 하라."

이 기록들에 따르면 숙직 사관은 다른 숙직 관리들과 함께 형옥을 살피기도 하고, 화재를 살피기도 하고, 종묘나 조상들을 모신 사당에 제물을 바치는 역할도 했음을 알 수 있다. 말하자면 예문관 관원은 기본적으로 임금의 글을 짓고, 사초를 작성하는 것은 물론이고 경연에 참여했으며, 임금이 내리는 각종 명령을 수행하며 격무에 시달렸다는 뜻이다.

2장 | 예문관, 목숨 걸고 역사를 기록하는 곳

14

피바람을 불러온 가장 사초

사관은 공적 사초인 시정기 외에도 개인적으로 쓰는 사초가 있었는데, 이를 가장家藏 사초 혹은 사장私藏 사초라고 불렀다. 집에 감춰두거나 개인적으로 숨겨둔 사초라는 뜻이다. 사관은 비밀리에 이것을 만들어 뒀다가 실록을 편찬할 때 제출하고는 했다.

가장 사초는 주로 아주 비밀스러운 일이나 관료 개개인의 인물됨됨이를 기록했다. 또한 사건에 따라서는 사관의 개인적인 평가를 남기기도 했는데, 심지어 왕의 행동이나 인성에 대해서도 평을 남기기도 했다. 그 때문에 가장 사초는 때때로 엄청난 정치적 파장을 불러오기도 했는데, 대표적인 사건이 무오사화였다.

무오사화는 연산군 시절에 훈척 세력이 김일손이 쓴 가장 사초를 트집 잡아 사림들을 대거 죽인 정치 사건으로, 1498년 무오년 7월에 《성종실록》을 편찬하는 과정에서 유자광이 김일손의 사초에 문제가 있다는 상소를 올리면서 시작되었다.

김일손이 쓴 사초에 따르면 세조가 자신의 죽은 아들인 의경세자의 후궁 권 귀인을 따로 불렀는데, 권 귀인이 부름에 응하지 않았다는 글이 실려 있었다. 이는 세조가 아들의 후궁을 탐했다는 뜻이었다. 거기다 김일손의 사초에는 스승 김종직이 쓴 '조의제문'이 실려 있었는데, 이것이 세조의 왕위 찬탈을 비방한 글로 여겨졌다. '조의제문'은 진나라 항우가 초나라 의제를 폐위한 일에 관한 내용이었는데, 이 글에서 김종직은 제문 형식을 빌려 의제를 폐위한 항우를 비판하고 있었다. 이는 곧 세조가 단종을 폐위한 것을 빗댄 것이었기 때문에 세조의 왕위 찬탈을 에둘러 비판하는 것으로 해석된 것이다.

이 일로 연산군이 김일손을 위시한 모든 김종직 문하를 제거하는 바람에 엄청난 피바람이 불었다. 무오사화는 이처럼 사초로부터 시작된 사건이라 하여 다른 사화와 구분하여 '사화士禍'가 아닌 '사화史禍'라고 쓰게 된 것이다.

무오사화 이후 연산군은 사관들에게 가장 사초를 만들지 못하도록 했으며, 심지어 시정기를 감시하고, 그 속에 조금이라도 자신에 대해 비판하는 내용이 있으면 모두 삭제하게 했다. 또한 홍문관이나 사간원 등 언론 기관을 폐지하여 정사에 대한 비판 자체를 하지 못하게 했으며, 사관의 숫자도 극소수로 줄여 제 기능을 하지 못하도록 했다. 그 때문에 당시 사관은 그저 연산군이 원하는 내용만 기록해야 했다. 이런 연산군의 전횡에 대해 당시 사관은 이렇게 적고 있다.

"즉위 이후의 일기 사초日記史草에 만약 직언 당론直言讜論이 있으면 모두 도려내고 삭제하게 했으며, 가장 사초도 또한 거둬들이게 하였고, 또 인군의 과실을 기록하지 못하게 하였으며, 겸대춘추兼帶春秋(춘추관의 직을 겸임하는 것)의 호칭을 모두 혁파하고 다른 관리를 교사관校史官이라 지칭하고 즉위 뒤의 실록實錄을 찬집撰集하게 하였다."〈중종 1년 9월 2일 연산의 죄상에 대한 사신의 논찬〉

하지만 연산군이 폐출되자, 숨기고 있던 가장 사초들이 쏟아져 나와 연산군의 학정과 전횡이 《연산군일기》에 낱낱이 기록되게 되었다.

이렇듯 가장 사초는 《조선왕조실록》에서 매우 중요한 역할을 하였다. 하지만 무오사화 이후에도 여러 사화가 일어나면서 가장 사초 문화에도 변화가 생겼다. 가장 사초는 원래 이름을 기입하지 않고 제출했는데, 무오사화 이후에도 몇 차례 사화가 일어나자, 사초를 제출할 때는 작성자의 이름을 기입하도록 변경되었다. 그 바람에 사장 사초 특유의 날카로운 사론史論(역사에 관한 주장이나 이론)이 크게 퇴색되고 말았다.

설상가상으로 선조 이후 붕당 정치시대가 도래하면서 사관들도 당파에 가담하는 경우가 많았고, 이는 당론에 따른 사초 작성으로 귀결되었다. 이 때문에 정권이 바뀔 때마다 수정 실록을 편찬하는 결과를 낳기도 했다. 그래도 그나마 다행인 것은 수정 실록을 편찬하더라도 처음 편찬한 실록의 내용을 훼손하지 않고 따로 덧붙인 책자에 수정 내용만 담았다는 사실이다. 덕분에 치열한 당파 싸움 중에 편찬된 실록일지라도 이후에 다시 수정 실록이 더해짐으로써 양쪽 진영의 시각을 함께 담을 수 있게 되었다.

물론 이러한 값진 결과의 배경엔 역사 기록에 피와 땀과 청춘을 바친 젊고 패기만만한 예문관의 8한림이 있었다.

3장

승정원
정승 판서로 가는 징검다리

경복궁과 궐내각사 배치도

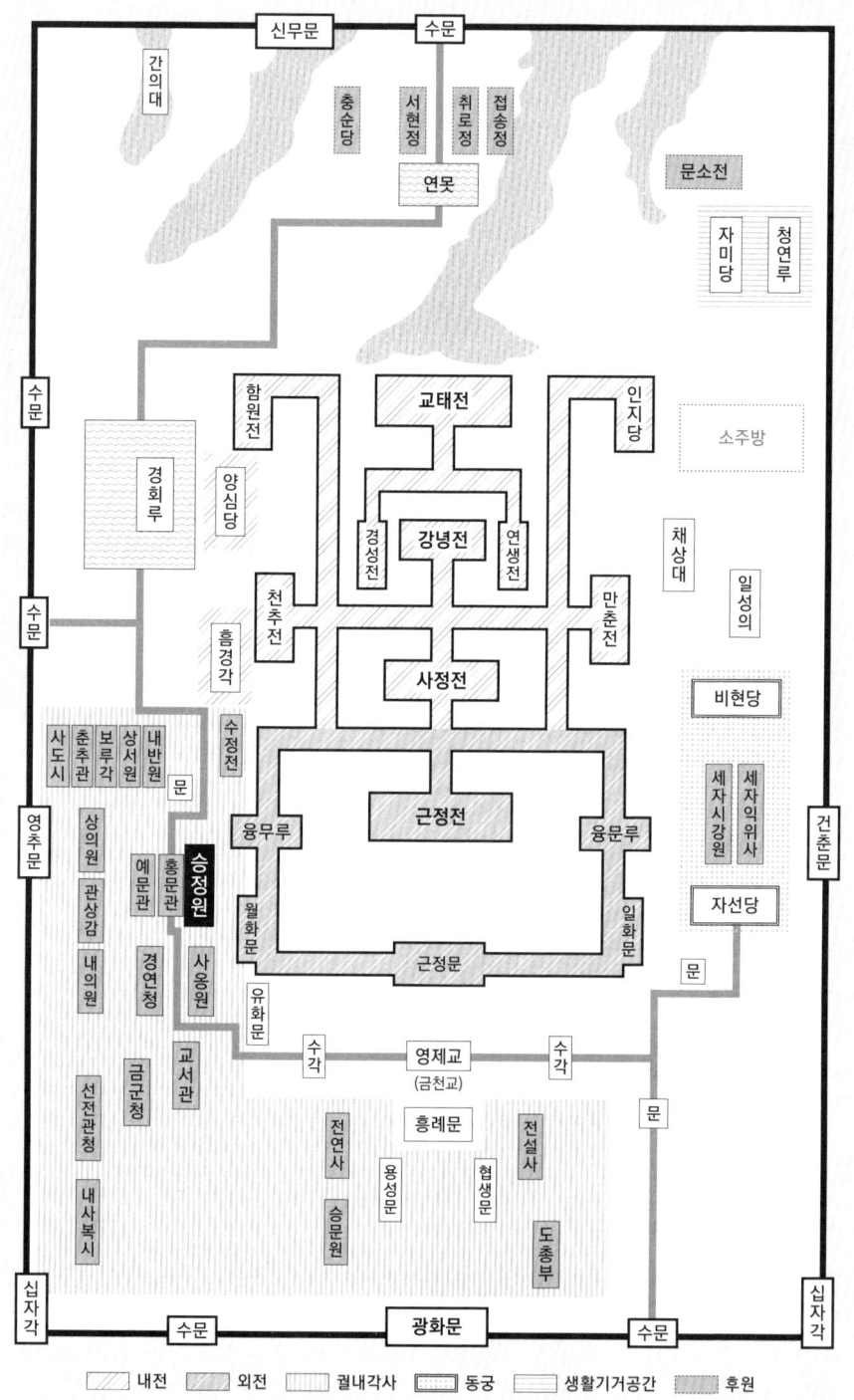

15

조선 왕의 비서기관이자 출세의 전당

조선의 왕에게는 두 종류의 비서기관이 있었다. 왕의 사생활을 돕는 내명부와 내시부가 하나이고, 왕의 정치를 돕는 승정원承政院이 다른 하나이다. 승정원은 왕의 정치를 돕는 비서기관인 만큼 왕이 가장 믿고 의지하는 사람들이 배치된 곳이었다. 따라서 승정원은 정승과 육조 판서의 터전이라고 할 수 있을 정도로 출세가 보장된 사람들만 근무하는 부서였다.

승정원은 조선 초에는 군사 기밀과 왕명을 출납하던 중추원에 속해 있었다. 이는 고려의 제도를 그대로 이은 것이다. 고려에서는 중추원에 좌승선과 우승선을 두고 그 아래에 부관들을 거느렸으며, 한림원에 학사와 승지를 두었고 승지들의 근무처인 승지방이 있었다. 조선은 개국한 후, 중추원에 도승지와 좌·우승지, 부승지를 두었는데, 정종 때인 1400년에 승정원을 독립시켜 조선의 최고 비서기관으로 재탄생시켰다.

승정원을 독립시킨 것은 왕권을 강화하기 위함이었는데, 이를 주도한 인물은 당시 세자로 있던 태종 이방원이었다. 태종은 왕위에 오른 뒤에 왕권을 한층 강화할 목적으로 의흥삼군부와 승정원을 합쳐 승추부를 만들었다. 군무와 정무를 일원화시킨 것이다. 하지만 이후 왕권이 안정되자, 1405년에 승추부는 병조와 결합시키고 승정원을 다시 독립시켰다. 이후 승정원은 조선 말까지 왕의 정무 비서기관으로 자리매김하게 된다.

승정원에는 도승지, 좌승지, 우승지, 좌부승지, 우부승지, 동부승지 등 6명의 승지가 있으며 이들은 모두 정3품 당상관들이었다. 당상관이란 조정회의에서 당상堂上(임금이 계신 대청마루)에 앉을 수 있는 관료로서 고관대작의 반열에 들었다. 조선 왕조에서는 같은 정3품 관리도 당상관과 당하관으로 나누었는데, 당상관과 당하관은 차림새나 대우에서도 차이를 보였다. 당상관은 망건에 옥관자를 붙이고 '영감'이라는 존칭을 받는 반면에, 당하관은 까막관자를 붙이고 '나으리'라는 칭호를 들었다. 관자란 망건의 귀 부근에 달려서 줄을 걸어 넘기는 구실을 하는 조그맣고 동그란 모양의 돌을 지칭한다.

당상관으로 구성된 6명의 승지는 각자 육조의 업무를 분할하여 맡았다. 도승지는 이조, 좌승지는 호조, 우승지는 예조, 좌부승

승정원의 조직과 역할

직책	품계	역할
도승지	정3품 당상관	이조 담당
좌승지	정3품 당상관	호조 담당
우승지	정3품 당상관	예조 담당
좌부승지	정3품 당상관	병조 담당
우부승지	정3품 당상관	형조 담당
동부승지	정3품 당상관	공조 담당
주서	정7품	《승정원일기》 작성, 왕명에 따른 조사 임무
서리	-	서찰 전달, 왕의 특명 수행

지는 병조, 우부승지는 형조, 동부승지는 공조를 맡았으나 때론 능력에 따라 업무를 변경하기도 하였다.

승지의 품계는 정3품이었지만 종2품을 지낸 관리가 승지가 되는 경우도 많았다. 지금도 장관을 지낸 사람이 대통령 수석비서관에 임명되는 것과 비슷하다.

왕명을 받고 내보내는 과정에서 왕은 승지에게 의견을 묻기도 하는데 그럴 때마다 승지들은 자신의 견해를 말하기도 하고, 중요한 일이 있을 때에는 임금께 직접 자신의 의견이나 여러 신하들의 의견을 아뢰는 조언자의 역할도 하였다.

승지들은 이와 같은 고유 업무 외에도 다른 기관의 직책을 겸하기도 했다. 왕에게 경서를 강의하는 경연참찬관, 역사에 관한 기록을 맡은 춘추관 수찬관을 겸하는 것이 일반적이었다. 또한 도승지는 임금의 경연과 서적을 관리하는 홍문관 직제학을 겸하기도 하고 옥새, 병부 등을 맡아보던 상서원정을 겸하기도 했다. 이밖에도 승지 중에는 내의원, 상의원, 사옹원의 부제조를 겸하기도 하였으며, 형조를 맡은 승지는 죄수를 관리하는 전옥서 제조를 겸하기도 했다.

이처럼 승지가 여러 가지 업무를 겸직한 것은 왕을 제대로 보필하기 위해 다양한 정보가 필요하였을 뿐만 아니라 왕명의 출납을 쉽게 하기 위해서였다.

승지들은 이렇게 겸직으로 얻은 다양한 정보를 통하여 궁궐 내부의 사정을 소상히 파악할 수 있었으며, 좀 더 정확한 정보와 의견을 왕에게 전달할 수 있었다. 하지만 직책이 많은 만큼 업무량도 많았다. 그 때문에 승지는 오랫동안 지속할 수 없는 자리였다. 또 고생을 많이 하기 때문에 그에 대한 보답으로 승지를 그만두면 항상 종2품 벼슬 이상을 보장받았다.

조선 역사에서 국가에 많은 공헌을 했거나 정승을 했던 사람들 중에는 승지 출신이 아주 많다. 대표적인 인물을 열거해보면 세종 시대의 명재상이었던 황희와 맹사성이 모두 승지 출신이었고, 또 6진을 개척한 김종서도 승지 출신이었으며, 뛰어난 정치가이자 학자였던 율곡 이이, 조선 중기의 명재상 오리 이원익, 선조 대의 명재상 서애 유성룡 등 헤아릴 수 없는 많은 인물이 승정원을 거쳐 유명한 정치가가 되었다. 승정원은 최고의 인재가 모이는 곳이었고, 출세의 전당이기도 했다. 특히 승정원의 우두머리인 도승지는 출세를 보장하는 직책이었다.

조선이 개국된 뒤 가장 먼저 도승지가 된 인물은 안경공이었다. 안경공은 고려 왕조 때에 뛰어난 문인이었던 안축의 손자이며, 조선 개국공신인 안종원의 아들이었다. 그는 도승지에서 물러난 뒤에는 사헌부 수장인 대사헌이 되었으며, 이후 한성부 판사, 집현전 대제학, 흥녕부원군 등의 벼슬을 지냈다.

안경공의 경우만 보더라도 도승지 직책을 거친 후 화려한 관직 생활을 이어가게 된다는 것을 확인할 수 있다. 안경공이 도승지 직책을 수행한 기간은 1392년 7월부터 1393년 3월까지 약 8개월이었다. 그를 이어 도승지에 오른 인물은 이직이었는데, 이직은 1393년 4월부터 9월 12일까지 그 자리에 있었다. 도승지에서 물러난 이직은 사헌부 대사헌, 의정부 지사, 이조판서, 의정부 찬성사 등을 거쳐 세종 때인 1424년엔 일인지하 만인지상의 영의정 벼슬에 오르게 된다. 이직에 이어 도승지가 되었던 한상경도 의정부 참찬과 이조판서를 거쳐 영의정에 올랐다. 태종 대에 도승지로 유명했던 박석명은 태종의 어릴 때 친구이기도 했다. 그는 사람 보는 눈이 탁월하여 태종에게 황희를 승지로 천거하기도 했는데, 잘 알려져 있듯이 황희 역시 도승지를 거쳐 세종 대의 대표적인 정승이 되었다.

이렇듯 승정원 승지 자리는 조선의 문관들이 재상의 반열에 오르기 전에 거치는 요직 중의 요직이었다.

3장 | 승정원, 정승 판서로 가는 징검다리

16

임금의 눈과 귀, 손과 발이 되었던 주서와 서리

승정원에는 승지 외에도 정7품의 주서 2명이 있었고, 서리 28명이 있었으니 규모가 꽤 큰 비서실이었다. 주서의 역할은 승정원의 기록인《승정원일기》를 작성하는 일로 매우 중요한 직책이었다.《승정원일기》를 바탕으로 실록이 편찬되었기 때문이다. 승정원의 주서는 춘추관 기사관을 겸하였고, 사초 기록이나 실록 편찬에도 참여했던 까닭에 집안도 좋고 유능한 인물들이 배치되었다.

승정원 주서는《승정원일기》를 쓰는 임무만 있었던 것은 아니었다. 왕의 특명을 받고 지방으로 파견되어 특별한 일을 조사하는 임무도 자주 맡았다. 태종은 재위 12년 8월 10일에 승정원 주서 김자와 환관 노희봉을 시켜 풍해도의 농사 상황을 알아보도록 했다. 이때 태종은 이렇게 말했다.

"풍해도 각 고을에서 풍우風雨로 곡식이 상한 형편을 실지로 보고하지 않아서 종잡기가 어렵다. 만일 부실不實한 자가 있게 되면, 즉시 잡아다 서울로 압송하라. 내 마땅히 그 연고를 묻겠다."

풍해도는 곧 지금의 황해도인데, 태종은 당시 이곳의 농사 상황 보고에 의문을 품었다. 풍해도 관찰사의 보고가 다른 도에 비해 매우 늦었고, 바람으로 인해 손실된 논밭도 다른 도에 비해 너무 많았기 때문이다. 그래서 승정원 주서 김자와 승전색 노희봉에게 특명을 내려 그곳의 상황을 살펴 관찰사의 보고와 비교해서 보고하라고 했던 것이다. 일종의 암행어사 임무를 주었던 셈이다. 김자는 풍해도의 상황을 살핀 후 이렇게 보고했다.

"논은 모두 충실하나, 간혹 10분의 1, 2가 손실되고, 밭은 10분의 1, 2에서 간혹 10분의 3, 4까지 손실되었습니다."

이 보고서를 받고 태종은 몹시 화를 내며 지시했다.

"관찰사·경력·수령이 다 손상되었다고 보고한 것은 실로 나를 속임이니, 마땅히 모두 죄주도록 하라."

이렇듯 승정원 주서는 임금이 특별히 알아볼 일이 있을 때, 지방으로 파견되어 임금의 눈과 귀가 되는 역할도 했다. 세종은 재위 5년 6월 10일에 승정원 주서 이극복을 고양현에 파견하였다. 당시 고양현에 굶어 죽은 사람이 있다는 보고가 올라오자, 세종은 그 진위를 알아보도록 했던 것이다. 주서 이극복이 고양현에 가서 그 내막을 알아보니, 여종 모란과 두 아들이 너무 굶주려 부종이 생겼고, 어린아이 하나가 굶어 죽은 사실이 있었다. 이에 세종은 의금부에 명령하여 고양현 현감 김자경에게 곤장 80대를 치게 하였다.

세조 때는 승정원 주서를 유구국(현재의 일본 오키나와현 지역에 15세기부터 19세기까지 존재했던 독립 국가) 사신에게 보낸 술과 고기를 내려주었고, 겨울에 날씨가 추워지자 의금부와 전옥서의 죄수들이 입고 있는 옷 두께를 살펴보고 보고하도록 하였다. 이렇듯 승정원 주서는 임금의 특명을 받아 시행하는 일들이 많았다. 한 마디로 그들은 임금의 눈과 귀 노릇을 했던 것이다. 그래서 승정원 주서 임무를 마치게 되면 반드시 벼슬을 올려 중요한 직책으로 이동하게 하였다.

승정원 주서뿐 아니라 서리들도 임금의 눈과 귀 노릇을 하였다. 승정원 서리들은 대개 대를 이어 승정원에 근무하곤 했는데, 그 때문에 승정원에는 왕과 친분이 두터운 서리들이 많았다. 그래서 왕들은 아끼는 신하에게 서찰을 내리거나 특별한 당부를 할 때 승정원 서리를 시키는 경우가 많았다. 신하들과 비밀 서찰을 주고받았던 정조의 심부름꾼들도 하나같이 승정원 서리들이었다. 또한 임금들이 백성의 동향을 파악할 때도 서리들을 동원하는 일이 많았다. 그만큼 승정원 서리는 왕이 믿고 의지하는 수족 같은 존재였다.

4장

사간원

직언과 직간

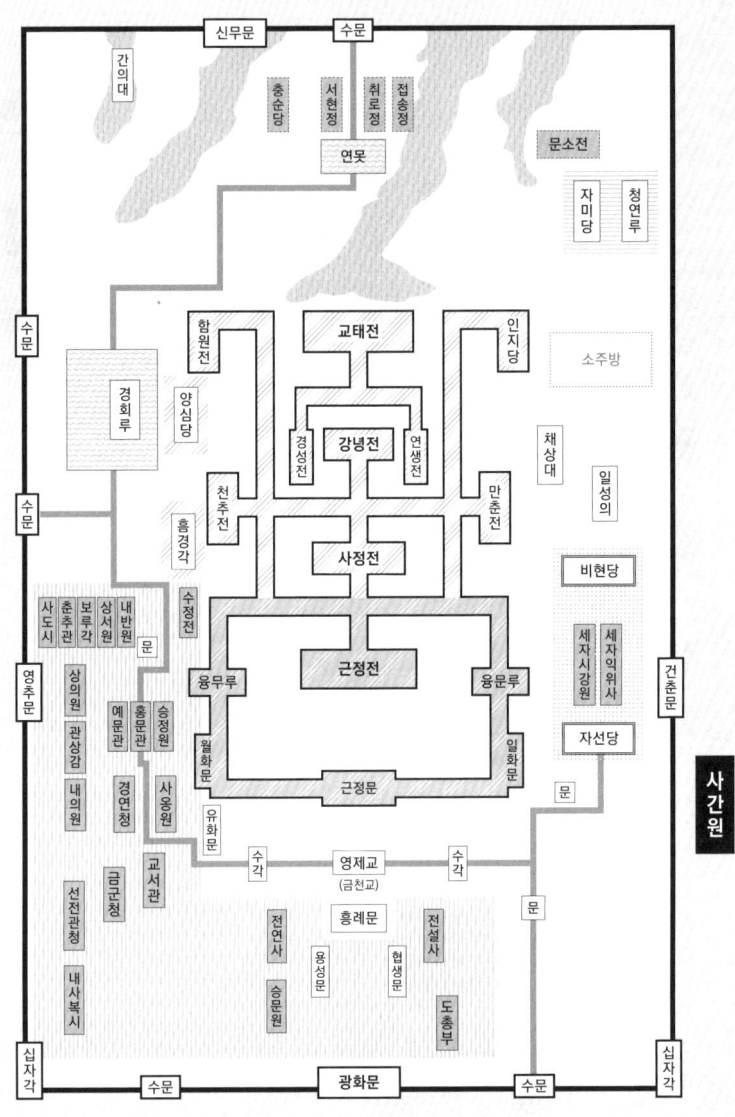

4장 | 사간원, 직언과 직간

17

관료 중에 가장 꼿꼿한 집단

사간원司諫院은 궐 밖에 있는 관청이지만, 임금의 결함을 지적하고, 그릇된 정치나 관리들의 잘못을 규탄하는 일을 맡았기 때문에 궁궐을 수시로 드나들었다. 그들의 임금에 대한 발언들을 간쟁諫爭이라고 하는데, 간쟁에는 크게 5가지가 있다. 어떤 사실을 간접적으로 비유하는 것을 풍간諷諫이라고 하고, 임금의 마음에 거슬리지 않도록 순화해 말하는 것을 순간順諫, 정면으로 사실 그대로 간하는 것을 직간直諫, 시비를 가려서 임금이 행할 것을 강요하는 쟁간爭諫, 자신의 목숨을 걸고 간하는 것을 함간陷諫이라고 한다. 이 5가지 중 가장 바람직하게 여겼던 것은 풍간이었다.

사간원의 '간諫' 자가 '아뢸 간' '충고할 간'이라는 게 이 기관의 성격을 말해준다고 할 수 있다. 사헌부와 더불어 언론양사言論兩司라고 하였고, 왕의 정치적, 학문적 물음에 답했던 홍문관을 보태어 언론삼사라고 하였다. 이 언론삼사는 가장 청렴한 관리만 근무한다는 청요직의 대명사였는데, 사간원은 언론삼사 중에서도 오직 언론 기능인 간쟁만 담당해서 대개 간관이라고 했다. 이들의 기능이 임금에게 간언하는 것이 중심이었기 때문에 사헌부가 광화문 밖 육조거리에 있었던 것과 달리 사간원은 보다 자유롭게 출입할 수 있는 건춘문 앞에 있었다.

사간원은 중국 진한 시대의 간의대부에서 유래되었다. 이후 당송시대에는 문하성과 중서성에 산기상시, 간의대부, 보궐, 사간, 습유, 정언 등의 관직을 두었고, 이를 고려가 수입하였던 것이다. 사간원의 관직에 해당하는 직책은 고려 시대엔 산기상시, 직문하, 간의대부, 급사중, 중서사인, 문하사인, 기거주, 기거랑, 기거사인, 사간, 보궐, 헌반, 습유, 정언 등의 이름으로 있었다. 그러다 조선에 와서는 고려의 문하부 낭사의 제도를 계승하여 유지되다가 문하부가 사라지고 의정부가 설치될 때 문하부 낭사는 독립되어 사간원이 되었다.

사간원의 관리는 정3품 당상관인 대사간 1명과 종3품 사간 1명, 정5품 헌납 1명, 정6품 정언 2명 등 총 5명으로 구성되어 있다. 이들 관원은 사헌부의 관원들과 함께 대간臺諫으로 불리었다.

사간원이 비록 사헌부와 함께 대간 또는 언론양사로 불리었지만, 두 기관의 근무 분위기는 사뭇 달랐다. 사헌부가 엄격한 상하

사간원의 구성

직책	품계	인원수
대사간	정3품 당상관	1
사간	종3품	1
헌납	정5품	1
정언	정6품	2

관계를 유지하며 조직의 기강을 중시하는 곳이었다면 사간원은 상하 관계가 엄격하지 않았고, 근무 분위기도 자유로웠다. 심지어 사간원의 관원은 근무 중에 술을 마셔도 징계를 받지 않았다. 또한 금위군이라고 하더라도 사간원 안으로는 들어갈 수 없었고, 사간원의 관원이 잘못을 했더라도 사간원 안으로 도망치면 잡을 수 없었다.

그만큼 자신의 행동과 말에 대한 책임이 큰 곳이었기 때문에 그들에게 일종의 특별대우를 한 셈이라고 할 수 있다.

하지만 선조 이후 붕당 정치가 시행되면서 사간원의 관원은 권력이나 당파에 이용되는 사례가 많았다. 그 때문에 때로는 왕으로부터 압박을 받아 기능을 제대로 발휘하지 못할 때도 있었다.

사실, 대다수 왕들은 사간원을 성가시게 생각했다. 연산군 같은 폭군은 사간원을 아예 없애버리기도 했다. 또 사간원의 간관도 계속해서 줄였다. 고려 시대엔 간관이 13명이었는데, 조선에 와서는 7명으로 줄었고, 이후에도 좌우 사간대부가 2명이었으나 대사간 1명으로 줄였고, 헌납도 2명이었으나 1명으로 줄어 결국 사간원 관원 수는 5명으로 축소되었다.

이렇듯 사간원은 몇 명 되지 않는 소규모 관청이었지만, 언론기관으로서 사간원의 기능은 상당히 폭이 넓고도 중요했다.

첫째는 임금의 잘못에 대한 간쟁과 비리를 저지른 관원들에 대한 탄핵, 잘못된 정치에 대한 시정과 부당한 인사에 대한 경고 등 언론 활동을 활발히 하는 것이 주요한 임무였다.

둘째는 중요한 정치기관의 하나로서, 사간원의 관원은 왕이 중신들을 접견하거나 보고와 자문을 받는 자리에 참여하였고 의정부, 육조와 함께 정치와 입법에 관한 논의에 참여하였다.

셋째는 왕을 모시는 역할이다. 승정원이라는 비서실이 있었음에도 불구하고, 사간원은 언론 기관으로서의 역할을 충실히 수행하기 위해 왕이 경서를 배우는 경연에 같이 참석하였고, 세자를 교육하는 자리인 서연에도 참석하였다. 또한 왕의 행차에는 어디든 반드시 따라다녔다. 이밖에도 관리들의 인사나 상벌을 주는 일에 관여하여 비리나 부정이 없도록 하는 일을 담당하였다.

이렇듯 사간원의 기능이 광범위하고도 막강했기에 관원이 되는 자격 또한 매우 까다로웠다. 자기 자신은 물론 4대에 걸쳐 죄지은 바가 없는 집안의 인물이어야 했고, 성품이 강직하고 올곧은 선비여야 했다.

4장 | 사간원, 직언과 직간

18

사간원과 사헌부의 대립을 이용해 인사 문제 해결한 태종

　사간원은 다른 관리들의 잘못을 비판하고 때로는 왕의 잘못도 거침없이 지적해야 하는 자리였기에, 다른 관청의 관료들에게 인심을 잃기 쉬웠고, 때로는 왕의 분노를 사서 옥에 갇히거나 파직되는 일도 많았다. 태종 시절에는 궁실을 확장하려는 것을 좌사간 윤사수가 반대하자, 태종은 그를 순군옥에 가둬버리기도 했다. 이후 태종은 윤사수를 풀어줬지만, 그 뒤로도 성가신 일이 잦자, 사헌부와의 마찰을 이용하여 윤사수는 물론이고 그 밑에 있던 사간원 관원들을 모두 교체하기까지 했다.

　그 일의 시작은 당시 사간원과 사헌부의 힘 대결에서 비롯되었다. 태종 1년(1401년) 11월 23일의 일이다. 사헌부가 사간원 관원들을 탄핵하며 임금에게 이렇게 아뢰었다.

"사간 윤사수 등은 간신諫臣(간언을 맡은 신하)으로서 미륵사 등에 모여서 창기를 불러 밤새도록 놀고 술을 마셨으니 마땅히 죄에 처하여야 합니다."

사헌부가 임금에게 이런 말을 한 것은 자신들이 사간원으로부터 탄핵을 당할까 봐 선수를 친 것이었다. 당시 사헌부 관원들이 흥국사에 모여 놀았는데, 사간원에서 이를 알고 사간원 사령들을 시켜 흥국사를 몰래 감시했다. 그런데 이를 눈치챈 사헌부에서 먼저 사간원을 공격한 것이다.

사실, 사간원 역시 미륵사 등 여러 곳에 모여 술을 먹고 논 적이 있는데, 사헌부 역시 이를 감찰하고 있다가 사간원에서 사헌부를 탄핵할 기미가 보이자 선수를 친 셈이다. 이때 사헌부에 의해 탄핵된 관리는 사간 윤사수와 김첨, 지사간 성발도, 헌납 권훈, 정언 정안지와 한고 등 사간원 관원 6명이었다. 당시 사간원 관원이 총 7명이었으나, 사헌부에서는 그들 6명이 전부인 줄 알고 탄핵상소문에 그들의 이름만 올렸다.

그런데 사헌부에서 탄핵하지 못한 1명이 남아 있었는데, 그가 곧 사간원 헌납 한승안이었다. 당시 한승안은 개인적인 이유로 출근하지 않은 상태였는데, 사헌부는 이 사실을 알지 못했다. 한편, 한승안은 사헌부가 사간원 관원 전체를 탄핵했다는 말을 듣고 곧 출근하여 사헌부 관원들을 탄핵했다. 한승안이 탄핵한 사헌부 관원들은 대사헌 이지를 비롯, 장령 박고와 이반, 지평 김치와 송흥 등으로 사헌부 수뇌부 전부였다.

한승안의 탄핵을 받은 사헌부에서는 자신들이 탄핵당했다는 소식을 듣고 어리둥절하며 말했다.

"사간원 간원은 죄다 탄핵했는데, 누가 우리들을 탄핵했단 말인가?"

그들은 한승안의 존재를 미처 깨닫지 못했던 것이다. 그러다 자신들의 탄핵 상소문에 한승안의 이름이 빠졌음을 뒤늦게 알게 되었다. 그런데 정작 사헌부에 대한 한승안의 탄핵상소를 받은 태종은 이렇게 말했다.

"헌사憲司가 죄가 있으면 곧 탄핵하여 죄주기를 청하는 것이 가한데, 지금 헌사의 탄핵을 당한 연후에 죄주기를 청하니 늦었다."

말인즉, 사헌부가 사간원을 탄핵한 것이 먼저이니, 우선 사헌부의 탄핵상소에 따라야 한다는 것이었다. 한승안의 탄핵을 사헌부에 대한 보복성 탄핵으로 보았던 것이다. 그리고 태종은 한승안이 사헌부의 탄핵에 죄를 승복하지 않고 도리어 사헌부를 탄핵한 죄를 물어 한승안을 파직해버렸다.

이렇게 사간원과 사헌부의 힘 싸움은 사헌부의 승리로 끝나고 말았다. 이는 태종이 사헌부 편을 든 결과였다. 당시 태종은 윤사수가 이끌던 사간원을 몹시 귀찮게 여기고 있었는데, 사헌부와의 다툼이 있자, 이 기회를 이용하여 사간원 관원들을 모두 교체

해버린 것이다. 이렇듯 사간원은 다른 관청과 곧잘 힘 싸움을 벌여야 했는데, 특히 함께 사정기관의 임무를 맡고 있던 사헌부와 대립하는 일이 잦았고, 왕은 그들의 대립관계를 이용하여 성가신 사간원 관료들을 교체하곤 했던 것이다.

5장

승문원

외교의 최전선

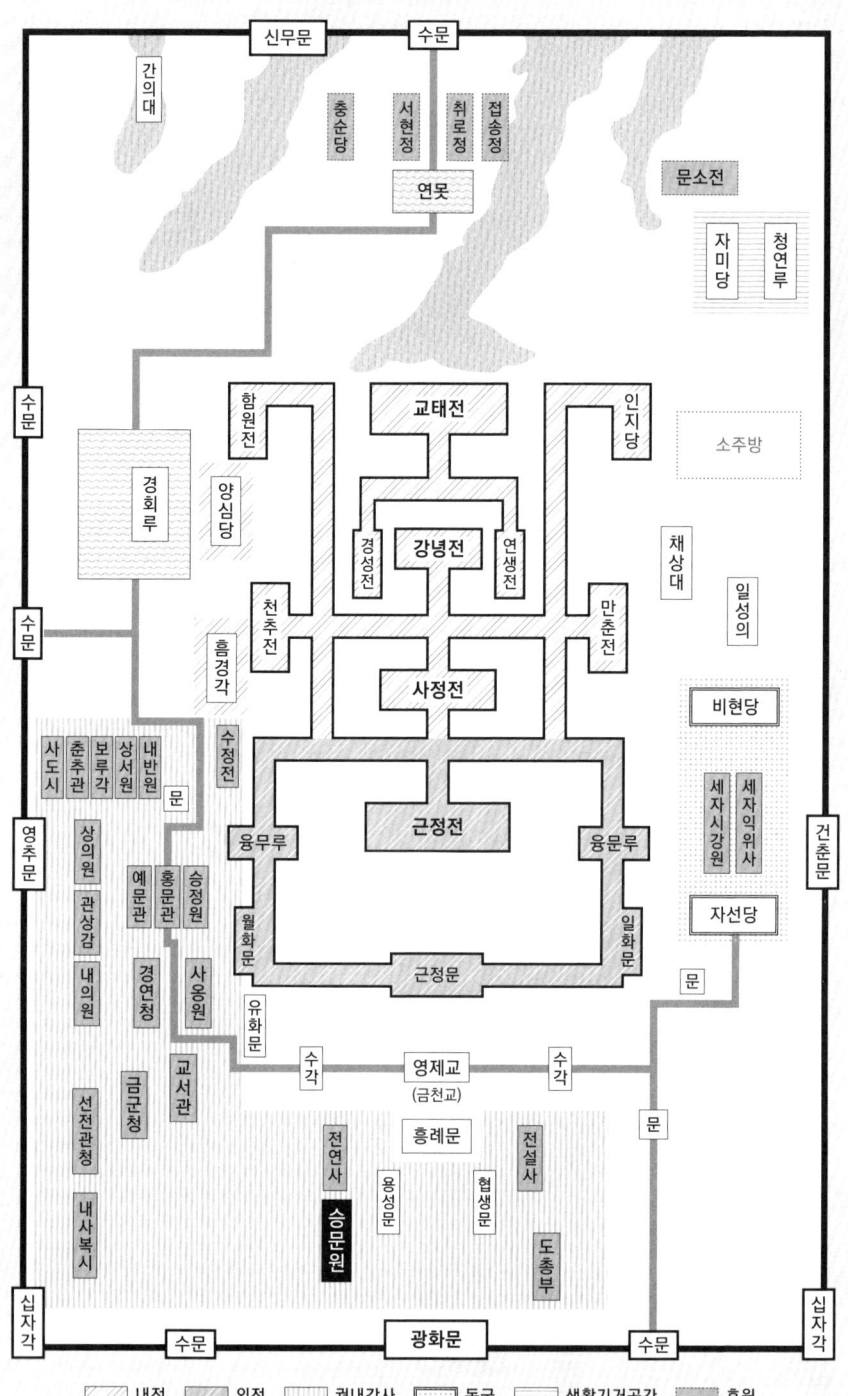

5장 | 승문원, 외교의 최전선

19

외교 문서는 우리 손에서 나온다

　승문원承文院은 중국이나 일본 등 이웃나라와의 외교 문서를 맡아보는 곳으로, 홍문관, 예문관 등과 함께 문과 출신의 관리들이 가장 선호하는 관청이다. 또한 성균관, 교서관과 함께 삼관三館이라 불리었으며, 괴원槐院이라는 별칭이 있었다.
　괴원은 영의정, 좌의정, 우의정 등 이른바 삼정승을 지칭하는 삼공이 머무르는 관청이라는 뜻인데, 이는 홰나무를 지칭하는 '괴槐'라는 한자가 '삼공의 자리'를 의미하는 데서 비롯됐다. 승문원이 외교를 담당하기 때문에 다른 관청과 달리 특별히 삼정승이 모두 도제조를 겸임한 까닭에 승문원에 '삼공의 자리'가 모두 놓이게 되었고, 그래서 괴원으로 불리게 된 것이다.

승문원의 조직

직책	품계	설명
도제조	-	영의정, 좌의정, 우의정이 겸임
판교	정3품	1명. 가장 높은 직책
참교	종3품	1명. 홍문관, 예문관, 성균관 등의 관원이 겸임. 중종 대에 사라짐
교감	종4품	1명. 홍문관, 예문관, 성균관 등의 관원이 겸임. 중종 대에 사라짐
교리	정5품	2명. 홍문관, 예문관, 성균관 등의 관원이 겸임. 중종 대에 사라짐
교검	정6품	2명. 중종 대에 1명으로 축소. 홍문관, 예문관, 성균관 등의 관원이 겸임. 장기간 근무
박사	정7품	2명. 홍문관, 예문관, 성균관 등의 관원이 겸임
저작	정8품	2명. 홍문관, 예문관, 성균관 등의 관원이 겸임
정자	정9품	2명. 홍문관, 예문관, 성균관 등의 관원이 겸임
부정자	종9품	2명. 홍문관, 예문관, 성균관 등의 관원이 겸임
이문습독관	-	이문 교육 담당. 20명
사자관	-	글자 베껴 쓰는 관원. 수십 명

　삼정승이 모두 승문원의 도제조로 있었던 것은 조선 왕조가 외교를 그만큼 중요하게 했다는 뜻이다. 특히 당시 외교는 국왕들이 직접 만나기보다는 문서가 오가는 형태로 이뤄졌기 때문에 외교 문서 작성 업무를 맡은 승문원은 외교의 최전선에 있었던 관청이라고 할 수 있다.

　조선의 외교는 흔히 사대교린事大交隣이라는 말로 대변되었는데, 이 말의 뜻은 '큰 나라를 섬기고事大' '이웃나라와 사귄다交隣'

는 뜻이다. 곧, 중국은 섬기면서 외교하고, 일본과는 사이좋게 사귄다는 뜻으로서, 조선의 외교정책을 보여주는 말이라고 할 수 있다.

이렇듯 막중한 임무를 맡은 승문원의 소속 관원을 살펴보면, 우선 의정부의 영의정, 좌의정, 우의정이 모두 이곳의 도제조를 겸임하였고, 전임관으로 가장 높은 직책은 정3품 판교 1명이 있었으며, 그 아래로 종3품 참교 1명, 종4품 교감 1명, 정5품 교리 2명, 정6품 교검 2명, 정7품 박사 2명, 정8품 저작 2명, 정9품 정자 2명, 종9품 부정자 2명이 있었다.

승문원의 본래 명칭은 문서응봉사였으나 태종 대인 1411년에 승문원으로 개칭되었다. 승문원 판교는 원래 판사라고 불렸으나 세조 대에 개칭되었고, 참교도 원래는 지사, 교감도 원래는 부지사였으나 역시 세조 대 개칭되었다. 저작은 본래 저작랑으로 불리었으나 저작으로 개칭되었으며, 교검도 부교리였다가 개칭되었다.

승문원의 관원 중 참교 이하는 대개 홍문관과 예문관, 성균관 등의 관원이 겸임하였다. 그리고 중종 시대에 참교, 교감, 교리 직제가 사라지고 교검은 1명으로 축소되었는데, 대개 교검은 승문원에 장기간 근무하는 직책이었다.

이렇듯 승문원 관원은 모두 문관으로 이뤄져 있는데, 이들 말고도 많은 관원이 더 있었다. 이문습독관이라는 직책이 있었는데, 이들의 수는 무려 20명이나 되었다.

그렇다면 이문습독관이 무엇일까? 승문원에서 만드는 외교문서는 단순히 한자로 작성되지 않고 이문吏文이라는 독특한 문체로 서술되었다. 중국과 외교 문서를 주고받을 때는 일반적인 한문 문장이 아니라 한문의 골격에 중국의 속어나 특수한 용어를 섞어 썼는데, 이러한 공식 서식을 이문이라고 했다. 따라서 한문을 통달했다고 해서 외교 문서를 작성할 수 있는 것은 아니었다. 이문을 모르면 외교 문서를 작성하지 못할 뿐 아니라 이해할 수도 없었다. 이 때문에 승문원에서는 이문을 강습시키기 위한 관원을 뒀는데, 이들이 바로 이문습독관이다.

이문습독관 외에도 승문원에는 사자관寫字官이 수십 명 배치되어 있었다. 사자관이란 글자를 베껴 쓰는 관원을 일컫는다. 당시엔 외교 문서는 모두 손으로 직접 써서 작성했는데, 이때 필체가 좋고 글자 크기를 일정하게 쓰는 사자관의 역할이 반드시 필요했다. 또한 외교 문서를 작성할 땐 원본 외에도 여러 부의 부본을 필사하여 만들어 뒀는데, 필사본 역시 이들에 의해 작성되었다. 필사 업무는 국내뿐 아니라 외국에서도 꼭 필요했기 때문에 중국이나 일본에 파견되는 사절단에도 이 사자관이 반드시 동행했다.

사자관들은 필체가 뛰어나야 해서 그중에는 명필도 많았다. 조선 중기에 명필로 이름을 떨쳤던 석봉 한호도 바로 사자관 출신이다.

이렇듯 승문원은 외교 문서를 맡은 매우 중요한 관청이었지만, 조선 태종 대까지만 하더라도 궁궐 바깥에 있었다. 태종 당시 승문원은 한양 북부 양덕방(지금의 종로구 계동)에 있었는데, 세종 대에 이르러 업무의 편리를 도모하는 차원에서 경복궁 안으로 들어오게 되었고, 이후로 줄곧 궐내각사의 위상을 유지하게 되었다.

5장 | 승문원, 외교의 최전선

20

글자 하나 토씨 하나의 오류도
용납되지 않는 곳

승문원의 관원들은 그 어떤 부서보다도 꼼꼼하고 치밀해야만 했다. 승문원은 외교 문서를 작성하는 곳이기 때문에 단어 하나, 글자 하나, 토씨 하나, 숫자 하나만 틀려도 큰 벌을 받는 곳이었다.

태종 15년(1415년) 6월 4일에 승문원 지사 윤회와 부교리 정인을 의금부에 가뒀는데, 그 내용은 이렇다.

사역원 판관 강유경을 보내어 도망해 온 군사 박몽사 등 23명을 압령押領하여 요동으로 가게 하였다. 승문원에서 요동으로 보낼 자문咨文과 안인安印한 것을 올렸는데, 지신사 유사눌이 그 자문 속의 일월이 잘못된 것을 발견하였다.

사건의 내막을 설명하자면, 명나라 요동에서 23명의 군사가 조선으로 도주해 왔기에 이들을 붙잡아 요동으로 보냈는데, 이 사안에 대해 설명한 외교 문서에 날짜가 잘못되었던 것이다. 명나라 요동의 관부에 보내는 문서의 날짜가 틀렸으니, 징계를 받는 것은 당연하지만, 이 일로 의금부에 갇히기까지 했다는 것은 조선 시대의 외교 문서가 얼마나 깐깐하게 작성되는지 보여주는 대목이다.

사실, 명나라에 보내는 자문을 잘못 작성하여 승문원 관리들이 파직된 것은 이 사건 이전에도 있었다. 이 사건으로부터 10개월 전에 승문원 부교리 최흥효와 정자 구강이 의금부에 갇히고 파직까지 당했는데, 그 이유는 당시 정승이었던 하륜이 그들을 다음과 같이 꾸짖는 내용에 잘 담겨 있다.

> 이제 예부禮部에 정장呈狀하는 자문咨文 안에, "정윤후鄭允厚가 경사京師(북경)에 가지 못하는 사유에 대해 '환병患病'이라는 두 자를 없애고 다만 연로年老하여 능히 걸어갈 수가 없다."고 쓰는 것이 가하다.

이때 하륜이 명나라 예부에 보내는 문서를 읽고 그 문서 내용 속에 정윤후가 연경에 가지 못하는 이유를 병환 때문이라고 쓴 것이 잘못되었다고 지적하고 있다. 병 때문에 못 가는 것이 아니라 연로해서 못 간다고 고쳐야 한다는 것이다.

하륜은 그들 두 사람이 사연을 제대로 알아보지 않고 정윤후가 병 때문에 명나라 조정에 가지 못한다고 쓴 것은 명백한 직무유기라고 다그쳤다. 그리고 그 실수는 하옥과 파직이라는 엄청난 결과를 낳았다.

승문원 관원이 오탈자로 벌을 받은 사건은 이 외에도 부지기수였다. 얼핏 보기엔 아주 작은 실수에 불과한 것처럼 보이는 일도 매우 엄격하게 처벌했다. 다음 사건을 보면 조선 왕조가 외교 문서의 오탈자를 얼마나 엄중하게 처벌했는지 잘 알 수 있다.

때는 문종 즉위년(1450년) 8월 25일이었다. 의금부에서 문종에게 이렇게 아뢰었다.

"승문원의 관리가 사은 방물표에 '근상표謹上表' 3자字를 잘못하여 빠뜨렸으니, 저작랑 안초는 형률을 적용하면 장 70에 해당하고, 부교리 이한겸, 부지사 김득례, 판사 임효인은 장 60에 해당하고, 제조 이변, 김청, 허후는 태 50에 해당합니다."

이에 문종은 안초 등에게는 각기 2등을 감하여 태형에 처하고, 이변과 김청은 관직을 파면시키고, 허후는 봐주라고 했다.

방물표라는 것은 당시 조선의 특산물을 중국의 황제에게 선물할 때 함께 보냈던 물품 목록표를 말한다. 이 물품 목록표를 작성하면서 형식상으로 쓰는 단어를 빠트려 명나라 황제에게 불경죄를 저지른 격이 된 것이다.

얼핏 생각하기엔 대수롭지 않은 일 같은데, 이 일로 승문원 고위직들은 파면되고 하위직들은 모두 태형을 수십 대씩 맞았던 것이다. 당시 허후는 예조판서였고, 이변은 예조참판, 김청은 동지중추원사였다. 그래서 장관급인 예조판서는 실무자가 아니라고 용서했지만, 실무를 관장하던 차관급 두 사람은 파직되고, 나머지 실무자들은 전부 태형에 처했던 것이다.

이렇듯 승문원은 아주 엄격하고 깐깐한 관청이었다.

6장

교서관
인쇄와 글씨 전담

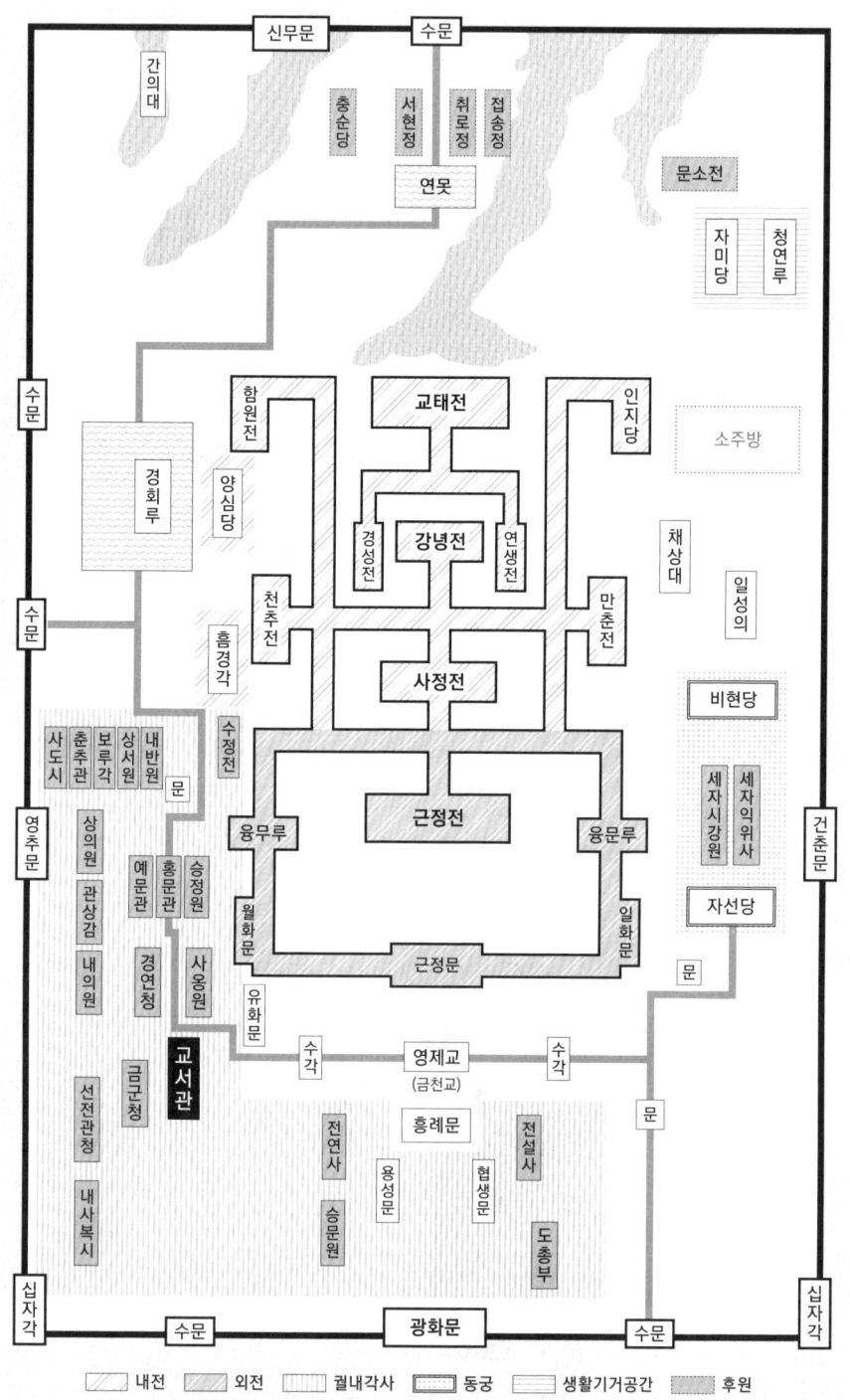

6장 | 교서관, 인쇄와 글씨 전담

21

조선의 출판과 인장 관리

교서관校書館은 책을 인쇄하고 반포하는 일, 제사에 쓸 향을 관리하고 축문을 작성하는 일, 인장에 새기는 글자에 관한 업무를 맡은 곳이다. 교서관의 관원은 모두 문관으로 구성되며 대개는 겸직이다. 제조는 2명이고, 판교 1명, 교리 1명, 별좌와 별제는 모두 4명이다. 이들 별좌와 별제는 정6품과 종6품이며, 정7품 박사 2명 이하로는 저작 2명, 정자 2명, 부정자 2명이 있다.

교서관은 교서감이라고도 불리었으며, 세조 때는 전교서로 개칭하기도 했다. 하지만 성종 때 다시 교서관으로 환원되었다. 정조 때에는 규장각에 편입되었는데, 규장각을 내각이라고 하고, 교서관은 외각이라고 했다.

교서관의 역할

항목	내용
출판 및 반포	책의 인쇄와 반포 담당
축문 작성	국가 행사 및 제사의 축문 작성
향 관리	제사에 쓸 향 관리
전서 쓰기	전서로 도장 새김

교서관의 조직 구성

직책	제조	판교	교리	별좌	별제	박사	저작	정자	부정자
인원수	2	1	1	4	4	2	2	2	2

    교서관에서는 도장에 글씨 새기는 일 때문에 전서에 능통한 인력을 3명 이상 반드시 배치했다. 조선 시대의 도장은 대개 전서篆書로 새겼다. 전서라는 것은 한나라 이전에 사용하던 글씨체를 말한다. 지금 일반적으로 사용하는 한자는 한나라 때 전서를 간단하게 만든 글자이고, 그 때문에 한자라고 부르는 것이다.

    대개 전서는 진秦의 통일 이전의 사전인 대전과 통일 이후의 사전인 소전의 글씨체인 대전체와 소전체를 일컫는다. 하지만 넓은 의미로는 갑골문자를 포함한 상고시대의 글자를 통칭한다. 조선 시대의 고택에 가면 전서로 쓴 글씨를 많이 볼 수 있는데, 갑골문자에서 유래하여서 흡사 그림처럼 보이기도 한다.

    이렇듯 교서관 관원은 전서를 잘 쓰는 것이 매우 중요해서 때로는 다른 관청의 관원 중에서 전서를 잘 쓰는 사람을 교서관에 특별 채용하기도 했다.

교서관의 임무 중에는 축문을 쓰는 것도 매우 중요했는데, 때로는 축문을 엉터리로 써서 중벌을 받는 관원도 있었다. 왕실에서 제사를 지낼 때 왕은 친압親押을 행하는데, 친압 과정에서 축문의 잘못이 발견되곤 했다. 친압이란 왕이 향과 축문을 보관하는 향실에 거둥하여 친히 축문 글자를 짚어가며 틀린 데가 없는지 살피는 일을 일컫는다.

국가 행사나 제사를 지낼 때는 교서관 관원이 축문을 쓴 판을 들고 나오는 역할도 하였다. 축판은 축문을 담당한 교서관 관원이 받들고 나오게 되어 있는데, 축문의 소임을 맡은 관원은 되도록 교체하지 않았다. 축문 작성은 매우 까다로운 점이 많아 아무나 작성할 수 있는 것이 아니었다. 그래서 교서관 관원들은 축문을 담당하는 것을 꺼렸다. 축문을 잘못 작성하여 벌을 받는 경우가 허다했기 때문이다. 세종은 이 문제를 해결하기 위해 아예 교서관의 축문 작성 담당자는 고정 직책으로 하라는 명령을 내렸다. 하지만 고정 직책을 맡게 되면 승진이 잘 되지 않기 때문에 관원들은 더욱 축문 담당을 꺼리게 되었다.

교서관의 임무 중에는 제사에 쓸 향을 관리하고 다루는 일이 있었는데, 이를 위해서 향실별감을 따로 두었다. 향실별감은 제사 의식에 밝은 관원 6명으로 구성되었는데, 이들은 서로 교대하면서 임무를 수행했다.

6장 | 교서관, 인쇄와 글씨 전담

22

교서관에 승려가 근무했다?

　궁궐 속에 있는 교서관에도 한때 승려가 근무했던 적이 있다. 대개 관청에 근무하는 승려들을 간사승幹事僧이라고 했는데, 조선 시대에 간사승을 둔 기관은 귀후소(장례 관련 용품을 공급하던 관서), 와요(기와 공급을 맡은 관서), 조지서(종이를 만드는 관서), 활인서(인쇄를 담당하는 관서), 한증소(일종의 목욕탕) 그리고 교서관이었다. 이들 기관 중 궁궐 속에 있는 기관은 교서관이 유일했다.
　원래 간사라는 것은 절간 공사나 불상 조성, 불경 간행 같은 사업을 할 때 일을 주관하고 자재와 비용 공급을 담당하는 승려를 일컬었다. 그런데 조선 조정에서는 불교 관련 업무 외에도 전염병 치료나 의료 업무 또는 장례 관련 업무, 목공, 인쇄, 제지 등에 관한 업무가 있는 관청에도 간사를 뒀다. 교서관에서는 책을 인쇄하는 업무가 있었기 때문에 간사승은 책 인쇄와 관련한 자재 공급과 인쇄와 관련된 기술적인 업무를 맡고 있었다.

그런데 문종 대에 이르러 교서관의 간사승 제도는 폐지된다. 이와 관련하여 실록은 문종 즉위년(1450년) 12월 9일에 다음과 같은 기록을 남기고 있다.

> 별요別窯(기와를 공급하기 위한 기관, 와요)의 간사승을 폐지하는 일을 의정부에서 의논하게 하였다.
> 별요의 간사승을 폐지하는 것을 건의하는 자가 있어 혁파할 것을 청하니, 의정부에 내려서 의논하게 하였다.
> 의정부에서 의논하여 아뢰었다.
> "귀후소를 제외하고 별요와 교서관의 간사는 모조리 혁파하소서."
> 이후 영의정 하연이 논하여 아뢰었다.
> "아울러 귀후소의 간사도 혁파하소서."
> 이에 임금이 말하였다.
> "별요는 대신들이 혁파하고자 하였기 때문에 의논하였을 뿐이며, 귀후소는 그 유래가 오래되었으므로 혁파할 수가 없다. 다만 교서관의 간사만을 혁파하는 것이 좋겠다."

당시 간사승 제도를 혁파하려 한 것은 공물 대납 문제 때문이었다. 원래 간사승들에게 공물을 대납할 권리를 줬는데, 간사승들이 공물 대납권을 이용하여 사익을 취하는 일이 잦았다. 이 때문에 세종 대에 이미 조정 대신들이 간사승들의 공물 대납권을 문제 삼아 간사승 제도를 없애자고 했었다. 하지만 세종은 현실적으로 간사승이 필요하다는 생각에 의정부의 의견을 받아들이지 않았다. 그런데 세종이 죽자, 다시 대신들은 간사승 제도를 혁파하자고 하였고, 결국 문종은 활인서와 한증소, 귀후소, 와요 등의 간사승은 남겨두고 교서관 간사승만 폐지했던 것이다.

3년에 한 번씩 열린 공식 연회, 홍도연

조선 시대에도 관청마다 회식 문화가 있었는데, 관청에 따라서는 회식 차원을 넘어선 일종의 축제 같은 연회를 여는 경우도 있었다. 그것도 왕의 공식적인 허락 아래서 왕이 내린 술과 음식으로 펼치는 연회였다.

교서관은 성균관, 예문관과 더불어 삼관이라고 불렸는데, 조선 왕들은 이들 삼관의 선비들을 매우 귀하게 여겼다. 그래서 해마다 삼관 중 한 곳에 술과 상을 내려 연회를 열도록 했는데, 삼관이 돌아가며 3년에 한 차례씩 왕이 내린 술로 연회를 개최했다. 그 연회의 명칭도 모두 달랐는데, 예문관에서는 장미연薔薇宴이라 하고, 성균관에서는 벽송연碧松宴이라 했으며, 교서관에서는 홍도연紅桃宴이라 하였다. 각 관청에서 이런 명칭을 붙인 것은 태종 대에 그들에게 내린 선물의 이름에서 비롯된 것이다. 당시 태종은 예문관엔 장미나무, 성균관에는 벽송을, 그리고 교서관에는 복숭아나무를 선물로 내렸기 때문이다.

    이렇듯 교서관은 왕이 내려주는 술과 음식으로 3년에 한 번씩 홍도연이라는 이름으로 거창한 회식을 열곤 했다. 실록에서는 홍도연 같은 이런 연회를 왕이 해당 관청의 관원들을 위해 베푸는 사치의 일종이라고 묘사하고 있다.

7장
세자시강원과 세자익위사

세자 보필

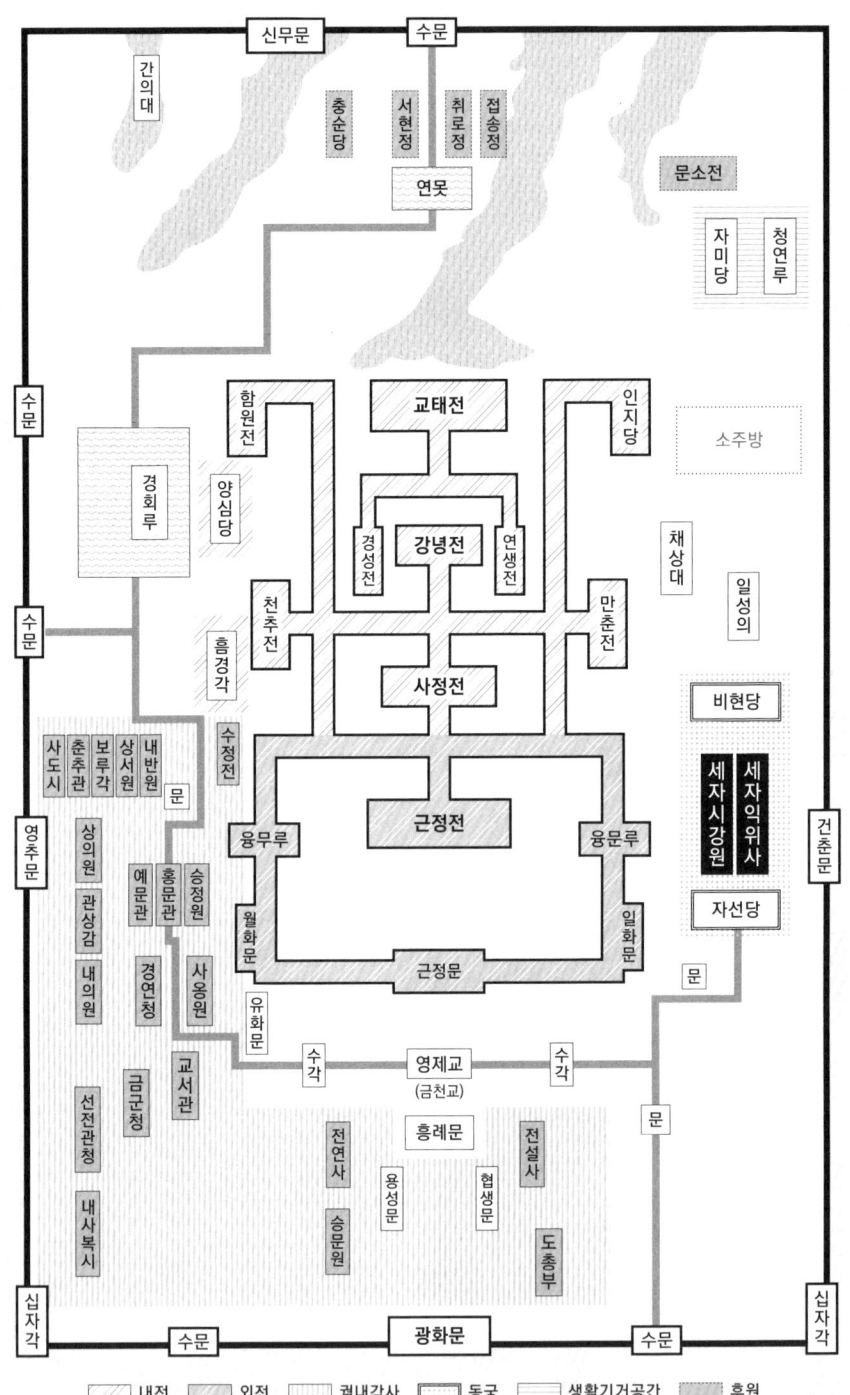

경복궁과 궐내각사 배치도

23

미래 권력의 산실

궁궐 안에는 세자궁을 위한 두 개의 관청이 있었는데, 그것은 세자시강원世子侍講院과 세자익위사世子翊衛司다. 세자시강원은 세자를 모시고 경서와 역사를 강론하며, 나라의 군주로서 갖춰야 할 인격과 교양을 가르치는 임무를 맡은 곳으로 동궁 바로 옆에 위치했다.

세자에게 하는 강의를 서연書筵이라 했는데 이는 임금께 하는 강의인 경연經筵과 비슷한 것이라 할 수 있다. 서연은 오전, 오후, 저녁 하루에 세 번 열렸으며 주로 《논어》, 《맹자》 같은 유교 경전과 《춘추좌전》 같은 역사책을 배웠다.

세자는 왕이 될 사람이라 세자 교육에는 당대 최고의 학자들

세자시강원의 역할

항목	내용
주요 역할	세자를 모시고 경서와 역사를 강론, 군주로서의 인격과 교양 교육
강의 명칭	서연
강의 시간	오전, 오후, 저녁 하루 세 번
교육 내용	유교 경전(논어, 맹자), 역사책(춘추좌전)
스승	영의정, 좌의정, 우의정 등 정승판서들
직책과 인원	종3품 보덕 1명, 필선, 문학, 사서, 설서 등 총 5명

세자익위사의 역할

항목	내용
주요 역할	세자 호위 및 경호. 세자 행차 인도, 수업 시 섬돌 아래 호위
구성원	무신들, 특히 교양이 풍부한 인물들
직책과 인원	정5품 좌익위, 우익위 각 1명, 좌사어, 우사어 등 총 14명

이 스승으로 동원되었다. 영의정이 세자의 최고 스승이 되고, 좌의정이나 우의정 중 한 사람이 또한 스승을 맡는 등 정승판서들까지 스승으로 나서게 된다. 이들이 스승이 됨으로써 세자는 자연스럽게 정치적인 식견과 국가관을 배우게 되는 것이다.

하지만 정승판서들은 정사에 바쁜 사람들이었기에 세자 교육을 주로 맡아 하던 사람은 종3품의 보덕輔德 1명을 비롯하여 필선弼善, 문학文學, 사서司書, 설서說書 등 총 5명의 문관이었다.

세자시강원이 세자의 학문을 담당하는 곳이라면 세자익위사는 세자를 호위하는 임무를 맡은 곳으로 세자 경호군대라고 할 수 있다. 장차 나라의 임금이 될 세자의 신변을 보호하는 일은 굉장히 중요한 일이다. 그래서 이곳의 관리는 모두 무술에 능한 무신으로만 구성되었다.

하지만 늘 세자 주변에서 보필하는 이들이기에 무신 중에서 특히 교양이 풍부한 사람으로 가려 뽑았다. 이들은 세자가 행차할 때는 앞에서 인도하고, 수업을 받을 때는 섬돌 아래에서 호위하면서 그림자같이 세자를 보필했다.

세자익위사엔 정5품 좌익위, 우익위 각 한 명을 우두머리로 하여 좌사어, 우사어 등 총 14명이 근무하였다.

때론 위험한 직업, 세자의 스승

세자의 학문을 담당하던 세자시강원의 문관들은 대개 세자가 왕이 된 뒤에 중용되는 경우가 많았다. 그런 까닭에 세자시강원도 출세의 디딤돌이 될 수 있는 직장으로 여겨졌다.

하지만 세자시강원 출신이라 해서 반드시 미래가 보장되는 것은 아니었다. 때론 그들 중에 세자에게 밉보여 되레 출세길이 막히고 심지어 목숨을 잃는 사람도 있었다. 특히 양녕대군이나 연산군처럼 공부를 싫어하는 세자를 가르치는 경우엔 남달리 처세에 신경 쓰지 않을 수 없었다. 혹여 수업 중에 세자의 자존심을 건드리거나 심기를 상하게 했을 경우 훗날 보복을 당할 우려도 있었다.

실제 폭군 연산군은 세자 시절 자신을 가르치던 스승을 죽였다. 연산군이 세자로 있을 때, 그를 가르치던 문관 중에 허침과 조지서란 인물이 있었다. 이들은 학문과 명망이 높아 성종이 친히 세자를 맡아달라고 부탁한 사람들이었다. 그런데 이들은 공부를 싫어하는 연산군을 대하는 태도가 사뭇 달랐고, 그 태도로 인해 완전히 다른 운명이 되었다.

조지서는 평소에 엄하고 깐깐한 성품으로 연산군이 수업을 비우거나 과제를 소홀히 하는 것을 쉽게 용납하지 않았다. 그래서 연산군이 수업을 비우거나 수업 태도가 나쁘면 상감에게 고해바치겠다고 으름장을 놓곤 했다. 이에 비해 허침은 성격이 유하여 늘 웃으면서 연산군을 대하며 부드러운 말투로 타이르곤 했다.

이런 까닭에 어린 연산군은 조지서를 싫어하고 허침을 좋아했다. 그래서 하루는 벽에다 연산군은 이렇게 써놓았다. '조지서는 대소인배요, 허침은 대성인이다.'

그런데 이때만 해도 조지서는 이 글의 의미가 자신에게 어떤 운명을 가져다줄지 전혀 몰랐다. 그저 어린 마음에 속상해서 쓴 단순한 낙서인 줄로만 알았다. 하지만 연산군은 자신을 질책하거나 위협하는 사람에 대해서는 절대 용납하지 않는 인물이었다. 거기다 집요하고 잔인하기까지 했다. 그래서 어린 시절 스승에 대한 불만과 증오심을 확대하여 결국 왕이 된 뒤에 조지서를 죽여 버렸다.

7장 | 세자시강원과 세자익위사, 세자 보필

24

세자시강원 출신의 세도가 홍국영

　세자시강원 문관들 중에 조지서와 같이 불행한 죽음을 맞이한 인물은 그다지 많지 않다. 대개는 세자를 가르친 인연 덕분에 관직 생활이 무난한 경우가 대부분이었다.

　그렇다고 세자시강원이 권력의 발판이 되는 경우는 드물었다. 그런데 정조 대의 기린아 홍국영은 세자시강원에서 근무한 덕분에 20대의 젊은 나이에 엄청난 권력자가 되어 한 시대를 풍미하였다. 도대체 홍국영은 어떻게 젊은 나이에 그토록 엄청난 권력을 가지게 되었을까?

　홍국영은 24세 때인 1771년에 문과에 급제하여 승문원 부정자로 벼슬살이를 시작했고, 이후 세자시강원 관원이 되어 당시 세손이었던 정조를 보필했다. 정조는 세손 시절에 노론과 대립한 까닭에 암살의 공포에 시달려야 했다. 이때 홍국영은 세자익위사의 관원들을 지휘하며 세손을 지켜냈다. 그리고 마침내 1776년에 무사히 정조를 왕위에 앉히는 데 성공했다.

정조는 왕위에 오르자 홍국영을 일약 정3품 동부승지로 전격 발탁하고 이내 도승지로 승진시켰으며, 근위부대인 숙위소를 설치하여 홍국영으로 하여금 숙위대장을 겸하도록 했다. 이때 홍국영의 나이는 불과 29세밖에 되지 않았다.

이처럼 정조의 신임을 한 몸에 받은 홍국영은 실권을 장악하게 되자 삼사의 소계, 팔도의 장첩, 묘염, 전랑직의 인사권 등을 모두 총괄하였고, 이에 따라 백관들은 물론 8도 감사나 수령들까지도 그에게 머리를 숙이게 되었다. 그리고 누이동생을 정조의 후궁이 되게 함으로써 정권을 한 손에 쥐게 되었다. 모든 관리는 그의 명령에 따라 움직였으므로 이른바 '세도勢道'라는 말이 생기게 되었다.

하지만 홍국영의 세도 정치는 4년밖에 가지 못했다. 그가 정조의 후궁으로 바친 누이동생 원빈은 입궁한 지 얼마 되지 않아 죽었고, 정조 또한 그에게 권력이 지나치게 집중되는 것을 경계했다. 심지어 정조는 그가 스스로 조정에서 물러날 것을 권고하기도 했다.

하지만 홍국영은 오히려 정권을 독점하기 위해 왕비 효의왕후를 독살하려는 계획까지 세웠다가 발각되어 집권 4년 만인 1780

년에 가산을 몰수당하고 전리로 방출되고 말았다.

사실, 정조는 홍국영의 4년 세도 정치 동안 충실히 규장각을 확대하고 인재를 끌어모았다. 즉, 모든 신하의 눈을 홍국영에게 집중시킨 다음, 자신은 앞으로 펼칠 자신의 정치를 위해 치밀한 준비를 했던 것이다. 이는 그가 고의로 홍국영의 세도 정치를 부추기거나 방치했다는 것을 방증한다. 말하자면 홍국영을 자신이 왕권 확립을 위한 도구로 사용하다 용도가 다 되었다고 판단되자, 가차 없이 버린 것이다.

그런 속내를 감추고 정조는 홍국영을 전리로 방출하며 재위 4년(1780년) 2월 26일에 이런 글을 내렸다.

"이 사람인데도 이런 말이 있구나. 이 사람으로서도 이런 일이 있는가? 말이 터무니없이 거짓을 꾸며댄 것이 아니면 일이 과연 참으로 그런 것이 있는가? 일이 참으로 그런 것이 있는 것이 아니라면 말이 과연 터무니없이 거짓을 꾸며댄 것인가? 내가 어찌 말 많음을 용서하여 은정恩情이 적다는 한탄을 받겠으며 나쁜 소문의 비난을 얻겠는가? 두 가지 사이에서 그것은 옳고 그것은 그른데 내가 누구를 속이겠는가? 남을 속이겠는가? 대개 옳고 그른 것은 그만두고라도 내가 참으로 착하지 못하기 때문에 이런 말이 있게 하고 이런 일이 있게 하였으니, 자신을 돌아보면 부끄럽고 괴로워서 차라리 죽고 싶다. 어찌 스스로 재촉하였다 하겠는가? 모두가 내가 착하지 못하기 때문인데 오히려 누구를 허물하겠는가? 아! 누구를 예전에 기대하였는데 오늘날 나라 사람들의 비방하는 말이 있으니, 이것을 어떻게 설명해야 하겠는가? 엎어지고 자빠짐이 이에 이르렀으니, 다시 말할 만한 것이 없다. 다만 종시終始를 보전하려 하면 이 사람이 자취를 감추고 근신하여 이제까지의 화기和氣를 잃지 않게 해야 할 따름이다. 봉조하 홍국영을 전리에 돌려보내어 내 군신君臣의 처음과 끝을 보전하라."

이후로 홍국영을 유배시키거나 죽여야 한다는 상소가 빗발쳤지만, 정조는 받아들이지 않았다. 이에 대해 당시 사관은 정조 5년(1781년) 4월 5일의 홍국영 졸기에 이렇게 다음과 같은 비판 글을 남겼다.

"홍국영이 죽었다. 경자년(1780년) 봄부터 조정의 신하들이 일제히 홍국영의 하늘까지 닿은 큰 죄에 대해 성토하였는데도, 임금이 끝내 주벌을 가하지 않았다. 처음에는 횡성현으로 방축시켰다가 다음에는 강릉부로 방축하였는데, 이때에 이르러 죽었으므로 나라 사람들이 통분스럽게 여기지 않는 이가 없었다."

하지만 홍국영의 죽음에 대해 정조는 매우 애석하게 여겼다.

"이 사람이 이런 죄에 빠진 것은 참으로 사려思慮가 올바른 데 이르지 못한 탓이다. 그가 공을 세운 것이 어떠하였으며, 내가 의지한 것이 어떠하였는가? 처음에 나라와 휴척休戚을 함께한다는 것으로 지위가 중하지 않으면 위엄이 서지 않았기에 권병權柄을 임시로 맡겼던 것인데, 그가 권병이 너무 중하고 지위가 너무 높다는 것으로 조심하고 두려워하며 스스로 삼가는 방도를 생각하지 않고서 오로지 총애만을 믿고 위복威福을 멋대로 사용하여 끝내는 극죄極罪를 저지르게 된 것이다. 돌이켜 생각하건대, 이는 나의 허물이었으므로 이제 와서 스스로 반성하기에 겨를이 없으니, 무슨 말을 할 수 있겠는가? 9월 이전의 죄는 우선 논하지 않더라도, 9월 이후의 죄에 대해서는 더욱 할 말이 없다. 내가 만약 말하지 않으면, 다른 사람들이 어떻게 알 수 있겠는가? 그런데 중신重臣의 한 차자箚子에 그의 죄가 남김없이 드러났으니, 공의公議는 숨기기 어렵다는 것을 알 수 있다."

이 말을 듣고 당시 예조판서 김익이 말했다.

"권력을 휘두른 간악한 신하가 예로부터 한정할 수 없이 많았습니다만, 홍국영처럼 손으로 나라의 명운을 움켜쥐고 권세가 임금을 넘어뜨릴 정도에 이른 자는 전적이 있은 이래 없던 바입니다. 그리고 전하께서 홍국영에 대해 작위를 높여 주고 은혜를 수없이 내려 총애하여 주신 것 또한 전적이 있은 이래 없던 것이었습니다. 권병이 한번 옮겨지자 국세國勢가 거의 위태할 뻔하였으니 지금에 와서 돌이켜 생각하여 보면 써늘하여 가슴이 떨립니다. 이는 실로 전하의 과실인 것인데, 신이 전석前席(왕 앞에서)에서 자신을 책망하는 하교를 우러러 받드니, 삼가 어리석은 신하로서 스스로 격동되는 마음을 금할 수 없습니다."

그러자 정조가 한탄조로 한 마디 덧붙였다.

"예판의 말이 옳다. 한마디로 포괄하여 말한다면, 이는 곧 나의 과실인 것이다."

정조는 그렇듯 홍국영의 권력 농단이 자신의 과실이었다고 말했지만, 실상은 홍국영을 앞세워 정적을 제거하고, 홍국영이 왕위를 지키고 있는 동안 규장각을 통해 자신의 친위 세력을 키웠던 것이다.

8장

상서원

옥새와 병부 관리

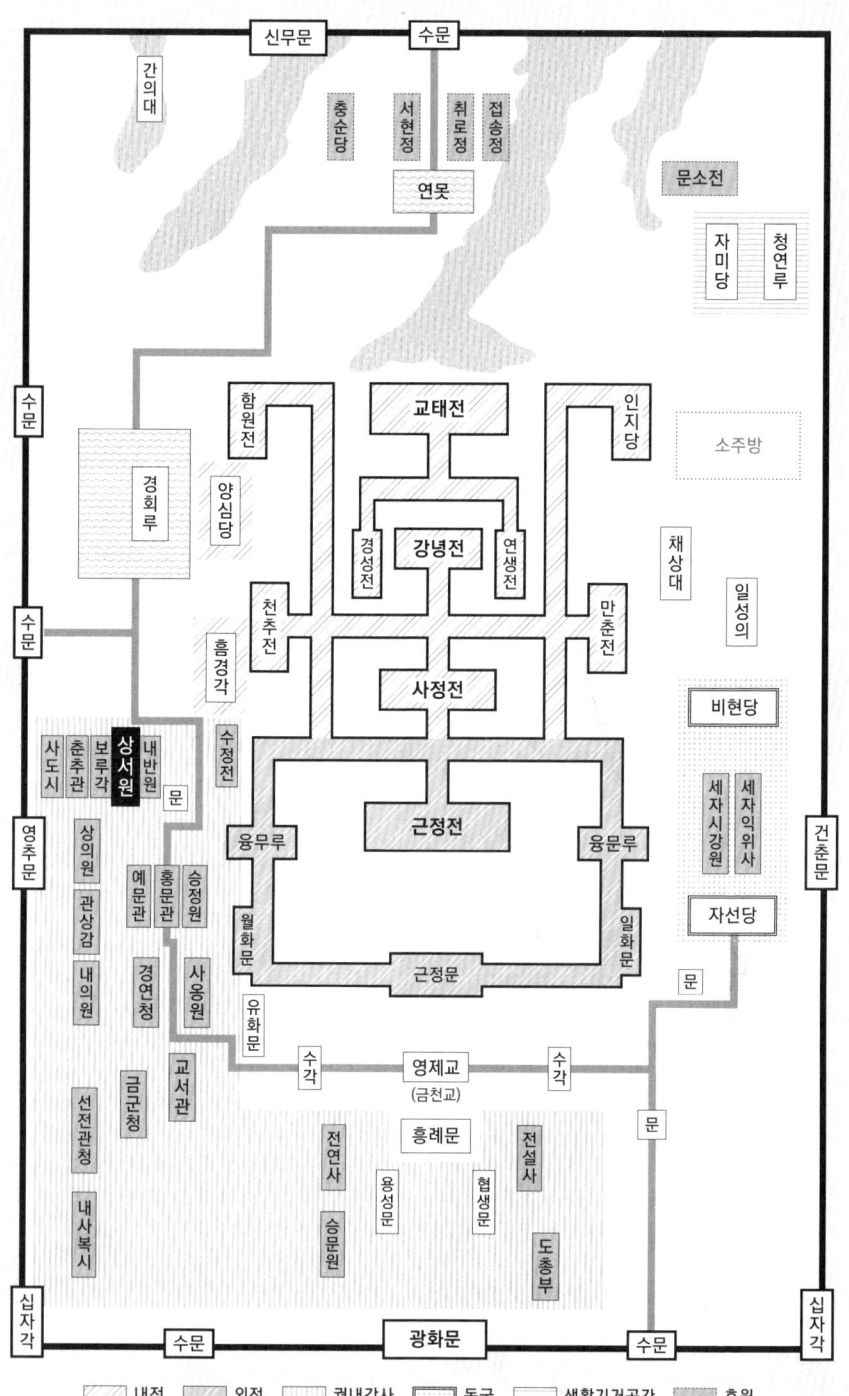

경복궁과 궐내각사 배치도

8장 | 상서원, 옥새와 병부 관리

25

조선에서 가장 중요한 도장, 옥새

　상서원尙瑞院은 왕의 도장인 옥새를 비롯한 각종 인장들과 병력을 운용할 때 사용되는 명패인 병부兵符, 병권 지휘자를 상징하는 절월, 순패, 마패 등의 표식물을 관리하는 관청이다.
　조선의 상서원은 고려 시대의 상서사로부터 비롯되었는데, 상서사는 고려 무신정권 이후에는 정방, 지인방, 차자방 등으로 불리다가 조선 개국 때인 1392년에 다시 상서사가 되었다. 그리고 세조 대인 1466년에 상서원으로 개칭되어 1894년 갑오경장 때까지 유지되었다.
　조선은 상서사 시절엔 관직으로는 판사, 부윤, 소윤, 주부, 직장, 녹사 등을 뒀는데, 세조 대에 상서원으로 개칭된 이후 관원을

상서원의 역할과 관직

구분	내용
역할	왕의 도장인 옥새를 비롯한 각종 인장, 병부, 절월, 순패, 마패 등의 표식물 관리
관직	초기에는 판사, 부윤, 소윤, 주부, 직장, 녹사 등이 있었으나 세조 이후 도승지 지휘 아래 판관 1명, 직장 1명, 부직장 2명으로 축소
관리 표식	**새보 :** 국왕의 도장, 외교문서, 교명, 교서, 교지, 유서, 시권, 홍패, 백패 등에 사용 **절월 :** 생살권을 상징. 관찰사, 병사, 수사 등 도백 및 군 지휘관에게 사용 **부패 :** 병부와 패를 의미. 병부는 병력 동원 시 사용. 순패는 순라군, 마패는 역마 사용

  점차 축소하여 도승지의 지휘 아래 판관 1명, 직장 1명, 부직장 2명만 두었다. 말하자면 도승지 직속 관할 기관으로 변경시키고 관원을 대폭 줄인 것이다.

  《경국대전》에 따르면 상서원에서 관리하는 표식의 종류를 새보璽寶 · 절월節鉞 · 부패符牌라고 규정하고 있다. 새보는 국왕의 도장으로 흔히 옥새玉璽라고 하는데, 외교문서 · 교명敎命 · 교서 · 교지 · 유서諭書 · 시권試券 및 홍패 · 백패 등에 찍는 것이고, 절월은 생살권生殺權을 부여하는 뜻을 상징하는 것으로서 관찰사 및 병사兵使 · 수사水使 등 도백이나 지방의 군 지휘관에게 내려주었다. 그리고 부패는 병부兵符와 패를 의미하는 것인데, 병부는 병력을 부를 때 사용하는 것이고, 패는 순라군이 쓰는 순패巡牌와 역마 사용에 쓰는 마패馬牌를 통칭한 것이다.

옥새의 종류

임금의 도장인 옥새玉璽는 그야말로 왕을 상징하는 도장인데, 지금도 인감도장이라 불리는 도장이 가장 중요한 법적 효력을 갖고 있듯이 조선에서도 옥새가 국가에서는 가장 중요한 도장이었다. 옥새는 넓게는 왕이 업무용으로 쓰는 모든 종류의 도장을 일컫는 말인데, 우리는 흔히 왕위를 계승할 때 물려주는 도장만 옥새라 알고 있다. 하지만 옥새에도 종류가 많다.

옥새 중에서 가장 으뜸인 것은 대보大寶라 부른다. 이 대보는 중국에 보내는 외교문서에만 한정해서 썼거나, 왕위를 계승할 때 나라를 물려준다는 징표로만 사용되었다.

그밖에 임금의 명령을 내리는 교서나 교지에는 시명지보施命之寶라는 옥새를 썼고, 신하들에게 서책을 줄 때는 동문지보同文之寶, 물품을 줄 때에는 선사지보宣賜之寶, 과거합격증서인 홍패나 백패에는 과거지보科擧之寶를 썼다. 이 모든 인장을 통틀어 옥새라고 부르기 때문에 모든 옥새가 왕위를 물려줄 때 사용된 것은 아님을 알 수 있다.

옥새는 원래 옥으로 제작된 왕의 도장을 일컫는 것이지만 반드시 옥으로 만든 것만을 지칭하는 것은 아니었다. 금으로 만든 것은 금보金寶 또는 금인金印이라 했지만, 대개는 금보도 옥새라고 통칭되었기 때문이다.

8장 | 상서원, 옥새와 병부 관리

26

군대를 움직이는 데 필요한 병부

　상서원에서 관리하는 것 중에 옥새 다음으로 중요한 것은 병부였다. 병부兵符는 병사를 동원할 때 쓰던 표식인데, 두 쪽으로 쪼개서 한쪽은 군사를 지휘하는 장수가 갖고, 다른 한쪽은 그 장수의 상관이 가지고 있다가 군사 동원명령을 내릴 때 서로 짝을 맞추어 봄으로써 증거를 삼게 했다.

　병부는 군대를 발동시킬 때 이용하는 것이라고 해서 발병부라고도 하는데, 대개 나무나 금, 옥 등으로 만들었으며, 꽃이나 동물 모양이 대부분이었다. 크기와 모양은 지름 7cm, 두께 1cm 정도 되는 둥글납작하고 곱게 다듬은 나무쪽인데, 한 면에 발병이라는 글자를 쓰고, 다른 한 면에는 도명과 관찰사 또는 절도사라는 칭호를 썼다. 그리고 각 지역의 병진兵陣에서는 진호를 썼다. 그 한가운데를 쪼개어 오른편 반쪽은 관찰사·절도사·진의 책임자가 보관했으며, 왼편 반쪽은 궐 안에 보관했다가 군대를 동원할 때 임금의 교서와 함께 내려 보냈는데 오른편 반쪽과 맞추어보고 확실하면 군대를 동원했다. 군대를 발동할 때는 반드시 병부가 있어야 했지만, 진법연습을 할 때나 사신을 영송할 때는 예외적으로 발병부 없이도 군대를 동원했다.

1418년 병부 사건

병부兵符는 군대를 동원할 때 쓰는 징표이기 때문에 매우 예민한 군사 기물이었다. 그런데 이 병부로 인해 세종 즉위년인 1418년에 조선 조정엔 한바탕 피바람이 불었다. 당시 태종은 세종에게 왕위를 물려주고 상왕으로 물러났지만 군권은 그대로 쥐고 있었는데, 병조참판 강상인이 군대를 움직이는 병부를 세종에게 바친 것이다. 이 사건으로 태종이 노발대발하여 강상인의 관직을 거두고 관노로 삼는 한편, 병조의 관리들을 대거 교체하는 사태가 일어났다.

그런데 이 일은 여기서 끝나지 않았다. 태종은 세종의 장인이자 영의정이며 소헌왕후의 아버지인 심온을 제거하기 위해 이 사건을 다시 들춰냈다. 당시 심온의 동생 심정이 병조 관료로 있었는데, 그를 강상인과 연루시키고, 다시 심정을 심온과 연루시켜 그들 모두를 반역도당으로 몰았다. 물론 반역의 수괴로 지목된 인물은 심온이었는데, 당시 중국 사신으로 갔다가 돌아온 심온은 영문도 모르고 졸지에 반역도당의 주모자가 되어 목숨을 잃어야 했다.

사가들은 이 사건에 대해 태종이 세종의 왕위를 안정시키기 위해 외척을 척결하는 차원에서 벌인 일이라고 호도하지만, 실상은 의심이 많았던 태종이 자신의 의심증을 떨쳐버리지 못하고 벌인 무자비한 살생극이었다. 말하자면 병부가 부른 참화가 아니라 의심증이 부른 참화였던 셈이다.

8장 | 상서원, 옥새와 병부 관리

27

전국에 마패가 670개나?

　마패도 말을 발동할 수 있는 징표라고 해서 발마패發馬牌라고도 불렀다. 주로 공무로 출장 가는 관원이 역마를 이용할 때 사용하는 패였는데, 이때 관원은 상서원에서 마패를 발급받았다.

　마패는 고려 시대부터 사용하였는데, 고려 원종 때 포마법을 실시하면서 제도화되었다. 조선 시대에 이르러서는 태종 10년(1410년)에 포마기발법鋪馬起發法을 실시함으로써 본격화되었다.

　마패의 재료로는 나무, 철, 구리 등이 사용되었는데, 모양은 모두 원형이었다. 초기에는 나무로 만들었는데, 파손이 심했다. 이에 세종 대부터는 철로 만들다가 성종 이후에는 구리를 써서 만들게 되었다.

마패와 관리

항목	내용
발급처	상서원 (성종 대 이후)
발급 대상	중앙 관원, 지방 감사, 병사, 수사 (중앙 500여 개, 지방 160여 개)
역할	공무 출장 시 역마 사용 표식
재질 및 모양	나무, 철, 구리. 원형.
표식 내용	마필의 수효, 자호, 상서원인

마패의 한 면에는 대소 관원의 등급에 따라 마필의 수효를 새기고 다른 한 면에는 자호字號, 즉 중국의 연호와 연, 월 및 상서원인尙瑞院印이라는 글자를 새겼다. 조선 초에는 병조에서 마패를 만들어 승정원에서 발급하다가 《경국대전》이 반포된 성종 대 이후부터 상서원에서 발급했다.

그런데 지방에서는 마패를 감사나 병사, 수사 등이 내줬다. 지방에서 역마를 이용할 때마다 상서원으로 올라올 수 없었기 때문에 병사, 수사, 감사 등이 일정 수의 마패를 발급받아 두었다가 필요시에 이용하도록 했던 것이다.

이렇듯 마패는 중앙과 지방에 모두 배치되었기에 당시 사용하던 마패의 숫자도 만만치 않았을 것으로 보인다. 조선 시대 당시 사용하던 마패의 숫자는 몇 개나 되었을까?

영조 대인 1730년의 실록 기록에 따르면 마패는 중앙에 500여 개, 지방에 160여 개가 있었다고 한다. 이렇듯 조선에서는 약

670개 정도의 마패를 운용했다.

마패를 훔쳐 술 사먹은 최맹손

마패는 숫자가 많다 보니 때론 파손되거나 도둑맞는 경우도 많았을 법하다. 그래서 마패를 파손하거나 훔치는 경우엔 매우 중한 형벌로 다스렸다.

마패를 파손한 자는 장杖(태형) 80대에 도徒(징역형) 2년, 즉 80대의 매를 맞고 2년 동안 감옥에 갇히는 형벌을 받아야 했다. 그리고 마패를 훔치거나 거래하는 경우 최고 사형에 처하기도 했다.

이런 엄한 형벌이 기다리고 있는데도 불구하고 마패를 훔쳐다가 팔아먹는 간 큰 자가 있었다. 그것도 한 번도 아니고 여러 번 마패를 훔친 인물이 있었는데, 바로 중종 대의 상서원 서리 최맹손이었다.

그는 마패를 훔쳐다가 기생집에 가서 술과 음식을 사먹었다. 그것도 한 번도 아니고 여러 차례에 걸쳐 상습적으로 한 짓이었다. 그리고 이 일이 발각되자, 중신들이 모여 그를 극형에 처할 것인지 아닌지 논의했는데, 대부분의 중신들은 마패를 훔쳤다가 말을 사용하는 데 쓰지 않았으니 사형은 과하다고 결론지었다.

최맹손은 유독 술에 관대했던 중신들 덕분에 목숨은 건졌지만, 많은 매질을 당하고 감옥에 갇히는 신세가 되었다고 한다.

9장

내의원
궁궐 속 왕실 전담병원

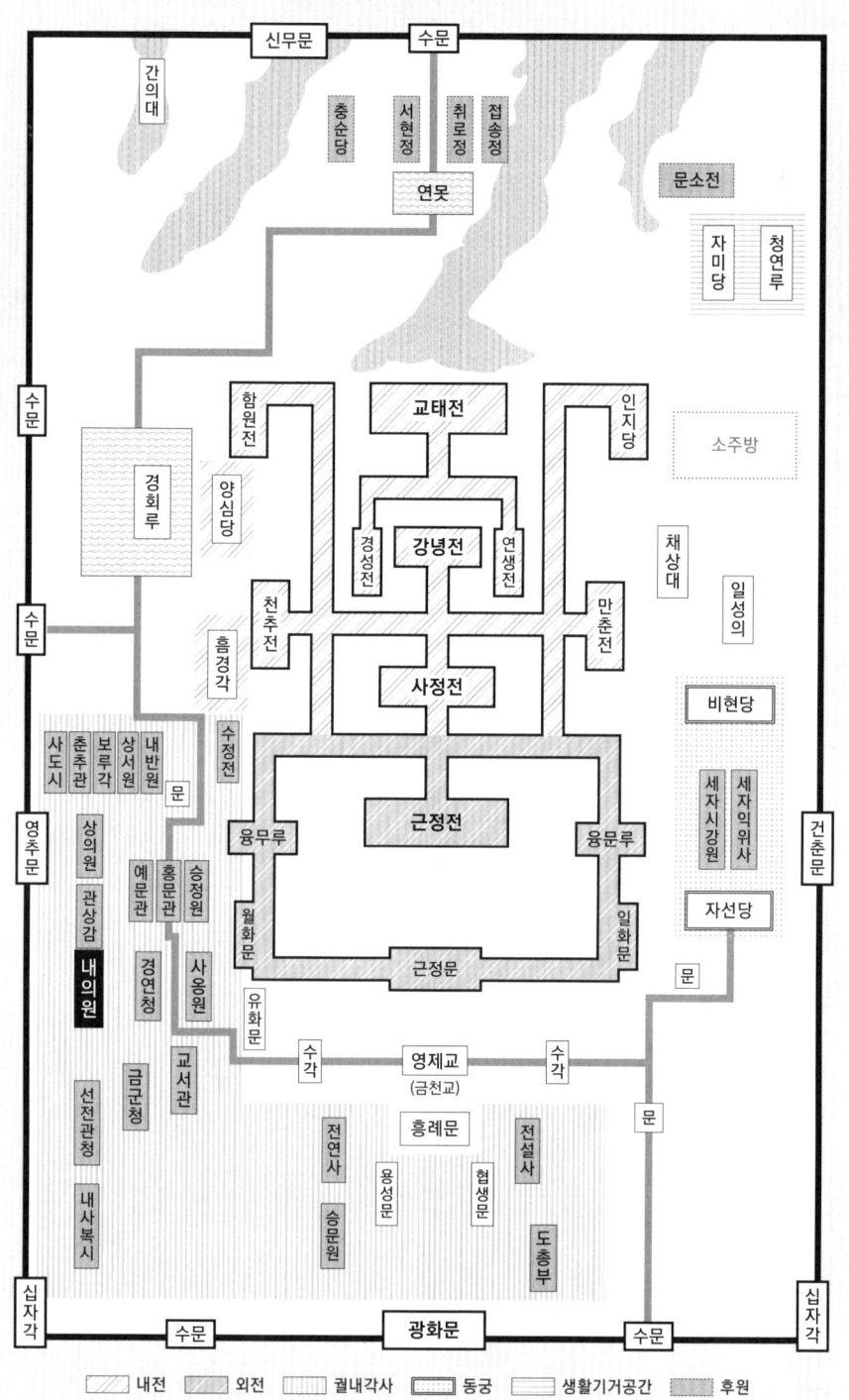

9장 | 내의원, 궁궐 속 왕실 전담병원

28

왕과 왕비의 병마를
다스리는 사람들

내의원內醫院은 궁궐 안에 있는 병원이란 뜻으로 왕실을 전담하는 의료 기관인데, 태종 때에 설치된 내약방이 그 모체다. 이후 1443년에 세종이 내의원으로 개칭하고 관원 16명을 배치함으로써 비로소 독립 기관이 되었다. 그리고 세조 때 관제 개혁이 이뤄지면서 정과 첨정 1명씩이 배치되고, 판관과 주부가 각 2명, 직장 3명, 봉사와 부봉사, 참봉 등이 2명씩 배치되었다. 이후로 인원수에 약간의 변화가 있긴 했으나, 큰 변화는 없었다.

이들 관원 외에 산관散官(벼슬의 품계만 받고 일정한 직무가 없는 벼슬)이 많았는데, 당상과 당하 12명, 침의 12명, 의약동참 12명, 어의 3명 등이 있었다. 내의원에 소속되는 산관과 의관은 정원이 없었기 때문에 필요에 따라 많은 인원을 둘 수 있었다. 의관의 정원이 정해지지 않은 것은 왕실 사람들의 숫자가 일정하지 않았기 때문이었다.

내의원에는 이들 산관 외에도 서원 23명, 종약서원 2명, 대청직 2명, 본청사령 7명, 임시사령 5명, 의약청사령 1명, 침의청사령 2명, 급수사령 1명, 군사 2명, 물을 길어 나르는 수여공 2명, 동변군사 3명, 삼청군사 18명이 별도로 배치되었다. 또 이곳에 근무하는 의녀의 숫자는 18명이었다.

내의원은 특별히 왕의 약을 짓는 곳이기에 의원 중에서 실력이 출중한 자들을 가려 뽑았다. 이곳의 실제적인 일을 맡아보는 장관으로는 정3품 내의원 정正 1명이 있었는데, 그 위로는 겸직인 도제조, 제조, 부제조가 있었다.

도제조는 왕이나 국방, 외교 등과 관련해서 중요하다고 생각되는 기관에 두었던 정1품의 겸직이며, 삼정승 중 한 사람이 맡았다. 제조는 종2품 벼슬이 겸직하였고, 부제조는 승지가 겸임하였기 때문에 내의원도 상서원과 마찬가지로 승정원의 지배 아래 있었다.

내의원은 평소엔 왕실의 의약을 관장하였으나 왕과 왕비의 병환이 위중할 때는 특별히 시약청과 의약청을 임시로 설치하여 담당자를 궁중에 상주하게 하여 치료와 투약에 신중을 기하였다.

조직 구성

관원		산관과 의관		기타	
직책	인원수	직책	인원수	직책	인원수
정	정3품. 1명	당상	12명	서원	23명
첨정	1명	당하	12명	종약서원	2명
판관	2명	침의	12명	대청직	2명
주부	2명	의약동참	12명	본청사령	7명
직장	3명	어의	3명	임시사령	5명
봉사	2명			의약청사령	1명
부봉사	2명			침의청사령	2명
참봉	2명			급수사령	1명
도제조	정1품. 삼정승 중 1명, 겸직			군사	2명
				수여공	2명
제조	종2품. 겸직			동변군사	3명
부제조	승지. 겸직			삼청군사	18명
				의녀	18명

조선에서 가장 영예로운 의사,
어의

어의御醫는 임금과 왕실 사람들을 치료하던 의원으로 의사로서는 최고로 영예로운 직책이었다. 어의를 태의太醫라고 부르기도 했고, 태의 중에 가장 높은 태의를 수태의라고 불렀으며, 또 수태의를 줄여서 수의首醫, 즉 '우두머리 의사'라고 부르기도 했다.

어의는 한 마디로 나라에서 가장 실력 있는 의사로 인정받은 사람이라고 할 수 있는데, 이들은 왕을 치료하는 것은 물론이고, 때론 왕의 명령으로 중요한 신하들을 치료하기도 했다. 예컨대 세종은 양녕대군이 학질을 앓고 있을 때 어의를 보내 치료하게 하기도 했고, 자신의 친척이었던 원주 목사 조박이 아플 때도 어의 어승진과 김지수를 보내 치료하게 한 적도 있다.

왕이 신하에게 어의를 보내 치료하게 한다는 것은 그 만큼 그 신하를 아낀다는 의미였다. 세종뿐 아니라 조선의 왕들은 아끼는 신하나 중요한 신하가 병을 앓으면 의당 어의를 보내 치료하게 하였다.

이렇듯 어의는 왕이 가장 신뢰하는 사람 중에 하나였다. 하지만 조선의 의원들은 대개 양반 출신이 아니었다. 양반 출신의 의원을 유의儒醫라고 하는데, 양반들은 유의에게 치료받는 것을 좋아했다. 하지만 유의는 흔하지 않아서 내의원에 속한 대다수의 의원들은 평민 출신이나 중인 출신이었고, 때로는 천민 출신의 의관도 있었다. 이 때문에 의원들의 벼슬은 종3품이 한계였다.

하지만 왕의 병을 고치는 데 큰 공을 세운 사람에겐 1품 벼슬이 내려지기도 했다. 대표적인 인물이 《동의보감》의 저자 허준이었다. 허준은 서자 출신으로 의관이 된 인물인데, 임진왜란 때 선조를 보필한 공으로 종1품 숭록대부 벼슬을 받았다. 심지어 1606년에는 선조의 중병을 치료한 공을 인정받아 정1품 보국숭록대부 벼슬을 받을 뻔했다. 하지만 선조의 뜻과 달리 신하들의 맹렬한 반대로 정1품에는 오르지 못했다.

하지만 어의의 삶은 영광만 있는 것이 아니었다. 그토록 선조의 총애를 받던 허준이었지만 막상 선조가 죽자, 그 책임을 지고 유배당하는 처지가 되고 만다. 이런 일은 허준만이 겪는 것이 아니라 내의원 어의라면 누구라도 겪을 수 있는 일이었다.

침술로 유명했던 신가귀는 효종의 병을 고쳐 큰 영예를 누렸지만, 효종이 침을 맞고 피가 멈추지 않는 상태에서 죽는 바람에 교수형에 처해지기도 했다. 이렇듯 어의의 자리는 내의원의 꽃이기도 했지만 언제 죽을지 알 수 없는 불안한 자리기도 했다.

9장 | 내의원, 궁궐 속 왕실 전담병원

29

조선 시대를 풍미한 어의들

세종이 신뢰한 조선 초 최고의 명의
노중례

노중례는 조선 초기 의사 중에 가장 뛰어난 명의였다. 조선 시대엔 의사들이 천인에 속했기 때문에 죽은 뒤에 실록에 졸기를 남기는 경우가 거의 없었다. 그러나 노중례는 실록에 다음과 같은 졸기가 남아 있다.

"고 행 상호군 노중례의 집에 쌀·콩과 관곽棺槨(관과 관을 담는 궤)을 부의로 내렸다. 노중례는 의원을 직업으로 삼아 의술에 정통하여 근세의 의원으로서는 그에 비할 이가 드물었다. 성품이 겸손하고 공손하여 내의內醫가 된 지 수십 년 동안에 처음부터 끝까지 경신敬愼(예의 바르고 행동이 바르다)하였으며, 두 임금에게 은혜를 받아 상사賞賜(상을 받은 일)가 이루 기록할 수 없을 정도였다. 비록 미천한 사람이라도 약을 물으면 반드시 곡진하게 가르쳐 주면서 싫어하는 기색이 없었다. 세상의 의원은 대개 미천한 데서 일어나서 관질官秩(벼슬)이 겨우 높아지면 지기志氣(마음)가 갑자기 교만해져서 비록 사대부 집안에서 초청하더라도 반드시 난처한 기색을 보이며, 또한 높은 값을 요구하였다. (그러나 그렇지 않았기에) 사람들이 노중례를 어질다고 여겼던 것이다."〈문종 2년(1452년) 3월 11일〉

이렇듯 노중례는 의술만 뛰어난 것이 아니라 인격도 매우 훌륭했다. 그런 까닭에 세종은 그를 매우 신뢰했다. 《용재총화》에는 노중례의 의술과 관련하여 다음과 같은 일화가 전해진다.

이李씨 성을 가진 선비가 병에 걸려 신열과 두통이 났었다. 의사들이 "상한병傷寒病이니 참소음蔘蘇飮을 쓰라." 하였다. 노중례가 나중에 와서 진맥하고는, "이는 떨어져서 다친 병이다." 하니, 이李는, "근래에 그런 일이 없었다." 하였으나, 노盧가 "그렇지만 다시 생각해 보라." 하니, 이가, "작년에 발을 잘못하여 뜰에서 떨어진 일이 있으나 심하게 다치지도 않았고 아프지도 않았으며 지금까지 아무렇지도 않았다." 하였다. 노가 상원활혈탕傷元活血湯을 복용하기를 권하니, 이가 몇 차례 복용하고 나서 엉긴 핏덩어리를 몇 되 쏟고는 그 병이 나았다.

이렇듯 의술로 명성을 얻은 노중례는 젊은 나이에 궁궐 내의가 되었다. 실록에 그의 이름이 처음 등장하는 것은 세종 3년(1421년)인데, 이때 세종의 큰형 양녕대군이 병을 얻어 누워있었다. 그래서 세종은 노중례를 양녕에게 보내 치료하게 했다.

이후 노중례는 당시의 명의 양홍달과 함께 여러 차례 세종의 병을 치료하여 많은 상을 받곤 했다. 또한 《향약집성방》을 편찬에 참여하여 조선 의학의 기틀을 마련하는 데 공헌했다. 《향약집성방》은 85권 35책 분량의 종합 의서였고, 우리나라 최초의 향약 사전이었다.

노중례의 의서 편찬 작업은 여기서 그치지 않았다. 1434년에 조선 의학을 총괄하는 전의감판사에 오른 노중례는 《태산요록胎産要錄》을 편찬했다. 상하 두 권으로 된 이 책은 태아의 생산과 소아의 질병 치료에 관한 내용으로 되어 있다. 그래서 상권은 주로 임산부가 태아를 관리하는 지식을 다루고 있고, 하권은 영아의 보호법을 기술하고 있다.

이후 노중례는 조선 의서 편찬 작업의 결정체라고 할 수 있는 《의방유취醫方類聚》 편찬 작업에 투입된다. 《의방유취》는 조선 시대 편찬된 의서 중에 가장 분량이 많은 책으로 일종의 의학 종합 백과사전이었다.

《의방유취》가 완성되었던 1445년(세종 27년)에 노중례는 이미 노인이었다. 내의로 근무하긴 이젠 힘이 부치는 처지였다. 그래서 세종은 그를 전의감에서 중추원으로 자리를 옮겨 정3품 당상관인 첨지중추원사로 임명했다. 하지만 세종은 그를 끝까지 놓아주지 않았다. 《의방유취》의 감수를 맡긴 것이다. 당시 조선의 의사 중에 노중례만큼 의학 지식이 해박한 사람은 없었기 때문에 세종은 당연히 이 책의 감수는 노중례의 몫이라고 판단했다.

　노중례는 소헌왕후의 병증 치료에도 투입되었고, 세종의 치료를 지휘하기도 했다. 또한 문종 시절에도 의관으로 활동했다. 그는 세종에 이어 문종의 주치의가 되어 내의 생활을 계속했다. 그러다 노중례는 지병이 악화되어 그만 병상에 누웠고, 결국 1452년 3월 11일에 생을 마감했다.

　노중례가 죽은 뒤에 한 동안 그에 필적할 만한 뛰어난 의원은 나타나지 않았다. 박윤덕, 전순의 같은 의원을 키워놓긴 했으나 그들의 의술과 의학 지식은 결코 노중례를 따라잡지 못했다.

조선의 편작으로 불린 《동의보감》의 편찬자
허준

　시대를 막론하고 사람들이 가장 중시한 것은 자신의 건강이었다. 조선 시대 또한 예외가 될 수 없었으니, 노비로부터 평민과 양반, 왕에 이르기까지 자신의 능력이 닿는 한 건강을 챙기는 것은 당연한 일이었다. 그런 까닭에 뛰어난 의사는 신분에 상관없이 각광을 받을 수밖에 없었다. 중국 문화권에서 의사의 대명사로 불리는 인물은 편작이었다. 편작은 상고 시대인 주나라의 명의였다. 그는 제자들과 함께 중국 대륙을 돌아다니며 의술을 베풀었는데, 그 의술이 워낙 뛰어나 신의로 불리게 되었고, 그가 죽은 후에는 약왕藥王으로 불리었다. 그리고 그의 의학 이론은 후예들에 의해 정리되었는데, 그 책이 《난경難經》이다.

《난경》은 현재까지도 전해지고 있으며, 동양 의서 중 가장 오래된 《황제내경》과 함께 한의학에서 가장 중시하는 책으로 손꼽힌다.

편작 이후, 시대마다 편작으로 불린 의사들이 있었는데, '조선 시대의 편작'이라 하면 단연 《동의보감》의 저자 허준을 꼽을 수 있다.

허준은 무인 집안의 서출로 태어나 의학을 공부하여 30대에 이미 명성을 얻었다. 그는 37세에 이미 명의라는 소리를 듣고 궁궐로 불려가 왕을 보살필 정도였다. 하지만 허준은 단순히 뛰어난 어의였기 때문에 후대에까지 명성을 남긴 것은 아니었다. 허준의 명성이 현대까지 이어진 것은 무엇보다도 《동의보감》을 집필했기 때문이다.

하지만 원래 《동의보감》은 허준의 책임 아래 편찬되던 책이 아니었다. 《동의보감》 편찬 책임은 허준의 스승격인 《의림촬요》의 저자 양예수가 맡았으나, 그가 임진왜란이 진행되고 있던 1597년에 사망했기 때문에 선조는 허준에게《동의보감》집필을 명령했던 것이다.

이후 허준은 꾸준히 편찬 작업에 몰두하여 광해군 시대인 1610년 8월에《동의보감》을 완성했고, 3년 뒤인 1613년에 출간하였다. 이후《동의보감》은 한국과 중국, 일본, 대만으로 퍼져 나가 엄청난 각광을 받았다.

그렇다면《동의보감》은 어떤 이유로 이토록 각광받는 의학 서적이 될 수 있었을까?《동의보감》이전에도 의학 백과사전은 있었다. 세종 시절인 1433년엔 85권으로 된 방대한 분량의《향약집성방》이 간행되었고, 역시 세종 시절인 1445년엔 우리나라에서 간행된 의학서 중 가장 방대한 분량인 365권으로 된《의방유취》가 간행되었다. 하지만《향약집성방》과《의방유취》는 지나치게 방대하여 보급하기도 힘들었고, 찾아보기도 어려웠으며, 그 때문에 실질적으로 도움이 되지 못했다. 이런 문제는 조선뿐 아니라 중국이나 일본에서도 겪고 있는 일이었다.

《동의보감》은 이런 문제점을 보완한 책이다. 우선 분량을《의방유취》의 10분의 1도 되지 않는 25권으로 줄였고, 편집 체계도 아주 일목요연하게 이뤄졌으며, 처방도 중국에서 유래된 처방과 조선 의원들만의 처방으로 구분하여 알려줌으로써 국적에 관계없이 의사들이 매우 편리하게 사용할 수 있도록 하였다.

많은 사람들이《동의보감》을 허준이 저술한 책으로 알고 있으나, 사실《동의보감》은 당시 조선 왕조에서 보관하고 있던 150여종의 의서에서 주요 내용을 추려서 편집한 책이다. 이 책의 편찬을 명령한 왕은 선조였다. 선조는 임진왜란으로 인해 《의방유취》를 비롯한 수많은 의학 책들이 멸실될 것을 안타깝게 생각하고 1596년에 새로운 의학 서적의 편찬을 지시했다. 이 작업에 동참한 인물은 허준 외에도 당대 최고의 의사들인 양예수, 이명원, 김응탁, 정예남, 정작 등이 있었다. 이들 다섯 명 중 정작을 제외한 네 사람은 어의였고, 정작은 한양에서 명성을 떨치던 의원이었다.

하지만 이들은 모여서 책의 목차만 겨우 마련했을 뿐, 편찬 작업에 제대로 돌입하지도 못했다. 정유재란이 일어나 의원들이 뿔뿔이 흩어졌고, 편찬 작업은 중단되었기 때문이다. 이후, 선조는 임진왜란이 끝나고 어느 정도 전쟁 후유증이 수습된 뒤, 1601년에 다시 왕실 의서 500여 권을 내주며 《동의보감》 편찬 작업을 지시했다. 이번에는 허준에게 단독으로 내린 명령이었다. 하지만 허준은 공무를 겸하고 있었기 때문에 편찬 작업에 박차를 가할 수 없었다. 그런 와중에 1608년에 선조는 승하했고, 허준은 의주로 유배되었다. 허준은 유배지에서 편찬 작업에 속도를 내기 시작했고, 1609년에 유배에서 풀려나 마무리 작업을 한 끝에 1610년 8월에 완성을 보게 된 것이다. 하지만 완성 이후에도 전란 후유증 탓에 3년이나 출간이 미뤄지다가 1613년에 목판본으로 출간되었다.

《동의보감》은 1613년에 편찬된 이래 조선을 대표하는 의학 백과사전이 되었고, 중국에서도 서른 차례 이상 출간되었으며, 일본과 대만에서도 가장 각광받은 동양 의학서였다.

《동의보감》은 청나라보다 일본에서 먼저 간행되었다. 1724년에 《동의보감》이 일본에서 처음 출간될 때, 이 출간본의 서문은 《동의보감》의 가치를 이렇게 쓰고 있다.

"이 책은 이론이 정밀하고 오류가 없어 생명을 구하는 데 없어서는 안 될 책으로 의학 발전에 지대한 공을 세웠다."

중국에서는 일본보다 먼저 《동의보감》을 가져갔지만 《동의보감》을 인쇄한 것은 1766년이었다. 놀라운 것은 국가에서 먼저 간행 계획을 짠 것이 아니라 청나라 의사들이 《동의보감》 보급을 요청했다는 사실이다. 조선에서 구입한 《동의보감》의 명성을 익히 들은 청나라 의사들이 1731년에 황제에게 단체로 청원서를 넣었고, 그로부터 35년 뒤인 1766년에 국가에서 목판본으로 인쇄하여 전국 각지에 보급했다. 당시 청나라 의사들이 이 책을 얼마나 중요하게 여겼는지는 다음의 책 서문을 통해 알 수 있다.

"한 줄기 햇빛이 작은 구멍을 통해 들어오기만 해도 어둠이 금방 사라져 버리는 것처럼 《동의보감》은 피부 깊숙이 감춰진 몸속을 환히 꿰뚫어 볼 수 있는 거울과 같은 책이다."

이렇듯 뛰어난 의서인 까닭에 《동의보감》은 현재까지도 한의사들의 처방에 가장 많이 이용되고 있는 책이며, 2009년 7월에는 유네스코 세계기록유산으로 등재되기까지 하였다. 그야말로 한국의 의학 서적이 동양 의학을 대표하게 된 것이니, 《동의보감》이 얼마나 중요한 의서인지 짐작하고도 남을 일이다.

한낱 마의에서 어의로 발탁된 까막눈
백광현

백광현은 현종, 숙종 대에 침으로 이름을 날린 의관이다. 인조 대인 1625년에 태어난 그는 미천한 출신이었으며, 글자를 알지 못했다고 하는데, 어떻게 의술을 익히게 되었는지 알려지지 않았다. 그는 의술 중에서 특히 침술에 뛰어났으며, 그중에서도 침으로 종기를 치료하는 독특한 의술을 가지고 있었다. 그런데 특이하게도 그는 자신의 침술을 말을 고치는 데 먼저 사용했다. 이와 관련하여 영조 대의 문인 정내교가 남긴 《완암집》에는 이런 말이 전한다.

"광현은 본래 말의 병을 잘 고쳤는데, 침만 써서 치료했고, 의서를 따른 것이 아니었다. 세월이 흘러 솜씨가 더욱 노련해지자 사람의 종기에도 시술해 보았는데, 왕왕 신통한 효험이 있어 마침내 사람의 치료를 전문으로 하게 되었다. 그래서 여염집을 두루 돌아다니며 다양한 종기를 볼 수 있어 지식은 더욱 정심해졌고, 침술은 더욱 훌륭해졌다."

이렇듯 백광현은 처음엔 말의 병을 고치는 마의였다가 사람의 병을 고치는 의원으로 성장했다. 요즘의 수의사인 마의는 원래 의원으로 취급받지 못하는 천한 직종이었다. 그래서 의과에 합격하여 의관이 된 사람들도 마의가 되는 것을 몹시 꺼렸다. 하지만 백광현은 말을 치료하는 것을 싫어하지 않았다. 더구나 그는 오직 침으로만 말을 치료했는데, 그의 치료법은 종래의 어떤 책에도 실려 있지 않은 독특한 방법이었다. 말하자면 스스로 침을 통해 종기를 치료하는 법을 터득한 셈이었는데, 이런 그의 종기 치료법은 말뿐만 아니라 사람에게도 적용하게 되었다. 이후 오직 침으로만 많은 사람의 종기를 고쳤고, 이런 일이 회자되어 신침神鍼이라는 찬사를 들었다.

그의 명성이 서울까지 흘러가자, 결국 내의원에서는 그를 의관으로 채용했고, 곧 종기 치료를 전문적으로 가르치는 치종교수로 삼았다. 또한 어의의 자리까지 올라 마침내 그의 이름이 실록에 실리게 되었다.

실록에 그가 처음 등장한 것은 46세 때인 현종 11년(1670년) 8월 16일이다. 이때 현종이 병을 앓고 있었는데, 백광현은 이동형, 윤후익, 김유현, 이후담 등의 의관들과 함께 현종을 치료한 공로로 벼슬과 상을 받았다.

숙종은 백광현의 의술을 매우 높게 평가했다. 그래서 어떻게 해서든 대우를 해주기 위해 벼슬을 내린 것인데, 조정 신하들은 그의 출신이 미천하고 문자도 모르는 것을 이유로 극력 반대했다. 하지만 숙종은 끝까지 뜻을 굽히지 않고 그의 벼슬을 거두지 않았던 것이다.

이후로도 백광현은 꽤 늦은 나이까지 어의로 지내다 73세를 일기로 사망했다. 당시까지 그의 행적은 《완암집》에 다음과 같이 기술되어 있다.

"숙종 초에 어의에 뽑혀 공이 있을 때마다 품계가 더해져 숭품崇品(높은 품계)에 이르렀고, 여러 벼슬을 두루 거쳐 현감이 되니,

항간에서는 영광스럽게 여겼다. 그러나 그는 병자를 보면 귀천과 친소를 가리지 않고 부르는 즉시 달려갔고, 가서는 반드시 정성과 기량을 다해 환자가 좋아진 것을 본 뒤에야 그만두었다. 나이가 많고 귀한 몸이 되었다는 핑계로 게으르지 않았으니, 단지 그 기술과 재주가 그렇게 시킨 것이 아니라 대개 천성이 원래 그러했던 것이다."

10장

의녀
조선의 여의사

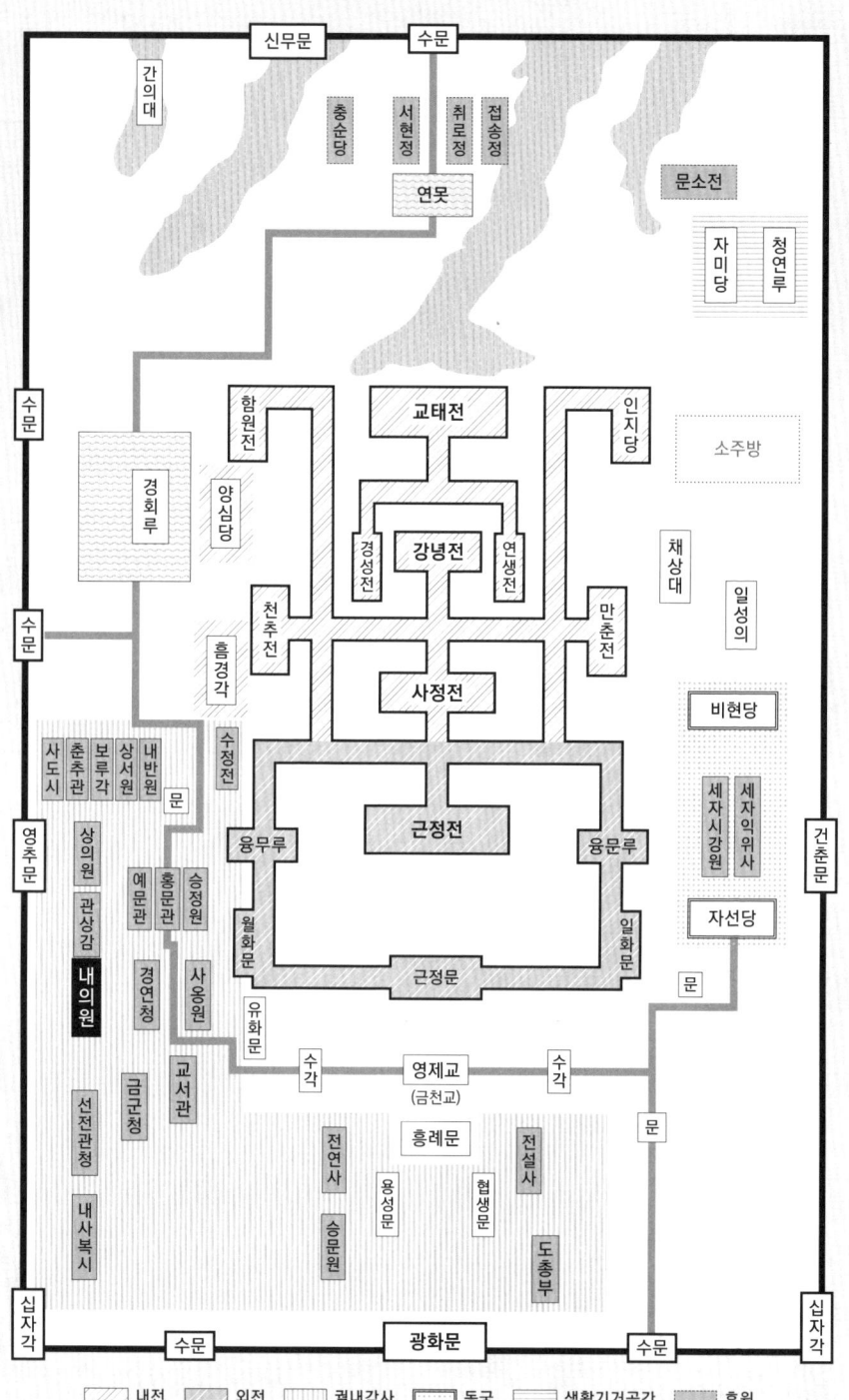

10장 | 의녀, 조선의 여의사

30

조선 관비들의 선망 직종 1위

궁궐에 근무하는 여성들 중에 궁녀 다음으로 핫한 전문직 여성들을 꼽으라면 단연 의녀였다. 의녀는 비록 관비 신분이었지만, 조선 사회에서는 독특한 위치에 있는 전문직 여성이었다.

뜻밖에도 의녀는 조선 남성들이 첩을 들일 때 가장 선호하던 여인들이었다. 거기다 의녀는 관청에 예속된 관비들이 가장 선망하는 직종이기도 했다. 도대체 의녀의 어떤 면 때문에 조선 양반들은 그들을 첩으로 들이기 위해 안달이 났으며, 또 관비들은 왜 의녀가 되길 그토록 소원했을까?

의녀를 다른 말로 약방기생이라고 불렀다. 이는 연산군 때 의녀들을 연회에 동원해 술을 따르고 여흥을 돋우게 한 데서 비롯되었다. 약방기생 의녀는 일반 기생보다 훨씬 상급으로 대접받았다. 그래서 기생재상이라고 불리기도 했다.

하지만 의녀의 본분은 의술을 행하는 데 있었다. 그들은 비록 신분은 천비였으나 여자 의사들이며, 조선의 여성들 중에 가장 많은 공부를 하는 존재이기도 했다. 지금도 마찬가지지만 의사가 해야 할 공부의 양은 엄청나다. 사람의 목숨과 관계된 일이니 해도 해도 끝이 없는 것이 의학이다. 그런 까닭에 의원이 되기 위해서 많은 공부가 필요했고, 의녀 또한 마찬가지였다. 특히 조선의 여성들은 한문 공부를 하는 경우가 드물었기 때문에 의녀는 조선 여성 중에서 가장 많이 문자를 대하는 존재이기도 했다.

그럼에도 조선 시대엔 의원을 천시했다. 사람의 목숨을 다루는 중요한 역할을 했지만, 그들은 피를 닦아내고 고름을 짜내고, 온갖 병에 걸린 환자를 접해야 했으므로 양반들이 기피하는 직종이었다. 그래서 천민에게 의사의 소임을 맡겼던 것이다.

의녀의 탄생

원래 조선에는 여자 의사, 즉 의녀가 없었다. 그런데 남녀의 분별이 유달리 강조되었던 조선에서 부인병을 남성 의사가 진료하긴 힘들었다. 그래서 탄생한 것이 의녀였다.

의녀 제도가 도입된 것은 태종 6년(1406년)이며, 목적은 부녀자들의 병을 돌보기 위함이었다. 당시 여자들은 남자 의원에게 몸을 보이기를 꺼려하여 병을 앓고 있어도 치료를 제대로 못하고 죽는 경우가 많았는데, 이 문제를 해결하기 위해 의녀 제도를 마련한 것이다.

《경국대전》엔 3년에 한 번씩 의녀를 뽑고, 그 숫자는 150명으로 기록되어 있다. 이들 중 실력이 출중한 70명은 내의원에 배치했고, 나머지는 각 지방의 의원에 소속시켰다.

내의원에 소속된 궁녀들은 궁중을 드나들었기 때문에 궁녀로 인식되기도 했다. 그러나 일부가 궁궐을 드나들긴 하지만 엄밀한 의미에서 본다면 그들을 단순히 궁녀라고 부르긴 좀 곤란하다. 의녀는 반드시 궁궐에서만 볼 수 있는 것도 아니고, 그렇다고 여관들처럼 일정한 품계가 정해져 있는 것도 아니기 때문이다. 의녀 중에 일부만 궁궐에서 근무하는데, 그들 역시 궁궐에 상주하는 것이 아니라 출퇴근한다. 거기다 의녀는 여관들과 달리 결혼할 수 있었다. 이런 조건들은 '궁궐에 사는 여자'라는 의미의 궁녀와는 확연히 구분되는 점이다.

하지만 궁궐에 근무하는 내의녀들의 경우 궁녀가 아니라고 단정할 수도 없다. 무수리들 중 일부도 궁궐에 상주하지 않고 출퇴근하지만 궁녀의 범주에 포함되듯이 내의녀 또한 비슷한 처지인 까닭이다.

이런 의녀에 대한 논의가 처음 이뤄진 것은 태종 6년 3월 16일이다. 이날 제생원 지사로 있던 허도는 이런 상소를 올렸다.

"부인이 병이 있는데, 남자 의원으로 하여금 진맥하여 치료하게 하면 혹 부끄러움을 머금고 나와 그 병을 보여주길 즐겨하지 아니하여 사망에 이르곤 합니다. 원컨대 창고나 궁사의 어린 여자 아이 열 명을 골라 맥경과 침구의 법을 가르쳐서 이들로 하여금 부인들을 치료하게 하면 전하의 덕에 큰 보탬이 될 듯합니다."

태종이 이 말을 듣고 옳게 여겨 어린 여자 아이 10명을 뽑아 의술을 가르치게 했다. 또한 그들을 수련하고 교육하는 일을 제생원에 맡겼다.

이렇게 해서 마침내 우리 역사 최초로 여자 의사가 탄생했다. 여의女醫는 중국이나 서양의 역사에서 찾아보기 힘든 직업이다. 더구나 단순히 남자 의원들의 보조 역할을 하는 것이 아니라 부인병을 직접 치료하고, 진맥하고, 시침하고, 처방하는 일까지 모두 담당하는 전문 여의사였다.

이때 뽑은 10명 중에 여의로 성장한 사람은 모두 7명이었다. 7명 중에서도 제대로 의사 노릇을 할 수 있었던 의녀는 5명뿐이었다. 제생원은 그들 5명으로는 부인병을 치료하는 데 한계가 있다며 다시 의녀를 뽑아줄 것을 요청했다. 이때가 1418년 6월 21일이었다. 당시 제생원의 요청을 받아 예조에서 올린 글은 이렇다.

"의녀는 모두 7명인데, 재예를 이룬 자가 5명이므로, 이들을 여러 곳에 나눠 보내면 늘 부족합니다. 바라건대, 각사의 비자婢子들 중에서 나이가 13세 이하인 자 10명을 더 정하는 것이 어떠하겠습니까?"

태종은 그들의 요청을 받아들여 다시 10명의 의녀 후보생을 뽑도록 했다. 이렇듯 초기에는 부정기적으로 의녀를 뽑아 양성했지만, 의녀의 필요성이 증가하면서 3년마다 정기적으로 뽑고, 또 숫자가 모자라면 부정기적으로 뽑았다. 이렇게 해서 의녀는 조선 관비들이 가장 선호하는 직업으로 정착하게 된다.

초학의에서 어의녀까지

조선 초기의 의녀 교육은 모두 제생원에서 했다. 하지만 세조 이후 제생원이 사라지면서 전의감과 혜민서에서 나눠서 의녀를 교육시켰다.

교육은 2명의 교수가 중심이 되어 이뤄졌고, 교수 외에 훈도들이 보조 기능을 했다. 2명의 교수는 모두 문신이며, 그 아래에 의원들이 배치되었다.

의녀는 총 3단계로 나뉘어져 있는데, 첫 단계는 초학의初學醫라고 하고, 오직 학업에만 전념하는 시기다. 이 기간은 대개 3년이다. 의녀들은 이 3년 동안 《천자문》, 《효경》, 《정속편正俗篇》 등의 책으로 글을 익히고, 《인재직지맥》, 《동인침혈침구경》, 《가감십삼방》, 《태형혜민화제국방》, 《부인문산서》 등의 의서를 배워야 했다. 지방에서 중앙으로 올려보내는 의녀들은 지방에서 이미 글을 익히게 한 다음 중앙으로 올려보내야 했다.

의녀의 단계별 교육 과정

단계	기간	교육 내용	평가 및 조치
초학의	3년	천자문, 효경, 의서 등	매월 강독, 진맥, 혈의 위치 교육, 연말 평가 후 성적에 따른 조치
간병의	기간 미정	간병 및 의원 보조	특정 분야 익히면 내의로 발탁, 성적이 뛰어난 4명 급료 지급
내의녀	-	전문 의술 수행	체아직으로 근무 평정에 따라 녹봉 지급
어의녀	-	임금 보살핌	내의녀 중 최고 고참 임명

초학의 기간의 학습 진행은 다음과 같다.

제조가 매월 상순에 책을 강독하면, 중순엔 진맥과 약에 관해 교육하고, 하순엔 혈의 위치를 교육받았다. 그리고 연말에는 제조가 방서方書(약방문을 적은 책)와 진맥, 명약名藥, 점혈點穴 등을 총체적으로 강의한 후 1년 동안 강의에서 받은 점수를 계산하여 성적에 따라 조치한다. 불통이 많아 낮은 성적이 나온 사람은 봉족奉足을 빼앗는데, 첫해는 1명을 빼앗고, 둘째 해는 2명을 빼앗고, 셋째 해에도 불통이 개선되지 않으면 원래 신분인 관노의 자리로 돌려보낸다. 이때 관노의 자리로 돌아간 빈자리는 비자 중에서 1명을 선택해서 채운다.

봉족이란 국역 편성의 기본 조직으로 나랏일을 보기 위해 복무하는 집안에 붙여주는 일종의 공익 요원이다. 원래 16세 이상 60세 이하의 모든 평민은 군역을 담당해야 하는데, 이들 중 군역에 동원되지 않은 사람은 봉족으로 충당되었다. 봉족으로 충당된 사람은 배치된 집안에 가서 일을 도와야 했고, 이것은 곧 경제적 혜택과 같은 것이었다. 의녀의 집안에도 봉족이 주어졌는데, 의녀의 봉족을 줄인다는 것은 의녀의 급료를 줄이는 것과 같은 조치였다.

또 초학의 기간 동안 3개월 이내에 3번 불통 점수를 받은 사람은 혜민서의 다모茶母로 보내고, 다모 생활을 하면서도 여전히 공부를 게을리하여 성적이 좋지 않으면 역시 본역인 관비의 신분으로 돌아가야 한다.

초학의 3년 기간이 끝나면 간병의看病醫가 된다. 이 기간엔 말 그대로 간병하며 의원을 보조하고 병에 대해 익힌다. 이 간병의 생활은 기간이 따로 정해져 있지 않다. 빨리 특정 분야를 익혀 뛰어난 의술을 보이면 내의로 발탁되고, 그렇지 않으면 40세가 될 때까지 간병의로 남아야 한다. 그리고 40세가 지났는데도 전문 분야가 없으면 본역인 관노 신세로 돌아가야 한다. 간병의 중에 성적이 뛰어난 사람 4명을 매달 뽑아 그들에게만 급료를 준다.

간병의 중에 뛰어난 능력을 보인 2명을 선택하여 내의녀內醫女로 임명한다. 내의녀가 되면 비로소 월급이 나온다. 또 녹전綠田은 없지만 계절에 한 번씩 녹봉을 받을 수 있는 체아직遞兒職에 임명될 수 있다. 명실공히 관직을 얻게 되는 것이다.

체아직은 정해진 녹봉은 없고 1년에 네 차례 근무 평정에 따라 녹봉이 주어지고, 직책은 보장되지 않는 일종의 계약직이었다.

의녀에게 직책을 내릴 땐 체아직밖에 내리지 못했는데, 이는《경국대전》에 규정된 것이다. 조선 시대의 무반직 중 하급직은 대부분 체아직이었으며, 기술 관료나 훈도들도 체아직이었다. 체아직엔 전체아와 반체아가 있는데, 전체아는 자리가 1년 동안 보장된 것이며, 반체아는 6개월 단위로 근무를 평정해 근무 연장 여부를 결정한다.

내의녀 중에서 뛰어난 의녀는 임금을 보살피는 어의녀가 된다. 대개 어의녀는 내의녀 중에 최고 고참이 하게 되는데, 개중에는 60세가 넘도록 근무한 사람도 있었다. 조선 시대의 대표적인 어의녀 대장금은 무려 20여 년 동안 어의녀로 지냈다.

10장 | 의녀, 조선의 여의사

31

온갖 일에 동원되는 의녀들

　의녀의 기본 임무는 간병이다. 그리고 부인병에 대해서는 의원으로서 진맥하고 시침하며, 임산부에겐 조산원의 역할을 한다. 그러나 처방은 의원을 통해서 해야 하며, 직접 약 처방을 지시할 수 없다. 이렇듯 의녀는 여의女醫로서 부인병에 한정하여 일정 정도 의사로서 활동하였고, 대개의 임무는 병자를 간호하는 일이었다.
　그런데 의녀의 임무는 단순히 의료와 관련된 일만 있는 것은 아니었다. 중종 38년 2월 10일에 병조판서 임권, 형조판서 신광한, 포도대장 김공석 등이 도적의 발생 원인과 야간 순시에 관해 올린 글에는 이런 내용이 있다.
　"도적이 사족의 집에 숨어 있으면 먼저 아뢰고 나서 잡는 것이

예사인데, 계품하느라 왕래하는 동안 도망하여 달아나는 폐단이 없지 않습니다. 앞으로는 군사로 그 집을 포위해 놓고 부인들은 피하여 숨게 하고서 체포한 뒤에 그들의 체포 여부를 아뢰게 해 주소서. 또 도적이 부인들의 차림으로 변장하고 숨는 일도 있으니 의녀를 시켜 부인의 면모를 살펴보게 함으로써 도적들이 도망하지 못하게 하는 것이 어떻겠습니까?"

이 글에서 보듯 의녀들은 여자 경찰 역할을 하고 있다. 여자 경찰로서의 의녀의 임무는 이것뿐 아니다. 조선 시대에도 결혼 혼수를 과다하고 사치스럽게 하는 것을 국가에서 금지하고 있었는데, 왕실의 척족들과의 혼인에는 유달리 예물이 지나쳤다. 이런 사건이 보고되면 부인들의 방은 남자들이 들어갈 수 없는 터라 의녀들로 하여금 조사토록 했다. 또 종친 중에 어머니나 부인의 병을 핑계하고 종학에 나오지 않는 자가 있으면 그 사실 여부를 확인하기 위해 의녀들을 종친의 집으로 파견하여 여자들을 진찰하도록 했다.

여성이 범죄를 저질렀을 때, 여성의 몸을 살피는 것도 의녀들의 몫이었다. 이때 의녀들은 몸을 수색하는 것은 물론이고, 맥을 짚어 임신 여부를 판별하기도 했다. 만약 사형당할 여자 죄수가 임신했으면 아이를 낳을 때까지는 사형 집행을 연기했다가 아이를 낳은 후에 집행했기 때문이다. 또 임신 중에 형신을 가하면 임산부와 아이가 모두 죽을 수 있으므로 여자 죄수의 경우 반드시 의녀들이 임신 여부를 먼저 판별하도록 했다.

궁중의 여관들이 죄를 지었을 때, 그들을 체포하는 것도 의녀들의 몫이었다. 또한 갇힌 의녀에게 음식을 갖다 주고, 건강 상태를 확인하여 보고하는 것도 의녀의 임무였다. 그러나 죄지은 사람이 궁중의 나인이나 상궁이 아닌 비자라면 의녀가 그들을 시중들지 않았다.

여관 말고도 후궁이나 어린 왕자를 잡아들이는 일도 의녀가 했다. 광해군 시절에 영창대군을 끌어낸 것도 여관들이 아니라 바로 의녀들이었다.

의녀를 흔히 약방기생이라고도 하는데, 이때 약방기생이라고 불린 의녀들은 혜민서의 의녀들을 지칭하는 것이다. 연산군 시절에 혜민서 의녀들을 동원하여 기생처럼 술을 따르고 음악을 연주하게 했는데, 연산군이 쫓겨난 뒤에도 의녀를 여악女樂으로 쓰는 일이 잦았다. 중종은 재위 12년 8월 25일에 의녀를 사대부의 연회장에 데려가지 못하도록 지시했지만, 쉽게 고쳐지지 않았다.

왕비의 능을 옮기거나 조성할 때, 왕비의 능은 남자가 지킬 수 없었다. 왕비나 후궁의 무덤을 지키는 일도 의녀들이 맡았다. 왕이 밤에 궁궐 바깥에서 거동할 때 횃불을 드는 역할도 의녀의 몫이었으며, 후궁이 죽으면 누군가 그 제문을 읽어야 하는데, 제문 읽는 일도 의녀에게 시켰다.

이렇듯 의녀는 단순히 의술에 관한 일만 한 것이 아니라 온갖 잡다한 일들을 수행해야 했는데, 때론 이런 일들이 불합리하다는 상소가 올라오기도 했다. 그럴 때마다 왕은 의녀에게 '본분의 일 외의 것을 시키지 말라'고 했으나 끝내 고쳐지지 않았다.

오윤산 사건

의녀들은 일반 궁녀와 달리 결혼할 수 있었다. 하지만 신분이 미천한 만큼 매우 천시되었고, 제대로 된 혼인도 하지 못했다. 거기다 가정생활도 매우 어려웠다. 중종 24년 7월 20일에 종결된 오윤산 사건은 당시 의녀의 가정생활을 단적으로 보여준다.

오윤산에게 금이라는 딸이 있었는데, 금이는 오윤산의 전처가 낳은 딸이다. 그런데 금이가 어느 날부터 배가 불러오더니 임신을 했다. 이후 동네에는 이상한 소문이 퍼졌다. 금이를 임신시킨 사람이 다름 아닌 생부 오윤산이라는 것이었다. 이 소문이 퍼지자, 의금부에서는 즉시 오윤산을 잡아들였다. 생부가 딸을 범했다면 도저히 용서할 수 없는 대죄였던 것이다.

의금부에선 오윤산을 취조하는 한편, 소문의 진원지를 찾기 위해 탐문을 벌였다. 탐문 과정에서 소문의 진원지가 관남과 정금이라는 두 여자라는 것이 밝혀졌다. 관남은 오윤산의 두 번째 아내였고, 정금은 관남이 전남편에게서 얻은 딸이었다. 결국 정금과 관남이 의금부로 잡혀들어왔고, 형신이 시작되었다. 형신을 하고 취조하니, 정금이 말하길 오윤산이 금이를 방안으로 데리고 들어가 몹쓸 짓 하는 것을 보았다고 했다. 관남 또한 똑같은 말을 했다.

그런데 두 여자는 공히 그 내용을 차막송도 안다고 했다. 차막송은 오윤산 집에서 일하는 머슴이었다. 그래서 차막송을 취조해 보니, 그는 중근에게 들은 말이라고 했다. 중근은 오윤산의 사촌 손자였고 당시 나이는 13세였다. 의금부에서 중근에게 물어보았더니, 중근은 그 일에 대해 말하지 않으려고 했다. 중근의 나이가 너무 어려서 형신을 가하지 못하던 의금부는 중근을 겁주기 위해 형틀을 차려 놓고 다시 물었는데, 그러자 모두 정금과 관남이 시킨 일이라고 대답했다.

그 내막을 따져보니, 결론을 이랬다. 오윤산이 아내인 내섬시 (각 궁에 올리던 토산물과 관리에게 주는 술 등을 맡아보던 관아. 호조에 속한다) 관비 관남을 너무 박대하자, 관남은 윤산의 딸 금이가 임신한 사실에 근거하여 오윤산을 모함하기로 했다. 이 일에 의녀인 딸 정금이 동조하였고, 모녀는 다시 금이가 임신한 사실이 탄로날까 노심초사하던 막송을 회유하여 동참시켰다. 그리고 마지막으로 어린 중근까지 끌어들인 것이다.

이 일을 벌인 동기에 대해 관남은 이렇게 말했다.

"남편 오윤산이 내가 가산을 훔쳐다가 딸에게 준다고 하면서 술만 취하면 화를 내며 때렸고, 수시로 내쫓기도 했다. 그래서 견딜 수 없어서 모해하고자 했다. 모해할 방법을 찾다가 오윤산이 자기 딸 금이와 간통했다고 여러 마을에 소문을 냈다."

그리고 의녀였던 관남의 딸 정금은 이렇게 말했다.

"오윤산이 내가 의녀라고 평소부터 박해하였고, 집안에서도 심하게 일을 시켰으며, 바깥 출입도 제대로 못하게 했다. 그래서 모해할 계책을 세우고 그의 딸 금이가 임신한 사실에 근거하여 금이와 간통했다는 것을 날조하여 전파했다."

이 사건으로 관남은 참형에 처해졌고, 정금은 장 100대를 맞고 삼천리 밖에 유배되었으며, 3년간 도역이 부과되었다. 오윤산이 정금이 의녀 신분이라는 사실을 부끄러워하며 함부로 집밖으로 출입도 못하게 했다는 것은 의녀들이 당시 얼마나 천대받았는지 잘 보여주는 대목이다. 당시 관비였던 정금의 어머니 관남의 삶은 같은 처지의 관비 신분인 의녀의 삶과 크게 다르지 않았다.

《경국대전》의 다음 법조항은 의녀들의 결혼 생활을 쉽게 짐작할 수 있게 한다.

'첩이 된 의녀가 첩으로 들어가기 전에 낳은 아들은 양인이 됨을 허락하지 않는다.'

이 문장을 잘 분석해보면 의녀들은 누군가와 정식으로 혼인하기 전에 임신하는 경우가 많다는 것을 알 수 있다.

성종 19년 1월 14일에 성세명은 성종에게 이런 말을 했다.

"의녀와 기녀는 본래 정한 지아비가 없으므로 아들을 낳으면, 천인의 아들을 가지고 귀족의 아들이라고 한답니다. 관리는 그 어미의 말에만 의존하여 기록하게 되는데, 이렇게 되면 문제가 발생합니다. 신의 생각으로는 의녀와 기녀의 소생을 적에 올릴 때는 그 아비에게 물어서 기록하는 것이 어떻겠습니까?"

성세명의 말에 따르면 의녀도 기녀처럼 정해진 남편이 없다. 그러니 의녀들은 어떻게 해서든 천비 신분에서 벗어나고자 애를 썼는데, 그 유일한 방법이 바로 양반의 첩으로 들어가는 것이었다.

10장 | 의녀, 조선의 여의사
32

양반들의 첩 선호도 1순위, 내의녀

　조선의 양반들은 의녀를 첩으로 삼는 것을 무척 선호했다. 특히 궁궐에 근무하는 내의녀의 인기가 최고였다. 의녀는 기본적으로 건강을 잘 보는 데다 침도 놓고 안마도 잘했으며, 한문도 알고 머리도 좋았다. 미모까지 겸비한 경우에는 더욱 인기가 있었다. 따라서 인물이 출중한 의녀는 양반들 사이에서 큰 인기를 끌었고, 그런 의녀를 첩으로 두는 것은 자랑거리로 여겨졌다. 이런 이유로 의녀는 양반들에게 첩 선호도 1위 대상이었다.
　양반이 의녀를 첩으로 삼게 되면, 그 집안의 여종을 의녀 대신 관비로 채용하여 의녀를 관비 신분에서 풀어준다. 이로 인해 의녀는 양인 신분이 되며, 비록 서출이지만 그 자식도 양인으로 인정 받을 수 있다. 그래서 많은 의녀들은 양반의 첩으로 들어가는 것을 최고의 행운으로 여겼다.

이런 배경 때문에 의녀 중에는 양반과 몰래 연애를 하는 경우가 많았다. 성종 15년 5월 28일자 고언겸에 대한 사관의 논평은 당시의 세태를 잘 보여준다.

고언겸이 젊었을 때 서부학당에서 글을 배웠는데, 경인년에 선비들이 비단을 모아 학당에 둔 적이 있었다. 고언겸이 하루는 틈을 노려 명주 두어 필을 훔쳐 품속에 숨겼는데, 그것이 옷 밖으로 드러난 것을 깨닫지 못했다. 동료들은 그것을 보고도 차마 말을 못 하고 그저 웃기만 했다. 그와 가장 가까운 자가 고언겸의 집에 찾아와 그 말을 전했더니, 고언겸은 자기에게 사통하는 의녀가 있어서 그에게 주려고 이런 옳지 못한 짓을 했다고 했다. 그러나 만약 돌려보낸다면 틀림없이 자기를 진짜 도적으로 몰 것이라며 어떻게 하면 좋겠는지 물었다.

고언겸의 이야기를 보면 그가 '사통하는 의녀가 있다'는 표현을 하고 있다. 여기서 알 수 있듯이, 당시 의녀들은 젊은 선비와 몰래 사랑을 나누는 상대로 적합하게 여겨졌다. 의녀는 기녀처럼 노골적으로 술을 따르거나 몸을 파는 대신, 은밀히 정을 통할 수 있는 존재였다. 따라서 의녀와 양반 사이의 연애는 서로에게 큰 위험이 없었다. 만약 의녀가 아비 모르는 자식을 낳게 되더라도 세간에서는 자연스러운 일로 치부되었다. 양반은 자신의 집안 여종을 관비로 바치고 의녀를 첩으로 들이면 되니, 양반과 의녀 사이의 연애는 서로에게 유리한 상황이었다.

의녀 중에는 뛰어난 미모로 왕족과 연애를 나눈 사례도 있었다. 예를 들어, 의녀 백이는 세종의 아들 평원대군과 사랑을 나누었으나, 평원대군이 19세에 사망하자 이사평과 사랑을 나누며 그의 첩이 되었다. 이사평은 대마도 정벌을 이끈 이종무의 셋째 아들로, 왕실의 외척이기도 했다.

세종은 평원대군의 첩이 이사평의 첩이 되었다는 사실에 크게 분노했다. 평원대군은 세종이 총애하던 아들이었으며, 그가 좋아했던 여자가 외척의 첩이 되었다는 것은 세종의 기분을 상하게 했을 것이다. 왕자와 염문이 있던 의녀를 공신의 자식이, 그것도 왕실과 사돈 관계를 맺은 외척의 자식이 첩으로 취했으니, 그냥 둘 순 없었을 것이다. 인척 간에 한 여자를 가까이 했으니, 법도에 어긋난다는 것이었는데, 세종은 그런 명목으로 선공감의 정正으로 있던 이사평을 파직시켰다.

이사평은 백이를 첩으로 삼으면 파직될 것이라는 예상을 했을 것이다. 그럼에도 백이를 취한 것은 그녀가 매우 매력적이었기 때문이 아닐까? 백이도 이사평의 첩이 되면 세종의 미움을 받을 것을 알았지만, 관노의 신분에서 벗어나고, 기생 취급받는 의녀 일도 그만둘 수 있다는 혜택을 생각했을 것이다. 거기다 자신의 자식도 서출일지언정 천민 신분에서 벗어날 수 있지 않은가. 의녀들이 양반의 첩이 되길 원했던 것은 바로 이런 혜택을 누리기 위함이었다.

하지만 남의 첩이 된 뒤에도 많은 의녀가 직분을 그대로 유지하며 남성들과의 관계를 지속했다. 이로 인해 문제가 발생하기도 했다.

예를 들어, 태종 13년 4월 19일에는 사헌부에서 대사헌 안성을 간통죄로 파직해야 한다는 상소가 있었다. 안성은 원래 여자를 밝히는 인물로 소문이 자자했는데, 심지어 전라도에서 관직 생활을 하며 완산의 기생 옥호빙을 사랑하다가 경상도 관찰사로 발령이 나자, 경상도로 기생을 데리고 갔다. 그는 아버지 상을 당했을 때도 옥호빙을 완산으로 돌려보내지 않았는데, 이것 때문에 말이 많았다. 그런데 이번에는 삼군부의 총제 이징의 첩이었던 의녀 약생과 간통하다가 이징에게 붙잡혀 매를 맞았다. 이징은 그가 안성인 줄 알았지만, 일부러 모른 척하고 매만 때렸다. 세상에 알려져 봤자, 자기에게도 좋을 것이 없다고 판단했던 것이다. 하지만 이 사건이 사헌부에 알려지면서 대사헌이 탄핵되는 사태가 발생했다.

조선 시대 의녀들은 안정된 결혼 생활을 하지 못했다. 세간의 눈이 그들을 관기 버금가는 추잡한 여자들로 취급하였고, 그들 역시 여염집 아낙처럼 살기 어려웠다. 이로 인해 많은 의녀들이 아비 없는 자식을 키우거나 여러 번 결혼하는 경우가 많았다. 결혼 후에도 구박받거나 버림받기 일쑤였다. 이렇듯 의녀의 기구한 처지를 고려하면, 양반의 첩이 되는 것을 이상적인 결혼으로 생각한 것도 무리가 아닐 것이다.

섹스 스캔들의 중심

조선 시대 남성들은 의녀를 수작을 걸어 성공하면 한껏 즐길 수 있는 대상으로 보았다. 또 그렇게 한 뒤에도 거의 뒤탈이 없다고 여겼다. 이러한 인식 때문에 의녀와 얽힌 섹스 스캔들이 끊이지 않았다. 특히 혜민서의 관원들은 의녀들과 놀아나는 것을 당연하게 여길 정도였다. 이런 현상은 연산군이 의녀들을 기생 취급한 뒤 더욱 심화되었다.

의녀가 가장 많은 곳은 전의감과 혜민서였으며, 이곳 관원들은 종종 의녀들과 간통 사건을 일으켰다.

그러나 의녀 간통 사건은 의녀를 거느린 의료 기관 안에서만 벌어진 것이 아니었다.

중종 시절, 순천부사를 지낸 김인명이 있었다. 그는 순천부사로 임명되기 전에 한양에서 의녀 진금과 정을 나누었다. 순천부사로 임명되자, 그는 진금을 데리고 순천으로 내려갔다. 의녀의 신분은 관비이기 때문에 함부로 이동할 수 없으며, 또 관리가 사사로이 데리고 다닐 수도 없었다. 그러나 김인명은 임실현감 유근에게 의녀 진금이 임실에 거주하는 것처럼 문서를 위조해 달라고 요청했다. 부사의 부탁을 받아들인 유근은 진금이 임실에 적을 두고 사는 의녀인 것처럼 문서를 꾸몄다. 그러나 얼마 뒤에 진금이 사라진 것을 알고 형조에서 진금을 추적하였고, 결국 순천에 있음을 알게 되었다.

이 일로 김인명은 관직에서 쫓겨났고, 유근 또한 파직되었다. 의녀에 대한 연정 때문에 패가망신한 대표적인 사건이다.

의녀 간통 사건 중에는 아주 특이한 경우도 있다. 연산군 시절의 일인데, 해남의 노비 말금의 간통 사건이다. 말금은 해남의 사노私奴였는데, 죄를 짓고 감옥에 갇혔다. 그런데 그가 죄수들의 건강을 살피는 의녀 은금과 간통을 한 것이다. 죄수의 신분으로 어떻게 의녀를 간통했는지는 상세하게 기록되지 않았으나, 강간이 아니라 간통이라고 기록된 것으로 보아 은금 또한 말금을 좋아했다는 뜻이다. 그러나 이 사건으로 말금은 참수형에 처해졌으니, 연애 한번 잘못 했다가 목숨을 잃은 것이다. 참으로 애석한 일이다.

10장 | 의녀, 조선의 여의사

33

역사에 이름을 남긴 의녀들

　실록에 의녀의 이름이 거론되는 경우는 대체로 좋지 않은 일에 연루된 경우가 많다. 주로 의녀의 간통 사건이나 양반들이 의녀를 첩으로 들였다가 발생한 문제들이 대부분이다. 그러나 매우 드물게 의술로 이름을 떨쳐 실록에 기록된 의녀들도 있다. 비록 그 수는 몇 명 되지 않고 기록도 많지 않지만, 그들에 관해서 가능한 한 소상하게 살펴보자.

중종이 마지막까지 몸을 맡긴 주치의
대장금

　조선의 의녀 중에서 가장 많은 기록이 남아 있는 인물은 중종 대의 대장금大長今이다. 대장금은 의녀로서 유일하게 임금의 주치의 역할을 했으며, 중종이 마지막까지 자신의 몸을 맡길 정도로 신뢰했던 의원이었다.
　대장금이 실록에 처음 등장하는 것은 중종 10년(1515년) 3월 8일이다. 이때 사헌부에서는 의원 하종해를 의금부에 가두어야 한다는 주장을 했다. 이는 중종의 계비 장경왕후가 그해 2월 25일에 원자(훗날의 인종)를 생산하고 3월 2일에 사망한 것에 따른 문책이었다. 그런데 사헌부의 요청에 대해 중종은 하종해가 약을 마음대로 지어 올린 것이 아니라 의녀가 말하는 증상에 따라 조제한 것이므로 하종해를 의금부에서 심문하는 것은 마땅치 않다는 의견을 밝혔다. 이때 중종이 언급한 의녀 속에는 대장금이 포함되어 있었다.
　하지만 사헌부에서는 대장금이 왕비를 제대로 치료하지 못했으니 당연히 죄를 받아야 한다고 주장했다. 이에 중종은 3월 22일에 이렇게 말했다. "대장금은 원자를 생산하는 데 큰 공을 세웠기에 반드시 상을 내려야 했으나, 갑자기 대고大故(왕이나 왕비가 죽는 것)가 있어 상을 내리지 못했다. 그렇다고 대장금에게 형장을 가할 순 없다."

이튿날 대간이 이렇게 아뢰었다.

"의녀인 장금의 죄는 하종해보다 훨씬 심합니다. 해산 후에 옷을 갈아입을 때 제의하여 말렸더라면 어찌 대고에 이르렀겠습니까? 형조에서 법조문대로 정률에 따라 적용하지 않고 장형을 속죄시키기까지 했으니 심히 온당치 않습니다."

하지만 중종은 끝까지 대장금에게 죄를 주지 않았다.

이 사건 이후 대장금이 다시 실록에 등장한 것은 7년 후인 1522년 8월 15일이다. 이날 중종은 대비가 중풍 증세에 감기를 앓고 있다며 의녀에게 치료하게 했으나 미진하여 의원 하종해와 김순몽이 치료에 가세하도록 했다.

그리고 9월 5일에 자순대비의 병세가 호전되자, 왕은 대비를 치료한 의원 하종해와 김순몽, 의녀 신비와 대장금에게 상을 내렸다. 이때 신비와 대장금이 받은 상은 각각 쌀과 콩 10석씩이었다.

대장금은 이때의 공로로 중종의 병 치료를 전담하게 된다. 1524년 2월 15일에 대장금에게 체아직을 내리고 자신의 간병을 전담토록 조치한 것이다. 이렇게 되면서 대장금은 명실상부한 중종의 어의녀御醫女이자 주치의가 되었다.

그러나 중종이 단순히 의녀를 주치의로 삼은 사실에 대해 대신들은 몹시 못마땅해 했다. 그들은 중종의 몸이 좋지 않을 때마다 그것을 마치 대장금의 의술 부족 탓인 양 말하곤 했다.

중종 27년(1532년) 10월 21일에 내의원 제조 장순손과 김안로가 이런 말을 아뢴다.

"옥체가 편안치 못한 것이 풍 증세 때문이라고 해도 상시에 금기해야 할 일은 모두 삼가는 것이 좋습니다. 지금 의녀에게 진맥하게 하는 것 또한 마음이 편치 못합니다. 의녀의 의술이 의원만 못하니, 의원으로 하여금 들어와서 살피게 하는 것이 어떻겠습니까?"

중종은 자신의 몸을 대장금에게 보살피게 했는데 병이 쉽게 나아지지 않자, 내의원 제조들이 그녀를 믿지 못하겠다는 투로 한 말이었다. 중종은 그들의 의견을 존중하여 의원 하종해와 홍침을 대전으로 불러 진맥하게 했다.

중종의 병증은 풍이 원인이 되어 겨드랑이 아래쪽에 종기가 돋아있는 상태였다. 그 종기로 인해 중종은 몹시 고통스러워했다. 이 일로 대신들은 왕의 치료를 의녀와 의원에게만 맡겨둘 수 없다며 재상들이 직접 대전으로 가서 병증을 확인해야 한다고 말했다. 이에 중종은 재상들이 출입하면 사관이 함께 와야 하고, 그리되면 오히려 치료에 도움이 되지 않는다며 거절했다.

그러나 중종의 종기는 수개월 동안 낫지 않았다. 대신들이 의아해하자 중종은 1533년 1월 9일에 자신의 병에 대해 해명했다.

"내 종기 증세는 당초 침으로 터뜨렸을 때, 침 구멍이 넓지 않아서 나쁜 피가 다 빠지지 않고 여러 곳에서 고름이 새어나왔다. 그러나 멍울이 생긴 곳은 아직 곪지 않았으므로 요사이 태일고, 호박고, 구고고 등의 고약을 계속 붙이자 멍울 섰던 곳에서 고름이 계속 나오는 것일 뿐, 다른 곳이 새롭게 곪은 것은 아니다."

대신들은 종기가 났던 곳은 이미 죽은 살이 되었으니 다시 응어리가 박힐 까닭이 없다면 대장금에게 다시 진찰하여 약을 쓰는 것이 좋겠다는 의견을 냈고, 중종은 이를 받아들였다.

그리고 한 달 뒤 중종의 종기는 나았다. 이때 병 치료에 공을 세운 사람은 의원 하종해와 의녀 대장금, 계금 등이었다. 중종은 대장금과 계금에게 각각 쌀과 콩 15석씩을 하사했다.

이 일 이후 대장금이 실록에 다시 등장한 것은 1544년(중종 39년) 2월 3일이다. 이 무렵, 중종의 병증은 매우 악화되어 있었다. 중종은 이미 57세의 노구였고, 오랫동안 앓아오던 풍증과 그에 따른 합병증으로 병증이 돌이킬 수 없는 지경에 이르렀다. 그 증세에 대해 중종은 스스로 이렇게 말하고 있다.

"어제 저녁 온몸에 땀이 났기 때문에 열기는 처음처럼 심하지 않으니, 약을 자주 올릴 필요는 없다. 다만 증세에 따라 약을 알아서 올리라. 단지 여러 날을 약을 먹었더니 기운이 점점 약해져서 식사가 평상시만 못하고 병이 오랫동안 지속되니 또한 우려가 된다. 또 목이 쉬고 땀이 많이 나므로 약을 써야 한다는 것은 의녀가 알고 있다. 의원을 자주 불러보고 싶지만 별다른 증세가 없어 그만뒀다. 소소한 약에 관한 의논은 의녀를 통해서 전해줄 터이니, 상의하도록 하라."

중종의 말에 등장하는 의녀는 대장금이다. 중종은 당시 자신의 병을 오로지 대장금에게 맡기고 있었다. 이러한 일은 조선사 전체를 통틀어 거의 유일한 사건이다. 그만큼 중종은 대장금을 신뢰하고 있었다.

며칠 뒤인 2월 7일, 내의원 제조가 중종을 문안하고 아뢨다.

"대체로 약간 차도가 있다고 하긴 하나 너무 오랫동안 누워게십니다. 의녀의 진맥이 의원보다 정밀하지 못할 것이니, 의원으로 하여금 진맥하게 하소서."

중종이 대답했다.

"모든 증세가 이미 나왔고, 음식도 점차 평소와 같아지고 있다. 단지 해소 기운이 완전히 사라지지 않았다. 오늘이나 내일이 지나면 의원이 물러가도 될 것이니, 꼭 진맥할 것까진 없고, 경들도 이제 문안하지 말라."

자신의 말대로 중종은 이틀 뒤에 자리를 틀고 일어나 자신을 치료한 의녀 대장금과 은비에게 상을 내렸다.

그러나 중종의 병은 완치된 것이 아니었다. 중종의 몸에는 늘 냉기가 감돌았고, 대소변도 원활하지 않았다. 그리고 그해 10월쯤에는 중증으로 진전되었다. 10월 24일에 내의원 제조 홍언필이 왕을 문안하고 처방과 진맥을 청했다.

"주상의 증세는 진실로 심한 것이 아닙니다. 다만 냉기 때문에 이렇게 되셨으니, 반총산蟠葱散(배 속이 냉하고 체하여 생긴 병에 쓰는 약)을 복용하심이 마땅할 듯합니다. 대소변이 평소와 다른 것도 하부에 냉기가 쌓여 그런 것이니 소금과 총백(대파)을 주머니에 담아 붙이는 것이 어떻겠습니까? 또 의녀가 비록 진맥한다고는 하나 천박한 식견으로 뭘 어떻게 알겠습니까? 박세거로 하여금 진맥하게 하소서."

이에 중종이 말했다.

"반총산蟠葱散(배 속이 냉하고 기운이 체하여 생긴 병증에 쓰는 약)을 즉시 지어서 들이라. 소금과 총백은 지금 붙이는 중이니 다시 증세를 보아 의원으로 하여금 진맥하도록 하겠다."

이 말에서 보듯 중종은 의원들보다는 대장금을 훨씬 신뢰하고 있었다. 그러나 대신들은 항상 그것이 불만이었다. 왕이 일개 의녀 말만 듣고 의원을 무시한다고 생각하여 틈만 나면 의녀를 공격하고 있었다. 그럼에도 중종은 그들보다는 대장금의 말을 존중했다.

다음날 의정부와 중추부, 육조, 한성부의 당상 및 대사헌 등이 문안하러 오니, 중종은 대장금으로 하여금 자신의 병증에 대해 설명토록 했다. 이에 대장금이 대신들에게 이렇게 설명했다.

"어제 저녁에 주상께서 삼경에 잠이 들었고, 오경에 또 잠깐 잠이 들었습니다. 또 소변은 잠시 통했으나 대변은 불통한 지 이미 3일이나 되었습니다."

그 말을 듣고 의원 박세거와 홍침이 진맥하니, 왼손 간장과 신장 맥이 들뜨고 급하였으며, 오른손 맥은 미약하고 느렸다. 의원들은 처방에 대해 의논하고 오령산에 마황, 방기, 원지, 빈랑, 회향을 넣어서 5첩을 올렸다. 이 덕분에 10월 29일에 비로소 대변이 나왔다. 무려 변을 보지 못한 지 7일 만이었다. 이날 대신들이 문안하자, 중종은 의녀 장금을 내보내 대변이 통하여 기분이 좋다며 걱

정하지 말라는 말을 전했다. 이에 내의원 제조는 갈증이 날 때마다 생지황을 달여 먹을 것을 권하면서 절대로 냉수는 먹지 말라고 했다.

그러나 중종의 병은 이미 돌이킬 수 없는 상황이었다. 중종 자신도 그 사실을 잘 알고 있었고, 대신들도 상황이 심상치 않음을 알고 여러 차례 의원을 들여보냈지만 별 효험이 없었다. 그런 상황에서 11월 12일 아침에 대장금이 대전에서 나와 중종의 병증을 설명했다.

"지난 밤 주상의 옥체에 번열이 있는 것 같아 야인건수, 양격산, 지보단을 올렸습니다."

이에 의원 박세거가 들어가 진찰하고 다시 약을 올렸다. 정오에 대장금이 다시 나와 왕의 상태를 설명했다.

"오전에 번열이 있었으므로 정화수에 소합원蘇合元(사향 등을 갈아서 만든 환약. 위장을 편히 하고 정신을 맑게 하는 데 쓴다)을 타서 올렸습니다."

저녁에 박세거가 다시 들어가 진찰했다. 그리고 건갈, 승마, 황련, 맥문동, 인삼을 첨가한 강활산 및 오미자차, 검은콩, 대나무 잎 등을 달인 물을 올렸다. 모두 기력을 보충하는 것들이었다.

그러나 무소용이었다. 11월 15일에 어두워질 무렵에 대장금이 밖으로 나와 말했다.

"상의 징후가 위급하십니다."

그로부터 얼마 후 드디어 내전에서 곡소리가 터져 나왔다. 그렇게 중종은 승하했다. 중종의 승하와 함께 대장금에 관한 기록도 사라졌다. 왕이 죽었으니 왕을 치료했던 그녀 역시 법에 따라 죄를 받았을 것이다. 하지만 그녀가 특별한 실수를 한 것은 아니니 의녀 직분은 그대로 유지했을 것으로 보인다. 다만 오랫동안 왕의 총애를 받았기 때문에 그것이 문제가 되어 내의원에 계속 머물러 있지는 못했을 것이다.

충치 제거술의 달인
장덕과 귀금

대장금 다음으로 이름이 높았던 의녀는 장덕張德이었다. 제주의 의녀였던 그녀는 성종 대의 인물인데, 충치 제거에 남다른 재주가 있었다. 어떤 형태로 치료를 했는지 모르지만, 충치 제거술은 독보적이었다. 또 그녀는 눈이나 코 등에 나는 부스럼 제거에도 특별한 능력을 보였다고 한다. 후에 이 기술은 그녀의 제자 귀금貴今에게 전수되었고, 나라에서는 그것을 대중화하기 위해 의녀를 붙여 배우게 했다. 하지만 그녀의 의술은 대중화하는 데 실패했다.

장덕에 관한 기록이 처음 등장한 것은 성종 19년 9월 28일 기사에서다. 이날 성종이 제주목사 허희에게 글을 내려 이렇게 말했다.

"잇병을 고치는 의녀 장덕은 이미 죽고 이제 그 일을 아는 자가 없으니 이, 눈, 귀 등 여러 가지 아픈 곳에서 벌레를 잘 제거하는 사람이면 남녀를 막론하고 찾아서 보고하라."

그런데 장덕은 없었지만, 그녀는 제자에게 기술을 전수하고 죽었다. 그 제자가 바로 귀금이었다. 제주목사는 노비 신분이었던 귀금을 찾아내 보고했고, 나라에서는 그녀를 면천시키고 의녀를 붙여 그녀의 의술을 배우게 했다. 하지만 의녀들이 4년이나 배웠는데도 쉽게 기술을 익히지 못하자, 나라에서는 귀금이 고의로 의술을 가르쳐주지 않는다며 그녀를 벌주려 했다.

그 내용은 성종 23년 6월 14일의 기록에 나타난다.

이날 우승지 권경희가 아뢰었다.

"제주의 의녀 장덕은 치충을 제거시키고 눈과 코 등의 모든 부스럼을 제거할 수도 있었습니다. 그가 죽을 무렵에 그 기술을 사비私婢 귀금에게 전수했습니다. 나라에서는 귀금을 면천시켜 여의女醫로 삼아 그 기술을 널리 전하고자 하여 두 여의를 뽑아 그를 따라다니게 했는데, 귀금은 기술을 숨기고 전하지 아니했습니다. 청컨대 귀금을 고문하여 그 내막을 물어보소서."

성종은 즉시 귀금을 잡아들이도록 하고, 그 내막을 캐도록 했다.

"여의 두 사람으로 하여금 너를 따라다니게 했는데, 네가 숨기고 기술을 전수해주지 않았으니, 반드시 그 이익을 독차지하고자 함이렷다? 네가 만약 끝까지 숨긴다면 마땅히 고문을 가해 국문하겠으니, 모두 다 말해라."

그러자 귀금이 대답했다.

"제가 일곱 살 때부터 이 기술을 배우기 시작하여 열여섯 살이 되어서야 완성했는데, 지금 제가 마음을 다해 가르치지 않은 것이 아니고, 그들 여의들이 익히지 못했을 뿐입니다."

장덕과 귀금에 대한 기록은 이것이 전부다. 그들의 탁월했던 충치 제거술이 후대에 전수되었다는 기록도 없고, 귀금을 이어 전수받은 의녀에 관한 기록도 없다. 하지만 귀금이 그랬던 것처럼 의녀들이 꾸준히 수련하고 배웠다면, 장덕의 충치 제거술은 후대로 전해졌을 법하다.

중독 치료의 명의 분이와 내의녀 교육에 헌신한
애종

성종 시대에는 장덕이나 귀금 외에도 분이粉伊라는 여의사도 유명했다. 그녀는 황을이라는 의원에게 의술을 배웠는데, 황을은 독에 중독된 병을 다스리는 의술이 탁월한 자였다. 이에 나라에서 여의 분이를 그에게 붙여 의술을 배우도록 했으나, 분이의 의술이 황을을 따라잡지 못했다. 그 때문에 나라에서는 황을이 고의로 의술을 가르쳐주지 않는다고 판단하여 그를 잡아들여 세 차례나 형문을 가했고, 그때서야 자신의 의술을 제대로 가르쳤다고 한다. 덕분에 여의 분이는 중독된 병을 다스리는 데 남다른 의녀로 성장할 수 있었다.

선조 시대에는 애종愛鐘이라는 의녀가 의술에 남다른 재주를 보였다고 한다. 하지만 선조는 애종의 행실이 바르지 못하다면서 궐내에 출입하지 못하게 하라고 했다. 선조 33년 6월에 왕비 박씨가 죽음을 앞두자, 대신들이 애종으로 하여금 왕비를 치료하게 하자고 요청했으나, 선조는 끝내 받아들이지 않았다. 이때 선조는 '애종은 창녀라고 하는데, 비록 의술이 있더라도 절대로 궐내에 들이지 말라'고 했다.

선조가 죽고, 광해군이 들어섰을 때도 이항복이 내의녀들의 대가 끊기게 됐으니 애종을 불러 의녀들을 가르치게 하자고 했으나 이에 대한 답변 내용이 기록되지 않았다. 그러나 광해군이 애종에 대해 별다른 비판이 없었던 것을 보면, 애종을 받아들여 의녀들을 교육하도록 했을 것으로 판단된다.

11장

궁녀
왕족들의 생활비서

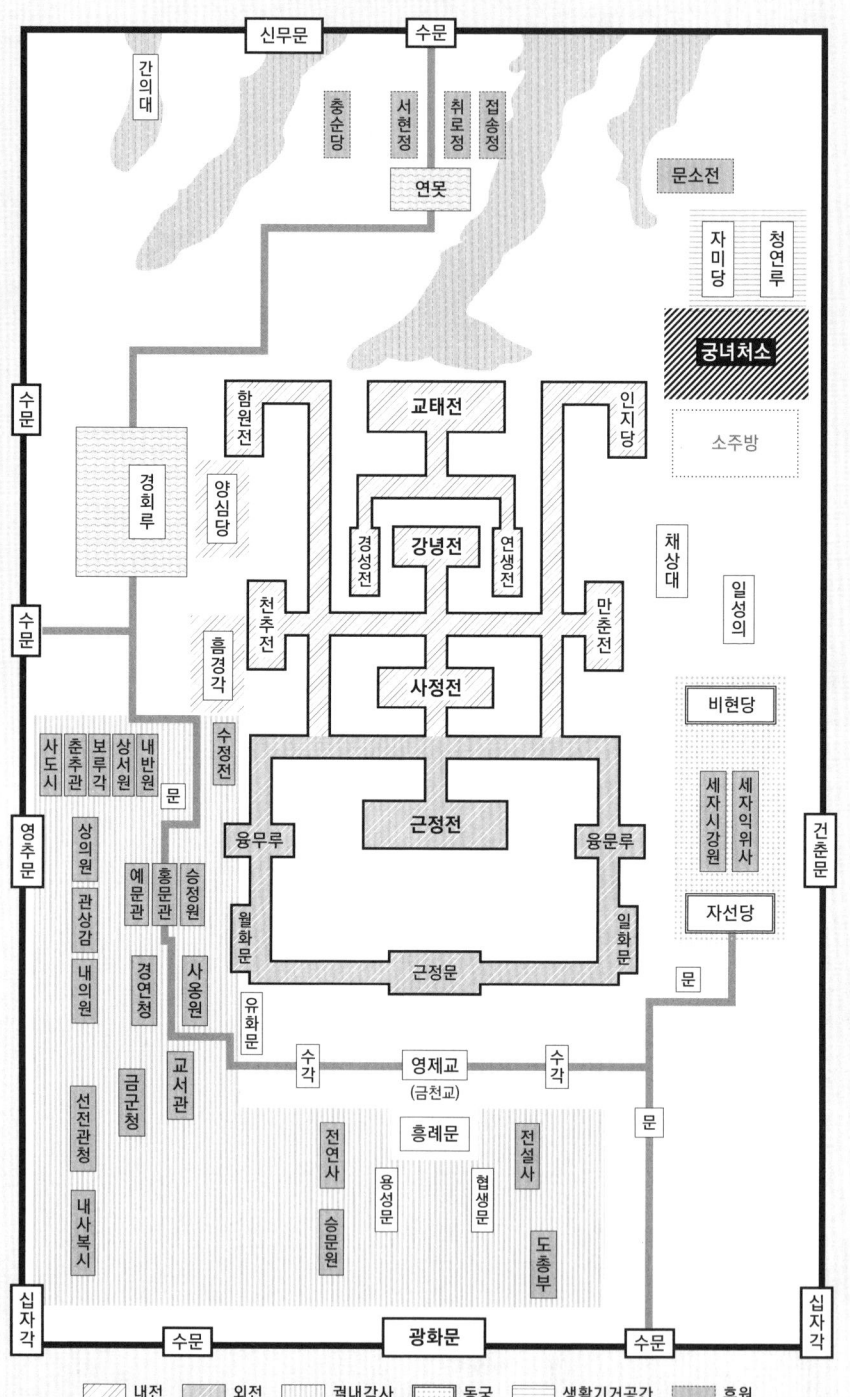

11장 | 궁녀, 왕족들의 생활비서

34

조선의 전문직 여성 공무원

궁궐의 직업 세계를 논하자면 궁녀를 빼놓을 순 없을 것이다. 왕조 시대의 궁녀는 그야말로 궁궐을 상징하는 존재인 까닭이다. 흔히 궁녀는 궁궐에 한 번 들어가면 죽기 전에는 나오지 못하는 가련한 여인들로만 인식되기 십상이다. 그래서 궁녀를 '궁궐 귀신'이라고 부르기도 하고, 왕만 바라보는 '왕바라기 꽃'으로 묘사하기도 한다. 하지만 직업이라는 관점에서 그들을 바라보면 전혀 다른 존재로 인식할 수 있다. 그들은 단순히 궁궐에서 왕족을 시중 드는 시녀들이 아니라 왕조 시대의 전문직 여성이기 때문이다.

사실, 조선 시대의 궁궐은 궁녀라는 존재 없이는 제대로 돌아가는 일이 하나도 없었다. 그만큼 궁녀의 역할은 컸다. 그럼에도 궁녀를 그저 왕의 후궁 자리나 넘보는 여인들로만 인식하는 것은 궁녀의 역할과 직분에 대해서 너무 모르기 때문이다.

우선 궁녀라는 용어의 뜻부터 정확하게 알 필요가 있다. 궁녀宮女의 정식 명칭은 '궁중 여관宮中女官'이다. 궁중 여관이란 궁궐 안에서 근무하는 여성 관원이라는 뜻이다. 따라서 궁녀들은 여느 관리처럼 일정한 지위를 가지고 봉급을 받는 전문직 여성 공무원이다.

궁중 여관은 줄여서 궁관宮官 또는 여관女官이라고도 불렀다. 원래 궁녀의 범주에는 품계를 받는 여관과 품계를 받지 못하는 천비로 구분되어 있었는데, 좁은 의미의 궁녀는 바로 여성 관원을 의미하는 여관들을 지칭한다. 나머지 천비 신분에 해당하는 궁녀는 비자라고 불렀으며, 궁관들과 명확히 구분하였다.

기록상으로 우리 역사에서 여관을 확인할 수 있는 것은 삼국 시대부터였다. 삼국 중에서 여관 조직에 대한 구체적인 기록을 남긴 쪽은 신라였다. 《삼국사기》 잡지의 신라 관직 편에 보면 여자들이 종사하는 기관들이 나오는데, 이들 여자가 바로 궁녀들이다. 여기에 종사하는 여자들은 '모母'와 '여자女子'로 구분되고 있는데, 조하방朝霞房엔 모 23명, 침방針房엔 여자 16명, 소방전蘇芳典엔 모 6명, 표전漂典엔 모 10명, 기전綺典엔 모 8명, 염궁染宮엔 모 11명, 홍전紅典엔 모 6명, 찬염전攢染典엔 모 6명, 소전疏典엔 모 6명이 배치되어 있다.

이 명칭들에서 알 수 있듯이 신라의 여관들이 근무한 부서들

조선 시대 궁녀의 역할과 조직

항목	설명
정의와 역할	왕족을 시중 드는 시녀가 아닌 전문직 여성 공무원
구분	여관(품계를 받은 여성 관원)과 비자(천비 신분)
역사	삼국 시대부터 시작, 고려 현종 때 상궁과 나인으로 호칭 변화, 조선 태종과 세종 때 조직 확정
인원 구성	평균 700명, 여관 200명, 비자 나머지
교육 과정	입궁 후 견습나인, 15년 후 정식나인, 30년 후 상궁, 도제식 교육

의 명칭은 모두 궁궐의 의식주와 관련되어 있음을 볼 수 있다. 또 여관들을 부르는 호칭을 모와 여자로 구분하여 조직 내부에 위계질서가 있었음을 엿볼 수 있다. 이는 마치 조선의 궁녀를 상궁과 나인으로 구분한 것과 흡사하다.

모와 여자로 구분되던 신라의 호칭이 상궁과 나인으로 바뀐 것은 고려 현종 때였다. 이후 조선에 와서 여관의 조직은 한층 세밀하게 정비되었다.

조선 태조 때 여관에게 품계를 주고 업무를 분장했는데, 이는 다시 태종과 세종 대를 거치면서 확정되었다. 궁중 여관의 품계는 종9품에서 정5품 사이로 정하고, 이들 중 6품 이상은 상궁, 그 아래로는 나인으로 통칭하였다. 원래 상궁이라는 명칭은 정5품 여관만을 지칭하는 것이었으나, 점차 6품의 여관까지 아우르는 명칭이 되었다. 그리고 나인은 품계마다 별도의 명칭이 있으나 편의상 종9

품에서 정7품에 이르는 여관은 모두 나인이라고 일컫게 된 것이다. 나인은 궁궐 내부 사람을 뜻하는 '내인內人'을 습관적으로 나인이라고 부른 데서 비롯된 명칭이다.

 대개 조선의 궁녀 숫자는 평균 700명 정도 되었으나, 이 숫자에서 비자를 제외하면 여관의 숫자는 200명 정도 되었다. 이들 여관은 대개 10세 이전에 입궁하여 견습나인이 되고, 이후 15년이 지나면 정식나인이 되며, 30년이 지나면 상궁의 반열에 오르게 된다. 이 과정에서 이들은 철저히 도제식 교육을 받으며 전문적인 능력을 갖춘 여성 관원으로 성장하게 된다.

11장 | 궁녀, 왕족들의 생활비서

35

궁녀의 범주와 명칭

궁녀宮女란 말 그대로 궁궐 안에서 살거나 근무하는 여자들이다. 그러나 궁궐 안에 산다고 해서 모두 궁녀는 아니다. 궁녀를 크게 둘로 나누면 내명부의 품계를 받는 여관과 품계를 받지 못하는 천비로 구분된다. 여관으로는 나인과 상궁이 있고, 천비들로는 비자, 방자, 무수리 등이 있다. 이들을 좀 더 세분하여 알아보자.

여관女官

궁중 여관은 줄여서 '궁관宮官' 또는 '여관女官'이라고도 하는데, 이는 궁녀보다는 조금 좁은 의미. 하지만 흔히 궁녀라고 하면 이들 여관을 지칭하는 것이다.

여관은 앞에서 밝혔듯이 종9품에서 정5품까지 10단계의 품계가 있으며, 품계마다 고유한 호칭이 있다. 그러나 그 호칭은 특별한 행사 때나 쓰이는 것이고, 일상적으로는 상궁과 나인으로 불렸다.

나인은 원래 궁궐 내에 산다고 하여 내인內人이라고 했으나, 이를 관습적으로 나인이라 했다. 이때 상궁으로 불리는 여관은 대개 5품과 6품 벼슬을 얻은 여자들이고, 나머지 7품 이하는 나인으로 불렸다. 그리고 정상적으로는 대궐에 들어온 지 15년이 되면 나인이 되고, 나인이 된 지 15년이 되면 상궁이 된다. 그러나 이러한 내규가 항상 지켜진 것은 아니었다.

견습나인 見習內人

여관이 될 궁녀들은 통상 4~16세 사이에 궁궐에 들어와서 15년 정도 교육을 받고 20세를 전후해 관례를 치르고 정식나인이 된다. 견습나인은 정식나인이 되기 이전의 교육생을 지칭한다.

견습나인은 상궁들에게 한 명씩 맡겨져 양육되며, 상궁들로부터 궁중 예절과 언어, 걸음걸이 등의 일상 생활을 배운다. 또 훈민정음을 익힌 뒤 《소학》, 《열녀전》, 《규범閨範》, 《내훈》 등 나인 생활을 위한 기본적인 서적들을 익히고, 궁체를 배운다.

견습나인들은 자신을 가르치는 상궁을 '스승 항아님'이라고 부른다. 견습나인은 상궁과 같은 공간에서 생활하기 때문에 상궁의 심부름꾼 역할도 하고, 말벗도 되어준다. 상궁들은 그들의 재롱을 즐기기도 하고, 한편으로는 엄하게 꾸짖고 벌주기도 한다. 견습나인에게 스승은 어머니나 마찬가지인 셈이다.

이들 견습나인들은 행동 반경이 정해져 있어서 아무 곳이나 출입할 수 없었다. 그들은 궁녀들의 거처 밖으로 나갈 수 없으며, 만약 나갔을 경우에는 심한 벌을 받아야 했다.

생각시

견습나인들 중 일부를 '생각시'라고 부르는데, 이는 그들이 생머리를 하고 다니기 때문이다. 생머리는 한자로 '사양두絲楊頭'라고 하는데, 풀이하자면 '실버들 머리'다. 원래 버드나무는 크게 두 종류가 있다. '류柳'로 표현되는 것은 수양버들이고, '양楊'으로 표현되는 것은 갯버들이다. 따라서 생머리를 표현한 '사양두'는 '실로 된 갯버들 모양의 머리'라는 뜻이다.

생머리를 만드는 방법은 이렇다. 우선 머리를 뒤에서 두 가닥으로 나누어 땋은 다음, 이것을 각각 둘로 말아올려 뒤통수 밑에 나란히 세워 끈으로 묶는다. 그리고 그 위에 길고 넓은 자주색 댕기를 묶어 엉덩이까지 늘어뜨린다. 이렇게 해 놓으면 댕기가 마치 기다란 버드나무 이파리처럼 머리 뒤에서 나풀거리게 되는 것이다.

하지만 모든 견습나인들이 생머리를 하는 것은 아니다. 견습나인 중에 4~5세의 가장 어린 나이에 궁궐에 들어오는 지밀至密, 침방寢房, 수방繡房의 아기 나인들만 생머리를 한다. 나머지 처소의 나인들은 7~8세에 궁궐에 들어오고 머리도 하나로 땋은 댕기머리다.

정식나인正式內人

정식나인은 견습 시절을 끝내고 관례를 올린 나인을 지칭한다. 이때부터 정식으로 여관의 임무를 수행하게 된다.

조선 시대 성년식에 해당하는 관례는 통상적으로 입궁 후 15년이 지난 뒤에 하는 것이 원칙이었다. 그런 까닭에 처소마다 관례를 올리는 연령이 달랐다. 가장 어린 나이에 입궁하는 지밀의 아기나인 중에는 서너살 무렵에 궁에 들어오는 경우도 많았기에 18세나 19세면 관례를 행했다. 또 다른 처소에선 15세가 넘어서 궁에 들어오는 일도 잦았기에 그들은 30세가 넘어서 관례를 행했다.

조선 사회에서 일반적으로 여자는 관례를 올리지 않았다. 그런데 특별히 궁녀들이 관례를 올린 것은 이 일이 그들에겐 혼례와 같은 것이기 때문이다.

사실상의 혼인식인 궁녀의 관례는 결혼식처럼 치러진다. 관례를 올리는 궁녀는 원삼에 노리개에 어여머리나 화관까지 꾸민 화려한 예복을 정성껏 차려입고, 잔치 음식도 마련된다. 이때 차려입는 옷 중 겉옷은 나라에서 내리고, 버선이나 속치마 같은 것들은 궁녀의 본가에서 마련해 들여온다. 음식도 본가에서 마련하고, 본가는 나름대로 집에서 결혼식에 버금가는 잔치를 하고 조상에게 예를 올린다. 관례를 올린 뒤부터 딸의 월봉이 나오기 때문에 본가로서도 경제적인 혜택을 누리게 되니, 기쁜 일이 아닐 수 없다. 그래서 되도록 시집 보내는 것 못지않게 성대하게 잔칫상을 차린다. 본가에서 올린 잔치 음식은 궁녀가 머무는 처소의 가장 웃어

른에게까지 전해진다. 만약 그녀가 대비전 궁녀라면 음식이 대비에게까지 올라간다. 궁녀는 이렇듯 관례를 통해 일생에 단 한 번 호사를 부린다.

관례를 올린 정식나인에게는 따로 방이 주어진다. 그러면 그녀는 본가에서 들여온 세간으로 방을 꾸민다. 하지만 방을 혼자 독점하는 것은 아니다. 반드시 둘이 함께 쓰게 되어 있다. 그것도 같은 처소의 나인은 함께 배치되지 않는다. 그들 두 사람은 상궁이 되기까지 같은 방에서 함께 지낸다. 말하자면 그들은 15년 동안 동거를 하는 셈이다. 이때 동거하는 나인들은 서로를 벗이나 방동무로 부르며 일종의 가정을 꾸리게 된다.

정식나인이 되면 월봉도 받고 품계도 얻는다. 나인들끼리는 서로 김씨 형님, 무슨 항아님 등으로 부르지만, 법적으로는 모두 고유한 호칭이 부여된다. 이때 상궁들도 그들의 이름을 부르는 것이 아니라 '박가 아무개' 식으로 성을 붙여 불러준다. 또 견습나인들은 그들을 '항아님'이라 높여 부른다.

정식나인의 방에는 심부름하는 하녀도 한 명 배치된다. 이 하녀들을 '방자' 또는 '각심이'라고 하는데, 이들에 관해서는 따로 언급하겠다.

본방나인 本房內人

본방나인은 한 마디로 왕비나 세자빈, 또는 후궁의 개인 여종을 말한다. 본방이란 원래 왕비나 세자빈의 친정을 의미하며, 이들이 왕궁으로 들어올 때 유모나 몸종을 함께 데려와 나인으로 부리게 되는데, 그들을 본방나인이라고 하는 것이다.

본방나인에게는 원칙적으로 주인을 섬기는 일 이외의 다른 소임이 주어지지 않는다. 늘 주인과 생사고락을 함께해야 한다. 자기가 섬기는 주인이 죄를 지으면 함께 죄인이 되어 죽거나 유배를 떠나야 하고, 주인이 영화를 누리면 덩달아 영화를 누리는 그런 존재다. 이들 본방나인들이야말로 왕비나 세자빈이 가장 믿고 의지할 수 있는 진정한 의미의 그림자들이었다.

상궁 尙宮

정식나인이 된 지 15년이 지나면 상궁이 된다. 이때부터 항아님으로 불리지 않고, 상궁 마마님으로 불린다. 그리고 품계도 꾸준히 올라 대개 6품 벼슬 이상을 받고, 월봉도 많이 오르고, 거처도 따로 마련된다. 거처에는 각심이와 침모針母가 한 명씩 배치되고, 친척 중에 적당한 여자를 선택해 가정부처럼 부릴 수도 있었다. 제조 상궁과 같이 큰 상궁이 될 경우에는 각심이를 여러 명 거느리기도 하고, 비서격인 나인도 부릴 수 있었다. 물론 그들이 사용하는 사람들의 보수는 나라에서 주는 것이다. 하지만 생활비는 자기 월봉에서 부담한다.

원칙적으로는 상궁이 되려면 궁중에서 30년을 생활해야 한다. 그야말로 '살아있는 궁궐 귀신'이 되어야 상궁에 오르는 것이다. 하지만 때로는 권력을 등에 업고 햇수를 채우지 않고 상궁이 되는 경우도 있었다. 궁녀들은 그런 상궁을 '입상궁'이라 불렀다. 즉, 말로만 상궁이지 실제로는 나인에 불과하다는 뜻이었다.

상궁 중에는 특별 상궁이라는 것도 있다. 임금으로부터 승은承恩을 입은 상궁을 지칭하는 것인데, 이에 관해서는 따로 언급하겠다.

비자婢子

궁녀들의 하녀로서 심부름이나 각종 잡역을 맡은 여자들이다. 이들은 붙박이로 궁궐에 머무는 궁궐 노비라 할 수 있는데, 관비 중에서 결혼하지 않은 여자들이 차출되었다. 이들은 일단 비자로 들어오면 특별한 명령에 의해 출궁되기 전에는 궁 밖에 나가 살 수 없다. 또 이들도 여관처럼 다른 남자와 결혼할 수 없다.

비자 중에는 '글월 비자'라는 것도 있는데, 이들은 궁녀들의 문안 편지를 배달하고 받아오는 궁궐 우체부 역할을 했다.

방자房子

방자는 각심이라고 불리고, 방아이라고도 불린다. 비자의 일종이긴 하지만 엄밀한 의미에서는 비자와 전혀 다르다. 이들은 한마디로 상궁의 살림집 가정부다. 상궁들은 궐내에 자기만의 처소를 가지게 되는데, 자신이 직접 살림을 하는 것이 아니라 방자에게 모든 일을 시켰다. 물론 방자의 급료는 국가가 부담한다.

방자는 일반 비자와 달리 관비 출신이 아니다. 이들은 대개 여관들이 알음알이를 통해 친족이나 본가의 이웃에서 데려온 여자들이다. 이들은 결혼 경력이 있는 경우가 대다수다. 부엌일 경험이 풍부해야 하기 때문이다. 그러나 독신이어야 한다.

방자 중에는 시간제로 부리는 반半방자가 있고, 붙박이로 부리는 온방자가 있었다. 반방자와 온방자는 당연히 보수도 달랐다. 반방자 같은 경우는 일종의 시간제 가사 도우미라고 할 수 있고, 온방자는 아예 붙박이로 지내며 그곳에서 먹고 자는 입주 도우미 같은 것이었다.

무수리

무수리는 수사水賜라고도 하는데, 물 긷는 일이 그들의 주된 일이었던 까닭이다. 그러나 이들이 반드시 물만 담당한 것은 아니다. 아궁이에 불 때기나 그 외에 잡다한 막일도 그들의 몫이었다.

궁중에는 우물이 전각 내부에 있는 것이 아니라 바깥에 있었기 때문에 사용할 물을 모두 길어서 날라야 했고, 그 힘든 일을 이들이 모두 도맡아 했던 것이다.

그러나 이들 무수리들은 비자처럼 궁궐 안에서 생활하지 않았다. 이들은 신분패를 차고 다니면서 궁궐을 출입하며 출퇴근을 했다. 또한 이들은 결혼도 할 수 있었다. 물론 이들 중에도 결혼하지 않은 어린 소녀도 있었지만, 나이가 차면 언제든지 결혼할 수 있었다.

이들의 신분은 천민일 수도 있고, 평민일 수도 있었다. 특별한 기준 없이 상궁들이 민간의 아낙 중에서 힘 좋고 일 잘하는 여자를 택했다.

이들의 출근 원칙에 대해 태종 14년 6월 8일의 기록에 보면, '궁중의 시녀 10여 명을 내보내고, 또 무수리들의 남편이 있고 없음을 따져 10일씩 입번入番하게 했다'는 기록이 있다. 즉, 남편이 있는 무수리와 없는 무수리로 나눠서 10일씩 일하도록 했던 것이다.

그런데 《경국대전》에 보면, 출궁된 무수리도 관리와 결혼할 수 없다고 한 것으로 보면, 무수리 중에서도 어린 시절에 궁궐에 들어와 비자처럼 궁궐에서만 생활하기도 했던 모양이다. 이들은 아마도 신분은 무수리지만 비자로 인식되어 출궁 후에도 일반 궁녀들처럼 결혼하지 못했던 것 같다. 영조의 어머니 숙빈 최씨는 아마도 이런 종류의 무수리였을 것이다.

11장 | 궁녀, 왕족들의 생활비서

36

7개 부서로 구성된 여관 조직

　여관의 조직은 근본적으로 왕과 왕실 사람들의 생활을 보조하는 차원에서 형성된 것이기에 그 취지에 맞게 구성되었다. 모두 7개의 부서로 이뤄졌으며, 각 부서는 철저히 기능과 역할에 충실하도록 짜여 있다. 7개의 부서를 나열하자면 지밀至密, 침방針房, 수방繡房, 세수간洗手間, 생과방生果房, 소주방燒廚房, 세답방洗踏房 등이다.

　지밀은 이름 그대로 궁궐의 가장 비밀스러운 일들을 담당한다. 성생활을 비롯하여 왕과 왕비의 신변 보호나 의식주와 관련된 일체의 일들이 지밀과 관계되어 있다. 지밀은 이런 일들을 수행하기 위해 내시부의 환관, 내의원의 어의, 소주방의 음식 담당자, 사옹원의 음식 재료 담당자들과 긴밀히 협조한다.

지밀의 또 다른 임무는 궁중의 가례, 제례, 혼사, 각종 잔치를 준비하고 시위하는 것이다. 궁중 가례 때에는 행사를 진행하는 진행 요원의 역할을 한다. 이를 테면 세자빈이 조견례朝見禮(폐백)를 올릴 경우 단순히 절하는 것을 도우는 수모 역할만 하는 것이 아니라 절의 구령을 하고 왕이나 왕비, 왕대비의 교명敎命을 낭독하는 일 등도 그들의 몫인 것이다.

지밀의 역할이 이렇듯 왕과 왕비의 일상사와 관련된 가장 중요한 일을 하는 만큼 지밀 궁녀들은 특별히 출신이 좋아야 한다. 승은을 입어 후궁이 될 가능성이 높은 것도 그들의 출신을 중시하는 또 다른 이유다. 이 때문에 지밀의 궁녀들은 가급적 중인 계층에서 뽑았다.

침방은 바늘로 하는 모든 일들, 즉 왕과 왕비는 물론이고 궁궐에서 소용되는 모든 옷을 만드는 역할을 한다.

수방은 옷에 수를 놓거나 장식물을 다는 임무를 띠고 있다.

세수간은 세숫물과 목욕물을 담당한다. 옻칠을 한 커다란 함지에 따뜻한 물을 담고, 함지를 씻고, 목욕을 시키는 역할도 이곳 궁녀들의 몫이다. 거기다 내전을 청소하고 지(요강)나, 매우틀(대변기), 타구(가래나 침을 뱉는 그릇)와 관련된 일도 모두 이들이 한다. 왕비가 나들이 할 때 가마 옆에 서서 시위하는 역할도 이들의 중요 임무 중 하나다.

생과방은 식사 이외의 음료수나 다과를 준비하는 곳이다. 식혜, 다식, 떡, 각종 죽 등도 여기서 만들어진다.

소주방은 음식을 담당하는 곳이다. 소주방은 안소주방과 밖소주방으로 나뉜다. 안소주방은 수라를 담당하는 곳이라 흔히 수라간이라고도 한다. 이곳에서는 주식에 올라가는 각종 반찬류를 만든다. 밖소주방은 각종 잔칫상이나 제사상에 올리는 음식을 만드는 곳이다. 궁궐에는 이틀이 멀다 하고 잔치나 제사가 있기 때문에 이곳 궁녀들은 몹시 분주할 수밖에 없다.

세답방은 한 마디로 빨래방이다. 그렇다고 단순히 빨래만 하는 것은 아니다. 세탁, 다듬이질, 다리미질, 염색 등이 포함된다.

이 일곱 부서 외에도 복이처僕伊處와 퇴선간退膳間이 있다.

복이처는 아궁이를 담당하는 곳으로 침실에 불을 때는 것이 임무다. 그 외에도 내전에 등불을 밝히는 것도 이들의 몫이다. 복이처는 세답방에 예속되어 있었으므로 별도의 부서라고 말하긴 곤란하다. 하지만 이곳의 임무가 세답방과는 전혀 다르므로 다소 독립적인 기능을 하는 것이다.

퇴선간은 일종의 중간 부엌으로 원래 기능은 수라상을 물리는 곳이다. 소주방과 대전이 너무 멀기 때문에 소주방에서 준비된 음식이 대전에 도착하면 식어버리기 십상이다. 그래서 퇴선간에서는 음식을 살짝 한 번 더 데우게 된다. 또 임금의 수라밥도 이곳에서 짓는다. 다 먹은 수라상을 퇴선退膳(음식을 물리다)하여 설거지하는 곳이 이곳이다. 하지만 퇴선간은 지밀에 예속되어 있다. 수라상의 관장은 근본적으로 지밀에서 하도록 되어 있기 때문이다.

이런 7개의 부서는 대전, 중전, 대비전, 동궁전에 모두 있다. 또 빈 이하의 후궁전에도 규모는 작지만 비슷한 형태로 궁녀들이 배치되어 있다.

궁녀의 조직과 역할

부서	역할	특징 및 추가 정보
지밀	궁궐의 비밀스러운 일 담당, 왕과 왕비의 신변 보호, 의식주 관리, 가례·제례·혼사·잔치 준비	특별히 출신이 좋은 궁녀들로 구성. 중인 계층에서 선발. 내시부, 내의원, 소주방, 사옹원과 협조
침방	왕과 왕비 및 궁궐의 모든 옷 제작	
수방	옷에 수를 놓거나 장식물 다는 임무	
세수간	세숫물과 목욕물 담당, 내전 청소, 요강과 대변기 관리, 왕비 나들이 시 가마 옆 시위	
생과방	식사 이외의 음료수, 다과 준비, 식혜, 다식, 떡, 각종 죽 등 제작	
소주방	음식 담당	안소주방: 수라 담당, 주식 반찬류 제작 밖소주방: 잔칫상, 제사상 음식 제작, 잔치와 제사가 빈번하여 매우 분주
세답방	세탁, 다듬이질, 다리미질, 염색 등 빨래 담당	
복이처	아궁이 담당, 침실에 불 때기, 내전 등불 밝히기	세답방에 예속되어 있으나 독립적 기능 수행
퇴선간	중간 부엌, 수라상 물림, 음식 데우기, 수라(밥) 준비, 설거지 담당	지밀에 예속

11장 | 궁녀, 왕족들의 생활비서

37

상궁들의 핵심 보직

　이런 여관 조직은 내명부內命婦 산하에 있다. 내명부란 궁궐 안에 있는 명부를 뜻하는데, 명부란 벼슬을 받은 여인을 의미한다. 그래서 궁궐 안에 있으면 내명부, 궁궐 바깥에 있으면 외명부라 하였다. 외명부란 곧 품계를 얻은 관리들의 부인들을 지칭한다.

　내명부의 지휘권은 왕비가 갖는다. 말하자면 내명부는 왕비의 부서라고 할 수 있다. 그래서 내명부는 왕비의 통제 아래 후궁과 여관, 비자들을 예속시켰다. 그 중 후궁은 종4품에서 정1품의 벼슬을 받고, 여관은 종9품에서 정5품의 벼슬을 받는다. 그리고 나머지 비자들은 벼슬이 없다.

　하지만 내명부 속에서 여관들은 별도의 조직을 갖게 되는데, 그 우두머리는 정5품의 제조상궁이 맡는다. 제조상궁은 큰방상궁

여관의 조직과 직책

직책	품계	역할 및 특징
제조상궁	정5품	여관들의 우두머리, 큰방상궁이라고도 불림. 왕비의 부서 지휘
부제조상궁	정5품	아리고 상궁, 내전 창고 책임
지밀상궁	정5품	대명 상궁, 왕을 그림자처럼 수행
감찰상궁	정5품	궁녀들의 행동을 감찰하고 평가, 형벌 부과 가능
보모상궁	정5품	왕자녀의 보모 역할, 동궁에 2명, 나머지 왕자녀에 1명씩 배치
시녀상궁	정5품	서적, 문서 관련 업무, 세자 및 세자빈 시위, 하사품 전달 및 특사 역할
일반상궁	정6품	각 처소에 배치, 나인 통솔, 보직 상궁들의 지시 수행
특별상궁(승은상궁)	정5품 또는 정6품	임금의 승은을 입은 궁녀, 보직 없음, 후궁으로 취급
나인	정7품, 정8품, 정9품	각 부서에서 실무 담당, 품계는 나인 된 순서에 따라 결정, 서열 위주 위계

이라고 부르기도 하는데, 비록 품계는 정5품이지만 여관들의 재상격이다. 그녀의 위상은 실제로 조정의 재상들조차 함부로 할 수 없을 만큼 위풍당당했다. 때로는 정승들이 제조상궁과 의남매를 맺을 정도였다.

　제조상궁 아래로 부제조상궁, 지밀상궁, 감찰상궁, 보모상궁, 시녀상궁 등이 핵심 보직이었고, 이들 모두 품계는 정5품이었으며, 서열에 따른 위계 질서가 매우 엄격했다.

　여관 중에 서열 2위인 부제조상궁은 아리고阿里庫(아랫고) 상궁이라고 불리기도 한다. 아랫고란 하고下庫, 즉 내전 창고를 의미하는데, 이는 그녀가 내전의 창고를 책임지고 있기 때문이다. 내전 창고에는 왕의 사유 재산 범주에 드는 각종 보물 및 귀중품들이 보관되는데, 아랫고 상궁은 이곳의 물품 출납을 책임진다.

서열 3위는 지밀상궁이다. 지밀상궁은 대명待命 상궁이라고도 하는데, 항상 왕을 그림자처럼 수행하며 늘 어명을 기다리는 처지이기에 붙여진 호칭이다.

감찰상궁은 궁녀들의 행동을 감찰하고 평가하는 임무를 맡고 있다. 그들의 감찰 대상은 주로 일반 상궁과 나인 및 견습나인들이다. 나인들이 잘못을 저지르거나 법도에 어긋난 행동을 했을 때 형벌을 가하는 것도 감찰상궁의 소관이다. 감찰상궁이 내릴 수 있는 형벌은 가볍게는 종아리형에서 크게는 유배형까지 가능하다. 일반 나인들에겐 가장 무서운 존재가 아닐 수 없다.

보모상궁은 왕자녀의 보모 역할을 하는 상궁이다. 동궁에게는 2명, 나머지 왕자녀에게는 1명씩 배치된다.

시녀상궁은 지밀에 속하는 상궁으로서 서적이나 문서에 관계된 일을 맡고 있으며, 때로는 세자나 세자빈을 시위하는 일도 한다. 또 종실이나 외척의 집에 내리는 하사품을 전달하거나 왕비나 왕대비의 친정집에 특사로 가기도 한다. 흔히 어명을 받고 행차하는 봉명奉命 상궁도 대개 시녀상궁이 맡는다.

특별한 보직을 맡지 못한 상궁들을 흔히 일반상궁이라고 한다. 이들은 각 처소에 배치되어 나인들을 통솔하고 보직 상궁들의 지시를 받아 업무를 처리한다. 보직을 가진 상궁들이 대개 5품 벼슬을 받은 고참 상궁들이지만, 일반상궁은 그 아래 6품 벼슬을 받은 상궁들이다. 나인들은 이들을 그저 '마마님'이라고만 부른다.

이들 외에 특별상궁이라는 것이 있다. 다른 말로 승은상궁이라고 하는데, 말 그대로 임금의 승은을 입은 궁녀. 이들 특별상궁이 아이를 낳으면 대개는 후궁의 작위를 받는다.

하지만 특별상궁은 보직은 아니다. 근본적으로 일반 여관에게는 업무와 직위가 주어지지만 후궁에게는 특별한 업무가 없다. 특별상궁은 아무 업무도 주어지지 않기 때문에 상궁이긴 하지만 후궁으로 취급하는 게 옳다.

상궁은 이렇듯 5~6품으로 이뤄져 있고, 그 아래 나인들은 7~9품으로 이뤄져 있다. 일반적으로 품계는 나인이 된 순서에 따라 주어지고, 품계보다는 서열 위주의 위계가 이뤄진다. 간혹 권력을 등에 업고 서열을 깬 채 선배보다 먼저 상궁이 되는 경우도 있지만, 여관 사회에서는 그런 상궁을 입상궁이라 하여 그다지 대우하지 않는다.

내명부 품계에 따른 직책 명칭은 크게 상(尙), 전(典), 주(奏)로 구분된다. 상은 5~6품 직책에 붙고, 전은 7~8품에 붙으며, 주는 9품에만 붙는다. 그러나 대개 5~6품 직책을 가진 여관들을 통칭하여 상궁이라 하고, 그 아래 7~9품직은 나인이라 한다.

11장 | 궁녀, 왕족들의 생활비서

38

궁녀의 근무방식과 월급

 그렇다면 궁녀들은 어떤 방식으로 근무할까? 궁녀는 대개 격일제 근무이고, 야간 당번을 서야 하는 지밀 같은 경우만 하루를 주야로 나눠서 2교대 근무한다. 흔히 이를 번番살이라고 한다. 번살이는 이미 견습나인 시절부터 시작되지만, 견습 시절엔 야간 근무는 하지 않고 낮에만 나인들의 보조자로서 근무한다. 일종의 예비 훈련인 셈이다.
 지밀의 번살이가 본격화되는 것은 관례를 올린 뒤부터다. 번은 2명이 한 조가 되는데, 2명씩 4명이 낮밤으로 교체되고, 일정기간이 지나면 낮 근무와 밤 근무가 서로 교대된다. 근무 교대 시간은 오후 3시, 또는 4시와 새벽이다. 교대 시간은 계절에 따라 다소

달라진다.

지밀 외의 다른 부서는 격일제格日制(특정 날짜에만 근무하고 나머지 날은 휴일로 주어지는 제도)로 근무한다. 비번일 때는 자신의 처소에서 개인 생활을 영위한다.

이렇게 근무 규정이 명백한 만큼 당연히 이들에게도 급여가 지급된다. 하지만 일반 관리들이 녹봉을 받는 것에 비해 이들은 월봉을 받는다. 녹봉祿俸은 녹과 봉을 결합한 용어로 녹은 나라에서 받는 토지를 말하며 봉은 곡식으로 주어지며 계절마다 곡식이 지급되는데 비해 월봉은 매월 곡식 또는 돈으로 지급된다.

《속대전》에 따르면 궁녀 중 최고위직인 제조상궁의 월급은 쌀 25말 5승, 콩 5말, 북어 110마리였다. 이는 정3품 당상관의 월급 수준이었다. 그리고 부제조상궁은 쌀 19말 5승, 콩 5말, 북어 90마리였다. 그 외의 상궁들은 쌀이 10말에서 16말 사이, 콩은 5두, 북어는 50마리에서 80마리 사이로 지급되었다. 또 고종 3년의 월급 명세서에 따르면 무수리 같은 비자들에게는 쌀 6말, 콩 3말, 대구어 4미가 지급되었다.

이를 지금의 돈으로 환산하려면 다소 복잡하다. 그래서 일제 강점기 때인 1925년의 월봉 기록을 참고로 할 필요가 있다.

1925년 당시 여관과 비자들의 월급 명세표를 보면 지밀이 가장 많은 보수를 받고, 나머지 부서의 월급은 거의 비슷했다. 지밀은 가장 적게 받는 궁녀가 50원이고, 가장 많이 받는 궁녀가 196원이었다. 다른 부서는 최하 40원에서 최고 80원 사이였다. 그리고 비자들은 거의 일률적으로 18원이었고, 비자 중에 가장 우두머리만 20원이었다.

이를 지금의 돈으로 환산하자면 1925년 당시 1원의 가치가 대개 5만 원 정도였음을 고려할 때, 지밀 궁녀의 월급은 최저 250만 원에서 최고 980만 원 사이였고, 다른 부서는 200만 원에서 400

근무 방식

부서	근무 방식
지밀	번살이(2교대 근무), 2명씩 4명이 낮밤으로 교대, 교대 시간은 오후 3시 또는 4시와 새벽 (계절에 따라 변동)
기타 부서	객일제(특정 날짜에만 근무), 비번일에는 개인 생활.

급여

직책	월급	비고
제조상궁	쌀 25말 5승, 콩 5말, 북어 110마리	정3품 당상관 수준
부제조상궁	쌀 19말 5승, 콩 5말, 북어 90마리	-
기타 상궁	쌀 10~16말, 콩 5두, 북어 50~80마리	-
무수리 등 비자	쌀 6말, 콩 3말, 대구어 4미	고종 3년 기준

1925년 기준 월급 환산

직책	1925년 월급	현재 가치 환산 (1원 = 약 5만 원)
지밀 궁녀	50~196원	약 250~980만 원
기타 부서 궁녀	40~80원	약 200~400만 원
비자	18원, 비자의 우두머리 20원	약 90만 원, 비자의 우두머리 약 100만 원

만 원 사이였음을 알 수 있다. 물론 이것은 여관들의 월급이다. 그리고 그 아래의 비자들은 대개 90만 원 정도 받았고, 비자의 우두머리만 100만 원 정도 받았음을 알 수 있다.

그리고 고정적인 월봉 이외에 명절이나 혼인, 생신 등을 치를 때마다 궁녀들에겐 따로 쌀이나 비단, 옷감 등이 내려졌고, 특히 상궁들에겐 월급 이외에 하녀 격인 방자를 쓸 수 있는 비용을 별도로 지급했다. 거기다 궁녀들에겐 거처까지 제공했음을 감안할 때, 당시 궁녀들의 월급은 결코 낮은 편이 아니었음을 알 수 있다.

11장 | 궁녀, 왕족들의 생활비서
39

궁녀들은 월급으로 무엇을 했을까?

혼자 사는 궁녀가 월급을 받아서 무엇에 썼을까 하는 의문이 생길 수 있다. 궁궐에서 평생 지내는 궁녀에게 무슨 돈이 필요했을까 하는 생각이 드는 것이다. 그러나 실제로는 궁녀들도 돈 쓸 곳이 많았던 모양이다.

대개의 궁녀들은 아기나인과 견습나인 시절에 받은 월봉을 모두 부모가 대신 받았다. 아기나인도 월봉을 받는다는 사실이 의아할 수 있지만, 나이가 아무리 어려도 궁녀로 발탁되면 국가에서 월봉을 지급했다. 심지어 네 살짜리 아기나인에게도 월봉이 지급된 기록이 있다. 물론 이 월봉은 부모에게 곡식으로 지급된다.

견습나인 시절을 마치고 정식나인이 된 궁녀들은 대개 자신이 월봉을 관리한다. 그렇다면 이들 궁녀들은 지급받은 월봉으로 무엇을 했을까? 정조 2년(1778년) 윤6월 13일의 실록 기록은 이에 대한 궁금증을 일부 해소해준다.

궁녀들의 유연遊讌을 금지하며 하교하였다.
"정치는 궁중宮中에서부터 시작되는 법이다. 며칠 전에 사헌부 관리가 술에 취하여 노래하는 짓을 금단하기를 청했을 적에 이를 들어 분부를 내리려고 하다가 하지 못했었다. 소민小民들이 모여 술 마시거나 잔치하는 짓을 태평해진 기상이라고 평계할 수도 있지마는, 이런 일에 있어서는 내가 동궁에 있을 때부터 항시 놀라고 통탄해 온 바이다. 대저 명색이 궁녀로서 기녀를 끼고서 풍악을 벌이는 짓을 하여, 액례掖隸(궁궐 액정서에 딸린 별감이나 하인)와 궁궐 노비를 많이 거느리고 꽃놀이와 뱃놀이를 위해 길을 가득 채우는 일에 두려움도 거리낌도 없다. 심하게는 재상들의 강가의 정자와 교외의 별장에 마구잡이로 들어가는 짓을 하게 되며, 이 밖에도 비루하고 외설한 일은 말하게 되면 말이 추잡하게 될 지경이다. 진실로 조금이라도 국법을 염두에 두었다면 어찌 이에 이르게 되었겠느냐? 몰래 작당한 후에 바깥놀이와 잔치가 날로 더욱 잡다하게 이뤄진다고 하니, 궁녀들의 구습을 또한 어찌 없게 되기를 기필할 수 있겠느냐? 일찍이 8, 9년 전에 궁녀들이 음악을 곁들인 연회를 행하는 일 때문에 옥당에서 차자를 올려 논했었거늘, 하물며 지금 구습을 개혁하려고 하는 때이겠느냐? 법사에서는 각 전殿과 각 궁방의 궁녀를 관장하고 있는 중관 및 궁임을 준엄하게 다스려, 이처럼 금령을 내린 다음에도 만일에 다시 그전의 구습을 되풀이한다면, 직계가 높은 상궁이나 시녀를 막론하고 발각되는 대로 마땅히 먼 지경으로 정배하고, 또한 여러 법사로 하여금 몰래 감찰을 가하여 발각되어 잡힌 자는 즉각 잡아 가두고서 배소를 정하여 압송하고, 나중에 문초한 기록을 작성하는 절차를 만들어 끊이지 않는 구습이 고쳐지고 내정이 맑아지게 하라."

이 기록으로 볼 때, 궁녀들은 월봉으로 받은 돈의 상당액을 주로 바깥나들이에 쓴 것으로 보인다. 기생을 동원하고 궁궐의 별감이나 하인들도 동행했다는 것은 그만큼 많은 비용이 들었다는 것을 의미한다. 기생을 동원하면 음악이 뒤따르기 마련이며, 음악이 있는 곳에는 악사들이 있을 수밖에 없다. 그들을 노는 자리에 동원하려면 상당히 많은 돈이 필요했을 것이다. 또한 궁녀들은 돌아가면서 이러한 바깥놀이를 즐기는 것을 오랜 전통으로 여기고 있었으므로, 이들이 받은 월봉의 상당 부분은 이를 위해 지출되었을 것으로 보인다.

그러나 궁녀들이 월봉을 소비하는 데만 그치지 않았다는 점도 주목할 필요가 있다. 궁녀들 중 상당수는 월봉을 차곡차곡 모아 재테크에 사용하였다. 특히 상궁 쯤 되면 궁궐 바깥에 자기 소유의 집을 가지는 것이 일반적이었으며, 토지를 사들여 상당한 부를 축적하기도 했다. 이렇게 축적된 궁녀들의 재산은 대개 양자로

들인 조카들에게 상속되었다. 궁녀들은 월봉과 여타의 금전적 지원으로 부를 축적하였으나, 유산을 물려줄 직계 자손이 없으므로 결국 혈족들이 재산을 차지하게 되었다. 많은 궁녀가 월봉을 주로 사치스러운 활동에 사용한 이유는 이러한 상속 문제와 관련이 있을 것이다.

12장

환관
왕족들의 최측근 수행비서

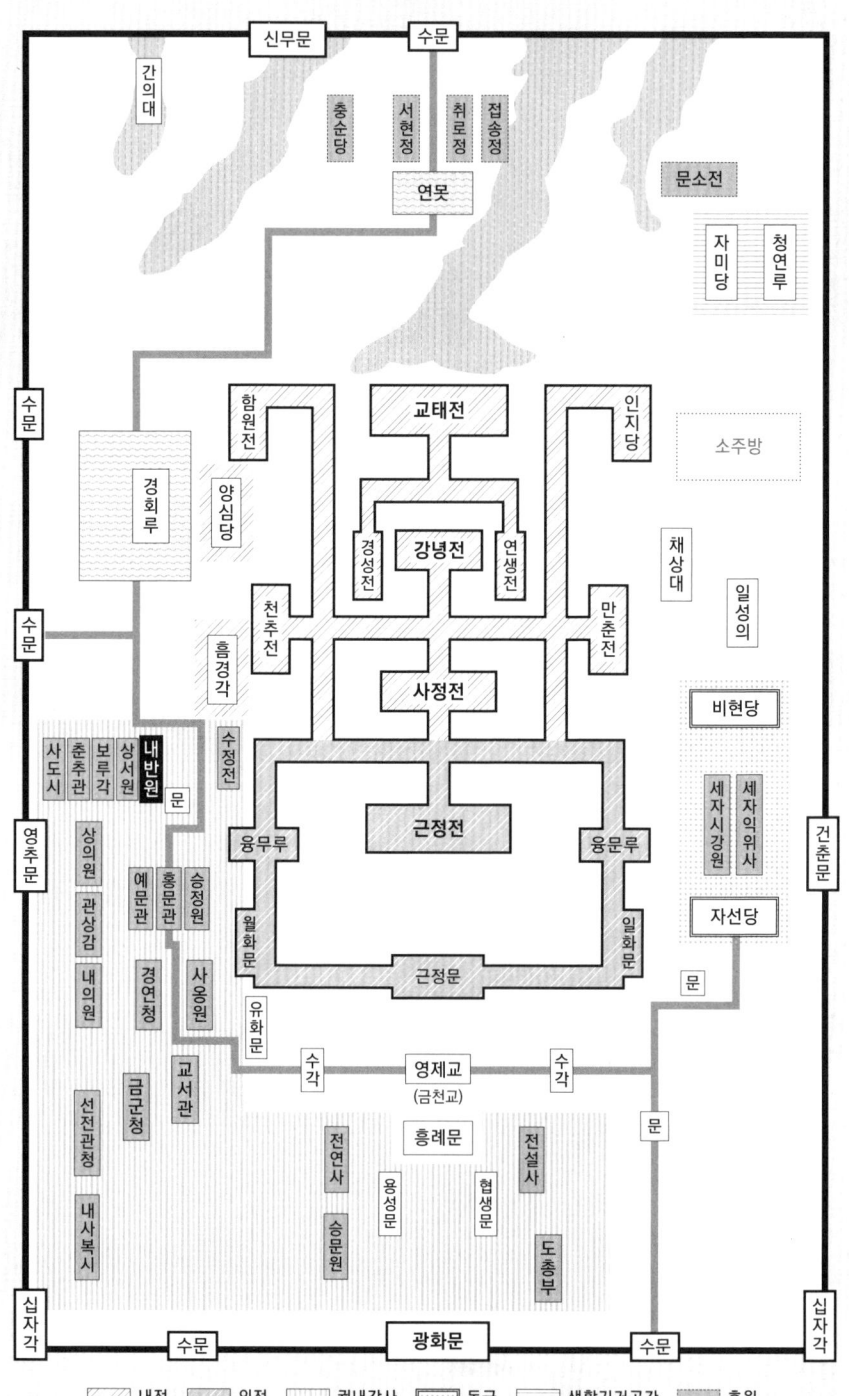

12장 | 환관, 왕족들의 최측근 수행비서

41

왕조 시대의 특이 직업, 환관은 언제부터 있었을까?

왕조 시대 궁궐 이야기에서 궁녀와 함께 꼭 거론되는 존재가 바로 환관宦官이다. 환관이란 생식기를 제거하고 궁궐에서 근무하는 내관인데, 왕조 시대가 낳은 특이 직업이라 할 수 있다.

대개 우리는 환관을 중국 문화권에서만 발견되는 특이한 존재로 생각하기 쉽다. 하지만 환관은 아프리카와 유럽, 아시아 대륙의 수많은 나라에서도 발견할 수 있다. 특히 광대한 영토를 가졌던 대제국에서는 거의 예외 없이 환관 제도를 두었다. 아프리카의 이집트, 유럽의 대제국 로마를 비롯하여 그리스, 프랑스, 이탈리아, 그리고 아시아의 터키와 인도, 중국, 한국 등 모두 환관을 두었던 나라들이다. 환관은 지중해 연안에서 아시아 대륙에 이르는 거의 모든 지역에 존재했다. 특히 왕이 절대 권력을 휘둘렀던 곳일수록 환관 제도가 발달하였다.

이들 국가에서 환관을 둔 근본적인 이유는 바로 왕의 여자들 때문이었다. 왕조 국가의 왕들은 수많은 시녀와 부인을 거느렸고, 이들을 가장 효과적으로 보호하는 수단으로 환관을 선택한 것이다.

대개 왕은 거대한 궁궐을 짓고, 그 속에서 숱한 여자들과 함께 생활했다. 이 때문에 왕들은 자신의 여자가 다른 남성에게 넘어갈 수도 있다는 우려를 안고 있었다. 전통적으로 왕위는 자식에게 물려주는 것이 왕조 사회의 법칙이었는데, 만약 자신의 여자가 다른 남자의 씨앗을 받았다면 자칫 자기 아들이 아닌 자에게 왕위를 물려주는 결과를 낳을 수도 있었다. 이 불안감을 해소하기 위해 왕은 자신의 여자들을 어떤 남자와도 만날 수 없도록 해야 했다. 그래서 궁궐을 바깥 세계와 완전히 차단시켰다. 그러나 궁궐 안의 여자들을 누가 지키며, 누가 그들의 시중을 든단 말인가? 후궁들을 수발하고 섬기는 일은 궁녀들이 맡으면 되지만, 그들을 보호하는 역할은 누가 맡아야 할지 고민되었다. 군인들에게 그녀들을 지키게 할 수도 없고, 여군을 길러 여자들을 보호하게 할 수도 없는 일이었다. 이러한 고민 끝에 탄생한 것이 바로 환관이었다. 남자지만 남성 역할을 하지 못하는 인간의 탄생은 바로 이러한 이유로 생겨난 것이다.

하지만 누가 거세하고 궁궐에 들어와 환관이 되겠는가? 특히 학식과 권력을 갖춘 신하들이 환관이 될 가능성은 거의 없었다. 그렇다면 왕들은 어떤 사람들을 환관으로 만들었으며, 환관이란 존재는 언제부터 있었는가? 이에 대한 해답은 환관 제도가 가장 먼저 발달하고 성행했던 중국의 역사에서 발견할 수 있다.

중국 역사에서 환관의 기록이 최초로 보이는 것은 은나라의 갑골문에서다. 물론 이 이전에도 환관이 있었을 가능성이 높지만, 문자로 기록된 것은 이때가 최초다. 갑골문에 따르면 은나라의 초기 환관들은 전쟁 포로들이었다. 당시 은나라는 서쪽으로 국경을 맞대고 있던 강羌족들과 많은 전쟁을 벌였는데, 이 전쟁을 통해 얻은 포로들을 거세하여 환관으로 삼았다. 은나라 때의 강족이란 지금 중국 서쪽에 살고 있는 장藏족을 가리킨다.

강족 포로들을 거세하여 환관으로 삼았다는 내용은 은나라 무정왕 때의 기록에 나타난다. 무정왕이 서기전 1300년경 인물이라는 점을 감안할 때, 환관은 적어도 서기전 14세기 이전부터 존재했음을 알 수 있다. 또한 은나라 이전의 하나라 역시 은나라와 비슷한 형태의 왕조 국가였다는 사실에 바탕할 때, 하나라에도 환관이 존재했을 것이라고 추측할 수 있다. 사마천의 《사기》에는 고자를 만드는 형벌인 궁형이 하나라 이전인 요순 시절에 법으로 정착되었다고 기록되어 있다. 이는 환관이 오제 시대에도 존재했음을 의미한다. 따라서 환관이 중국사에 처음 나타난 시기는 적어도 서기전 1800년 이전이라 할 수 있다.

이렇듯 중국에서 성행한 환관 제도가 우리나라에 들어온 것은 삼국 시대였다. 우리 역사서에 환관에 대한 기록이 최초로 나타난 시기는 신라 흥덕왕 때인 9세기이다. 그러나 당시 환관은 내관의 아주 일부였고, 국가적으로 환관 제도가 정착되어 있지 않았다. 삼국 시대 우리나라에서는 생식기를 거세하는 궁형을 시행하지 않았기 때문에 많은 수의 환관을 얻을 수 없었다. 그래서 사고로 생식기를 잃은 남자를 궁궐의 내관으로 들였을 뿐이다. 당시 환관의 수는 극히 적었다. 고려 시대에도 환관은 있었지만, 내시부 전체가 환관들만으로 구성되지 않았다. 고려 시대에도 궁형을 실시하지 않았고, 국가에서 공식적으로 환관을 배출하지 않았기 때문이다. 조선 시대에도 궁형은 없었지만, 오직 내시부는 완전히 환관만으로 구성되었다. 조선 시대의 환관은 환관 집안의 양자로 들어와 거세된 남자들이었다. 그들은 이미 어린 시절에 환관 집안에 양자로 입적되어 생식기를 거세하고 환관 수업을 받은 뒤에 내시부에 들어갔다. 즉, 환관 집안의 양자 제도를 통해 환관 제도를 유지했던 셈인데, 이는 세계적으로도 매우 특이하고 안정된 방식이었다. 중국에서 환관이 되기 위해 수많은 사람이 거세하고, 그들 중에 아주 일부만 시험에 합격하여 환관이 된 것에 비하면, 조선의 환관 제도는 매우 선진적인 제도였다.

12장 | 환관, 왕족들의 최측근 수행비서
42

환관의 조직화에 남다른 열정을 보인 이성계

이성계가 조선을 건국했을 때, 유교적 이상 국가를 실현하려던 정도전 등의 성리학자들은 환관 제도의 병폐가 막심하다며 아예 환관을 없애거나 아주 적은 수만 두자고 주장했다. 하지만 이성계는 이를 받아들이지 않았다.

사실, 이성계가 조선을 건국할 당시에도 환관 없는 궁궐이 제대로 돌아가지 않았다. 환관을 모두 궁궐에서 내쫓으면 일할 자가 없었던 것이다. 그렇다고 환관이 아닌 자들을 궁궐 안으로 끌어들이기도 쉽지 않았다. 궁궐 안에서 생활하는 사람은 여자와 어린아이가 대부분인데, 환관이 아닌 자들을 궁궐 안으로 끌어들이면 그들 여인들의 정절을 보장할 수 없었던 것이다. 또한 조정의 관원들이란 늘 그렇듯이 임금과 긴장 관계를 형성하고 있는 경우가 많았다. 그런 탓에 마음대로 수족처럼 부릴 수 없는 존재들이었다. 그에 비해 환관들은 입안의 혀처럼 구는 맛이 있었다. 거기다 급박한 상황에선 왕을 지켜줄 유일한 존재가 그들 환관들밖에 없었다.

왕이 되기 이전에는 이성계도 환관의 필요성을 절실히 깨닫지 못했다. 그러나 막상 왕이 되고 보니, 환관이 없이는 불편해서 살 수가 없었던 것이다. 더구나 새롭게 섬기게 된 명나라에서는 환관을 보내달라는 요구를 하고 있었다. 또 명나라에선 환관을 사신으로 보내기도 했다. 그들을 접대하려면 조선에도 환관이 있어야 했다.

그러나 환관 조직을 크게 키우자니 그들에 의한 병폐를 염려하지 않을 수 없었다. 환관의 병폐는 중국사의 고질병이었고, 이성계도 그 점을 잘 알고 있었다. 그야말로 환관 조직이란 없으면 불편하고, 만들면 병폐를 염려해야 하는 그런 것이었다.

고민 끝에 이성계는 환관 제도가 왕조 시대의 필요악이라고 판단했고, 그럴 바에야 차라리 환관을 양성화하여 보다 합리적이고 체계적으로 운영해야 한다는 생각을 했다.

이성계에게 이런 생각을 일깨워준 인물은 환관 김사행이었다. 김사행은 공민왕 대에 환관이 된 인물로 원나라 황실에서 일한 적도 있었다. 그는 우왕과 공양왕 시절에 내시부사로 있었고, 조선 건국기에는 이성계를 도와 조선 왕실을 형성하는 데 많은 역할을 했다. 조선 왕조 건국 초기에는 고려 제도가 크게 붕괴되고, 궁궐

내부의 예절과 관습도 제 모습을 잃었다. 이성계는 어떻게 해서든 왕실의 권위를 되찾고 궁궐의 풍속을 복구하려 했고, 그 일에는 왕실의 제도를 훤히 꿰고 있던 김사행이 적임이었던 것이다.

김사행은 원나라의 환관 제도와 고려의 환관 제도를 고려하여 합리적이고 이상적인 환관 제도를 구상했다. 원래 고려의 환관 제도는 환관을 궁궐의 심부름꾼 정도로 인식했기에 그 권한과 역할이 미미했다. 또한 벼슬도 7품에 한정되어 있었다. 그러나 원나라 복속기에 이르러 환관의 입지가 너무 강화되어 그 병폐가 막심했다. 이 때문에 우왕 대에 내시부가 완전히 폐지되었고, 공양왕 대에 부활되었을 때 벼슬이 6품에 한정되었다. 김사행은 이를 적절히 조화시켜 내시부 전체를 환관 조직으로 대체하고, 궁궐의 모든 업무를 환관에게 맡기는 방안을 강구했다. 그러나 환관이 조정의 일엔 일체 나서지 못하도록 권한과 임무를 제한했다.

하지만 고려 말부터 환관은 문신들로부터 심한 비판을 받아왔다. 환관이란 원래부터 출세를 위해 고자가 된 자들이기에 기회만 있으면 재물을 탐하고 권력을 행사하려는 경향이 있었고, 김사행 역시 예외는 아니었다. 그 때문에 1392년 12월에 사헌부 관원들이 김사행을 탄핵하였고, 또한 궁궐에 있는 환관들도 모두 내쫓아야 한다고 주장했다. 환관 제도 자체를 아예 없애자는 말이었다. 이에 대해 이성계는 단호하게 거부권을 행사했다.

이성계의 보호 아래 김사행은 환관을 조직화하는 데 성공했고, 이것은 조선 환관 조직의 기틀이 되었다.

12장 | 환관, 왕족들의 최측근 수행비서

43

현실성과 합리성을 두루 갖춘 조선의 내시부

김사행이 토대를 다진 조선의 환관 제도는 《경국대전》에서 그 완성된 모습을 찾아볼 수 있다. 환관들로 이뤄진 부서는 내시부인데, 그 임무와 구성을 이렇게 요약하고 있다.

내시부는 왕궁에서 음식물 감독, 명령 전달, 궁문 수직, 청소 등에 관한 직무를 맡는다. 인원은 모두 140명이며, 1년에 네 차례 정기적으로 임무를 조정하고 인사를 단행한다.
내시부 관원은 4품 이하는 문무 관리의 출근 일수 규정에 따라 품계를 올려주고, 3품 이상은 임금의 특별 지시가 있어야 올려준다.

이 외에도 내시부 환관들은 정기적으로 시험을 쳤다. 이 때문에 공부를 열심히 해야 했는데, 공부는 35세가 될 때까지 지속되었다. 또 그 시험 결과에 따라 진급이 결정되곤 했다. 그 시험 내용은 다음과 같다.

시험 성적은 통通, 약略, 조粗, 불不 등 4등급으로 나눠지는데, 읽은 책을 강론하여 우수한 성적을 얻으면 '통通' 등급을 주고 특별 출근일수 둘을 더해주며, 그 아래 '약略'이면 특별 출근일수 하나를 더해준다. 그리고 평범한 성적인 '조粗'면 출근일수 반일을 더해준다. 하지만 성적이 나빠 '불통不通'이면 출근일수 셋을 감한다.

사서四書 가운데서 하나를 골라 3곳을 강론하여 '통'을 맞으면 품계를 올려주고 공부도 면제해준다. 사서 외에도 《소학》이나 《삼강행실》에서 3곳을 강론하여 5개 부분에서 통 등급을 맞으면 역시 품계를 올려주고 공부도 면제해준다. 이렇듯 환관 사회에서도 공부를 잘해야만 출세를 할 수 있었다.

환관에게 주어지는 벼슬은 종9품에서 종2품까지였다. 종2품은 상선이라 하며 2명이다. 정3품은 상온 1명과 상다 1명이고, 종3품은 상약 2명이다. 정4품은 상전 2명이고, 종4품은 상책 3명이다. 정5품은 상호 4명이고, 종5품은 상탕 4명이다. 정6품은 상세 4명이고, 종6품은 상촉 4명이다. 정7품은 상훤 4명이고, 종7품은 상설 6명이다. 정8품은 상제 6명이며, 종8품은 상문 5명이다. 정9품은 상경 6명이며, 종9품은 상원 5명이다.

이렇게 해서 벼슬이 주어지는 환관의 수는 총 59명이다. 하지만 때에 따라 환관에게도 정2품 벼슬이 내려지기도 했고, 각 품의 관원 숫자도 적거나 많았기 때문에 약 60명 정도의 환관이 관직을 가졌다고 보면 된다.

환관의 품계와 직책

품계	직책	인원수	임무
종2품	상선	2	수라 책임, 내시부사
정3품	상온, 상다	1, 1	궁궐의 술과 차 담당
종3품	상약	2	약 담당, 내의원 연계
정4품	상전	2	임금의 명령 전달, 대전 승전색
종4품	상책	3	대전 섭리(궁중 서책 관리), 응방 관리
정5품	상호	4	응방 및 궁방(활과 화살 관리), 왕비전 주방, 문소전 섭리, 세자궁 장번내시
종5품	상탕	4	대전 창고 관리, 등촉방·감농·세자궁 섭리
정6품	상세	4	대전 그릇 관리, 화약방·왕비전 등촉방 끼니 담당, 세자궁 주방, 빈궁 섭리
종6품	상촉	4	대전·왕비전 문차비, 세자궁 등촉방, 왕비전 주연 등 잡일
정7품	상원	4	세자궁 문차비, 각 궁 섭리
종7품	상설	6	궁궐 내 건축물 보수, 증축
정8품	상제	6	궁궐 청소
종8품	상문	5	문차비 명령에 따라 문을 지키는 일
정9품	상경	6	야간 시각 알리는 일
종9품	상원	5	궁궐 정원 관리

이 60명을 제외한 나머지 환관들은 벼슬이 없는 예비 관원들이다. 예비 관원의 수는 약 80명이고, 이들은 관직이 빌 때까지 대기해야 한다. 대기하는 동안 이들은 관원들의 업무를 보조하고, 공부를 해야 한다.

그렇다면 이들 내시부 관원들에게 주어지는 소임은 어떠한가? 우선 내시부의 우두머리인 상선의 소임을 보자. 상선尚膳은 임금의 수라를 책임지는데, 상선이 둘인 까닭은 업무를 분담하고 서로 돌아가면서 번을 서기 위함이다. 상선 중 한 명은 본연의 임무에 충실하여 수라간을 지휘하여 임금 및 중전, 대비 등의 수라를 챙기는 일을 한다. 두 명의 상선 중에서 나머지 한 명은 내시부사의 임무를 수행한다. 내시부사는 내시부 전체를 관할하고 통솔하는 내시부의 수장이다.

정3품인 상온尙醞과 상다尙茶는 궁궐에서 소용되는 술과 차를 맡은 관원이고, 종3품인 상약尙藥은 말 그대로 약을 담당하고 있으며, 내의원의 일과 연계되어 있다.

정4품인 상전尙傳은 임금의 명령을 승정원에 전달하는 역할을 하는 직책인데, 흔히 대전 승전색이라고 한다. 대개 대전 환관이라고 불리는 자들이 바로 이들이다.

종4품인 상책尙冊은 3명인데, 매를 기르는 응방을 관리하는 직이 하나 있고, 나머지 두 명은 대전 섭리라고 해서 임금이 필요한 문서나 책 등을 찾아오는 역할을 한다. 또 주방이나 주연장 등의 관리도 이들이 맡는다. 이 때문에 소주방의 상궁들은 모두 대전 섭리의 지시를 따라야 한다. 왕비전의 명령을 전달하는 중궁의 승전색 역할도 역시 이들이 한다.

정5품인 상호尙弧는 4명인데, 그 소임은 각각 다르다. 1명은 대전의 응방이나 궁방에 배치되고, 나머지는 왕비전 주방 담당, 문소전 섭리, 세자궁의 장번내시 등의 임무가 주어진다. 문소전은 태조와 신의왕후의 신전이고, 장번내시는 일종의 붙박이 내시라고 보면 된다.

종5품 상탕尙帑은 4명인데, 대전의 창고를 관리하는 상고 1명, 등촉방 다인 1명, 감농監農 1명, 세자궁 섭리 1명 등으로 구분된다.

정6품 상세尙洗 4명은 대전에 소용되는 그릇을 관리하는 대전 장기, 화약방이나 왕비전 등촉방의 끼니를 담당하는 진지, 세자궁 주방, 빈궁의 섭리 등으로 구분되었다.

종6품인 상촉尙燭 4명은 대전, 왕비전 등의 문을 지키는 문차비, 세자궁의 등촉방, 왕비전의 주연 등 잡일을 주관하는 장무 등으로 구분되었다.

그 외에 정7품 상훤尙烜은 세자궁의 문차비나 각 궁의 섭리, 문차비 등을 맡았으며, 종7품 상설尙設은 궁궐 내의 각종 건축물의 보수나 증축을 담당하고, 정8품 상제尙除, 종8품 상문尙門, 정9품 상경尙更, 종9품 상원尙苑 등은 궁궐 내부의 공원을 관리하고, 문차비 명령을 받아 문을 지키는 등 잡다한 일이나 노비들을 부리는 일을 맡았다.

이들 내시부에 대한 규찰은 승정원이 맡고 있었는데, 이는 내시들의 폐해를 막기 위한 조치였다. 또 원래 내시부의 벼슬은 4품을 넘지 않도록 하는 것이 원칙이었으나 임금의 명령이 있을 땐 3품 이상의 벼슬이 내려졌다.

고려 시대에는 내시부 판사가 정2품직이었는데, 조선에 와서 종2품으로 낮춰진 셈이다. 그러나 고려 시대의 내시부 판사는 환관이 아닌 문관이 임명되었고, 조선에 와서는 환관의 직책이란 점이 다르다. 또 고려에서는 환관에게 7품 이상의 관직을 제수하지 않았고, 고려 말엽에는 아예 벼슬을 내리지 않았지만, 조선에 와서는 내시부를 모두 환관으로 채우고 정식으로 벼슬을 내린 점이 다르다. 따라서 외견상으로는 내시부의 기능이 고려 때보다 축소된 것처럼 보이지만 환관의 벼슬은 크게 오른 것을 알 수 있다.

조선은 환관의 벼슬을 높여준 대신 환관의 역할은 궁궐의 잡일에 한정시켰다. 이는 고려 왕조가 환관에게 낮은 벼슬을 내리고도 정사에 관련된 업무를 맡긴 것과 전혀 대조적이다. 이는 환관들의 삶을 안정시키면서 동시에 환관의 폐해를 막는 이중 효과를 얻는 결과를 낳았다. 덕분에 조선에서는 중국 역사에서 골칫거리로 인식되던 환관의 권력 남용이나 월권의 형태는 거의 찾아볼 수 없게 되었고, 고려 의종 때나 원나라 복속기에 나타났던 환관의 정치도 없었다. 이는 조선의 환관 정책이 중국이나 고려에 비해 매우 현실적이고 합리적인 형태였음을 말해주는 것이다.

내시부의 핵심, 내반원

그렇다면 조선의 내시부는 어디에 있었으며, 어떻게 운영됐을까? 흔히 내시부는 궁궐 내부에 있었을 것으로 생각하지만, 그렇지 않다. 내시부는 지금의 서울 종로구 효자동, 즉 경복궁 옆에 있는 동네에 있었다. 하지만 내시들의 업무가 대부분 궁궐 안에서 이뤄졌기 때문에 궁궐 안에도 사무실이 있었다. 그 사무실을 내반원이라고 하였다. 즉, 내반원은 내시부에서 파견된 내시들이 근무하는 곳이었다.

장번내시의 직책

직책	설명
장기	문서나 기록 담당
장무	일반적인 서류 챙기기
승언색	세자의 비서로서 동궁의 심부름 담당
승전색	왕이나 왕비의 비서로서 명령과 심부름

내반원에 근무하는 내시들은 대부분 장번내시였다. 장번내시란 당번 생활을 오랫동안 지속하는 내시를 말한다. 이들 장번내시는 출퇴근을 하는 것이 아니라 내반원에 머물며 생활하다가 한 번씩 휴가를 받아 집에 다녀오는 내시들이었다.

장번내시를 맡은 사람은 20명 정도였다. 이들은 임금과 왕비,

세자, 왕대비 등의 명령을 전달하거나 심부름을 하는 일을 맡고 있었다. 이 때문에 숫자가 정해져 있는 것이 아니라 궁궐 사정에 따라 인원이 유동적이었다.

장번내시의 벼슬을 살펴보면, 장기, 장무, 승언색, 승전색 등이 있었다. 장기는 문서나 기록을 담당하는 내시고, 장무는 궁궐 안에서 오가는 일반적인 서류를 챙기는 일을 맡았다. 그리고 승언색은 세자의 비서로서 동궁(세자궁)의 심부름을 했고, 승전색은 왕이나 왕비의 비서로서 명령을 받고 심부름하는 역할을 했다.

이들 중에서 가장 강한 권력을 가진 내시는 당연히 대전의 승전색이었다. 승전색은 늘 임금을 모시고 있었기 때문에 웬만한 정승도 함부로 하지 못하는 막강한 권력자였다. 심지어 재상들이 승전색을 초청하여 잔치를 열어주는 경우도 있었으니, 그 권력이 얼마나 대단했는지 알만하다. 그래서 승전색이 욕심이 많고 못된 사람이면 궁궐이 매우 어지러웠다. 연산군의 승전색이었던 김자원은 정승 부럽지 않을 정도의 막강한 권한을 누리며 온갖 행패를 부리며 축재했던 것으로도 유명하다.

그러나 내반원의 장번내시들이 겪는 고충도 만만치 않았다. 특히 임금의 성격이 까다로운 경우엔 더욱 힘들었다.

12장 | 환관, 왕족들의 최측근 수행비서

44

조선 왕들은 환관들을 어떻게 대했을까?

환관에게 호랑이처럼 굴었던
태종

조선 시대 환관들의 직장 생활은 임금의 성격에 따라 좌우되었다. 환관들에게 가장 호랑이처럼 굴었던 왕을 꼽으라면 단연 태종이었다. 태종이 환관들을 매우 엄하게 다룬 배경에는 '조사의의 난'이 있었다. 조사의는 신덕왕후의 혈족인 강현 등과 더불어 태조의 복위를 꾀했고, 급기야 군대를 일으켰는데, 이때 환관 김완과 함승복이 가담했다. 김완은 당시 궁궐과 함흥을 오가며 태상왕 이성계를 문안하곤 했는데, 이 과정에서 김완은 태조가 조사의를 통해 복위를 꾀한다는 것을 알게 되었다. 그러나 태조의 환관이었던 그는 이 사실을 조정에 알리지 않았다. 또 함승복은 은밀히 조사의 세력과 결탁하고 조사의가 군대를 이끌고 궁궐로 들어오면 안에서 내응하기로 했다가 후에 그 사실이 발각되어 처형되었다.

태종은 또 명나라의 환관들이 사신들과 함께 오는 것을 몹시 못마땅하게 생각했다. 환관이 사신으로 오면 왕이 직접 나가 환관 앞에 무릎을 꿇고 황제의 교지를 받들어야 했는데, 이것이 영 마음에 들지 않았던 것이다. 하지만 그들이 황제의 칙사인 만큼 잔치도 베풀고 함께 웃고 떠들어야 했으니, 그 속내가 좋을 리가 없었다. 한 번은 명나라 환관 황엄이 태평관 잔치 자리에서 태종에게 말을 함부로 하자, 태종은 화가 나서 자리를 박차고 일어나버린 일도 있었다. 이튿날 사신이 와서 황엄이 그런 태도를 보인 것은 태종이 성질이 고약하여 사신을 거만하게 대접했기 때문이라는 말을 하였다. 하지만 사신은 태종이 다시 화를 낼까 봐 황제가 그런 말을 하는 사신을 꾸짖었다는 말을 덧붙였다.

어쨌든 이런 일련의 사건들이 태종으로 하여금 환관들에 대한 태도를 매우 완강하게 만들었다. 태종은 원래부터 성질이 괴팍하고 무서워 화가 나면 환관들을 쥐 잡듯 했는데, 태종이 총애하던 환관 노희봉조차 환관 일을 못해먹겠다며 관모를 내팽개쳤을 정도였다.

태종은 환관의 작은 실수도 용납하지 않았다. 자신이 한 말의 토씨 하나라도 잘못 전달하면 가차 없이 매질을 했고, 세자가 공부를 하지 않으면 세자 대신 동궁의 환관들을 끌고 가 매를 쳤다. 전균 같은 환관은 물을 어정御井이 아닌 다른 우물에서 길어온 것을 보고하지 않았다고 하여 의금부에 갇히기도 했다. 태종은 화가 나면 물불을 안 가리고 환관들을 무섭게 몰아붙였기 때문에 대부분의 환관들은 태종이 화가 나면 옆에 가는 것조차 두려워할 정도였다.

태종의 그런 태도는 결과적으로 환관들의 전횡을 막는 데 크게 일조했다. 태조 시절에는 환관들이 함부로 권력을 행사하고 대신들과 한 자리에서 술을 마시는 일도 잦았지만, 태종 시절의 환관들은 몸을 사리기에 여념 없었다.

깐깐한 원칙으로 환관들을 휘어잡은
세종

태종의 까탈스러운 성격 덕분에 세종 대에는 환관들이 말썽을 부리는 일이 거의 사라졌다. 더구나 세종이 왕위에 올랐을 땐 늙은 환관들은 거의 모두 죽고, 엄자치, 전균, 송중 등의 젊은 환관들뿐이었다. 세종 즉위 초에는 태종의 환관 노희봉이 있었으나 이내 죽었다. 그 때문에 궁궐 일을 잘 아는 환관이 없어 세종은 젊은 환관들만 부려야 했다. 세종 중기의 엄자치, 말기의 김득상 정도가 승전색(승정원의 고위환관)으로 있으면서 세종의 신임을 얻었지만, 그들 역시 함부로 권세를 부리는 일은 없었다.

세종의 환관에 대한 대우는 태종보다 한층 더 깐깐했다. 환관에게 과전을 지급할 때는 임금의 특지가 내린 것 이외에는 주지 말라고 했고, 환관의 과전이 같은 급의 조정 관료보다 많지 않게 했다. 그 이전에는 대개 환관이 조정 관료들보다 많은 과전을 받았는데, 세종은 그 점을 못마땅하게 여긴 것이다.

당시 조신들은 대전환관인 승전색을 은밀히 집으로 초청하여 술을 대접하곤 했는데, 세종은 이 일도 매우 못마땅하게 생각했다. 심지어 당시 도승지였던 조서로 같은 인물도 승전색이었던 이촌에게 뇌물성 술을 사곤 했다. 게다가 공공연히 이촌의 과전을 올려줄 것을 상언하기도 했다. 세종은 조신이 승전색에게 주는 술이나 과전을 높여달라는 것을 모두 뇌물로 인식하고 엄하게 질책했다.

환관들은 대궐에서 쓰는 물품을 빼내는 일도 잦았는데, 세종은 이것을 추호도 용납하지 않았다. 물품을 빼내다가 걸린 환관에 대해서는 지위 관계없이 중형으로 다스렸다. 심지어 사형시킨 경우도 있었다. 이전 왕들이 환관들에 대해 온정을 베푼 것과는 매우 대조적이었다. 환관들을 그토록 무섭게 다뤘던 태종도 환관의 잘못에 대해서는 형률을 곧이곧대로 적용하지 않았는데, 세종은 일체 예외가 없었다. 원칙주의자였던 세종은 상벌이 분명하고 잘잘못을 분명히 가리는 성격이었기에 범법 행위에 대해서는 용서가 없었다. 다만 세종은 태종처럼 함부로 환관을 때리거나 환관들에게 화풀이하는 경우는 없었다.

세종은 환관들을 지방에 자주 출장을 보냈다. 그것도 환관 중에 믿을 만하고 깨끗한 인물만 골라 보냈다. 그들이 심부름으로 가야 할 곳은 6진이나 4군을 개척하던 최전방 오지이거나 금이나 수정 같은 진기한 광물을 캐내는 탄광이었다. 이런 오지에 가장 많이 다녀온 인물이 엄자치였다. 엄자치는 세종의 심부름으로 6진을 개척하던 김종서나 4군을 개척하던 최윤덕에게 누차 다녀왔고, 배를 타고 춘천으로 가서 동해에서 조달한 해산물을 싣고 오기도 했다. 세종은 그에게 밀지를 주거나 말로써 어명을 전달하게 하는 소임을 안겼다. 또 김종서나 최윤덕의 보고도 편지나 말을 통해서 세종에게 전달되었다. 세종이 이런 일을 굳이 최측근인 환관에게 시킨 것은 비밀을 유지하기 위함이었다. 북방 정책이 밖으로 새어 나가면 그곳에 사는 야인들이 불안해할 것이고, 그것은 자칫 여진족과 조선군 간의 치열한 영토 싸움으로 비화될 수 있었다. 세종은 그런 사태를 막기 위하여 가장 신임하던 환관을 보냈던 것이다.

세종 시절에도 고려 때처럼 중국의 요구에 따라 환관을 바쳤는데, 세종은 명나라에 근무하는 환관을 적절히 이용할 줄도 알았다. 원래 조선의 사신과 명나라에 가 있는 환관은 사사로이 대화할 수 없게 되어 있었는데, 예외도 있었다. 명나라에 가 있는 환관의 부모가 죽었을 때 친상을 알리고 환관을 본국으로 소환해 왔는데, 이런 상황을 이용하여 환관에게서 요동 지역의 상황을 세세하게 알아내곤 했던 것이다.

세종도 태종처럼 환관이 사신으로 오는 것을 매우 못마땅하게 생각했다. 명나라에서 봉명사신으로 환관을 보내자, 세종은 이렇게 한탄했다.

"예로부터 천하 국가의 어지러움이 환시로 말미암았는데, 봉명사신으로 오는 자가 모두 이런 무리들이니, 중국의 정사도 알 만하다."

비록 명나라가 대국이긴 하지만 환관을 사신으로 보내는 것으로 봐서 조정의 꼴이 형편없을 것이라며 혀를 차는 내용이다.

많은 환관을 공신으로 삼은
선조와 광해군

선조는 방계로는 최초로 왕위에 오른 임금이었기에 궁중 생활을 잘 몰랐고, 그 때문에 환관에게 관대할 수밖에 없었다. 더구나 선조 대에는 정여립 사건으로 조정이 몹시 혼란스러웠고, 설상가상으로 조일전쟁(임진왜란)이 일어나 왕이 의주로 피신하기도 했다. 그런 상황에서 끝까지 임금 곁에 남아 있던 존재는 환관뿐이었기에 선조는 자신을 지켜준 환관에 대해 각별한 마음을 가질 수밖에 없었고, 이는 환관들을 매우 후대하는 결과를 낳게 되었다.

선조 대의 주요 환관으로 이봉정, 방준호, 김양보, 김기문, 김봉, 민희건 등을 들 수 있다. 이들 중에는 전쟁 중에 왕을 호종한 공으로 작위를 받고 공신 목록에도 오른 인물도 있었다.

이렇듯 선조 시대는 임진왜란이라는 특별한 사건으로 인해 많은 환관들이 공신 목록에 올랐고, 덕분에 환관들은 후한 대접을 받았다. 선조는 대신들이 듣는 자리에서 공공연히 왜란 중에 끝까지 왕을 지킨 사람은 환관밖에 없었다며 신하들을 질책하기도 했었다.

광해군 대에도 선조 대에 공신에 오른 환관들이 중심이 되었다. 광해군 역시 왜란 중에 환관들의 도움을 많이 받았던 터라 환관들에게 후한 편이었다. 광해군은 왕위에 오르자 곧 이 내관들의 벼슬을 올려줬는데, 이에 대해 문신들이 대거 반발하며 올린 벼슬을 다시 환수하라고 맞섰다. 하지만 광해군은 끝내 벼슬을 환수하지 않았다.

이렇게 왕이 환관들을 노골적으로 두둔하다 보니, 환관들의 태도가 매우 거만해지는 문제를 낳기도 했다. 심지어 왕의 시급한 명령도 제때 이행하지 않는 환관들이 속출하여 광해군이 단단히 마음먹고 그들을 벌주기도 했다. 그러나 환관들의 나태한 태도는 쉽게 변하지 않았다. 심지어 늙은 환관이 왕의 국정 처리 태도를 빈정거리는 일도 있었다. 그런데도 광해군은 웃어넘겼을 뿐 크게 질책하지 않았다.

광해군 대에는 나이 많은 내관들이 물러나거나 죽었는데, 이

때문에 대전에서 일할 승전색이 모자라는 지경에 이르기도 했다. 광해군은 급기야 초상 중에 있던 한신, 최대청, 최봉천, 김인 같은 환관들을 불러 대전에서 일을 보도록 조치하기도 했다.

환관에게 유독 엄했던
영조

권력을 향한 환관의 횡포는 경종 대에 이르러 한층 거세진다. 병약한 경종이 들어서자 조정은 왕위 다툼에 시달렸고, 그것은 급기야 박상검 사건을 일으켰다. 경종의 대전 환관이었던 박상검은 경종의 묵시 아래 세제 금(영조)을 죽이려 했고, 영조는 그 점을 역이용하여 반격을 가했다.

영조는 박상검, 문유도 등의 대전 환관들이 소론의 과격파인 김일경과 결탁하여 자신을 죽이려 했다며 그들을 벌줄 것을 요청했다. 경종은 처음엔 영조의 주장을 받아들이지 않았지만, 노론의 강력한 반격에 밀려 결국 자신의 측근인 박상검과 문유도 등을 죽이기에 이르렀다.

이 사건 이후 경종의 측근 세력은 급격히 약화되었고, 독살설이 유포된 가운데 경종이 죽고 영조가 왕위에 올랐다. 영조는 즉위 기간 내내 박상검의 사건을 거론하며 환관이 조정의 일에 간여하는 것이 얼마나 위험한 일인지 일깨웠고, 그것은 환관들을 크게 압박하는 요인으로 작용했다.

영조는 환관들이 조금만 잘못해도 가차없이 벌을 내렸다. 영조의 이런 강력한 의지는 이후에도 계속 이어졌다. 덕분에 영조 시대는 환관이 그야말로 소임에만 충실할 수밖에 없었다.

환관들의 횡포를 막기 위해 애쓴
정조

영조 말기에 이르러 환관들이 당쟁에 가담하는 일들이 나타났다. 당시 영조는 노환으로 누워 제대로 정사를 돌보지 못했고, 정사는 화완옹주와 노론 세력이 좌우했다. 그런 상황에서 내관 이흥록, 김수현 등이 노론과 짜고 당시 세손이던 정조를 협박하고 죽이려 했다. 결국, 그들 환관들은 정조가 왕위에 오르면서 모두 참살되었고, 그것은 환관들의 영향력을 한층 약화시켰다.

그런데 정조가 정적을 제거하기 위해 홍국영에게 힘을 실어주는 과정에서 환관 이지사가 권세를 부렸다. 그는 대전 환관으로서 홍국영과 정조를 오가며 서로의 뜻을 전해주는 역할을 했고, 그것은 결과적으로 이지사의 힘을 키워주었다.

그러나 이지사는 홍국영의 몰락과 함께 힘을 잃었다. 정조는 환관이 월권하여 권력을 부리는 것을 차단하기 위해 환관과 조정의 관리가 함부로 만날 수 없게 하는 제도를 정착시켰다. 또 임금의 말을 전할 때도 공식적인 장소에서만 하도록 하고, 임금의 명령이 담긴 글을 전할 때도 일정한 장소에 서찰함 같은 것을 마련하여 간접적으로 전하도록 했다. 이 결과 환관들의 횡포는 크게 줄어들었다.

12장 | 환관, 왕족들의 최측근 수행비서

45

역사에 이름을 남긴 환관들

조선의 환관제도를 정착시킨
김사행

김사행은 고려 공민왕 대부터 조선 태조 대에 걸쳐 환관 벼슬에 있었던 인물로, 원래 이름은 광대였다. 그는 환관이 된 뒤 잠시 원나라에 머물렀으나, 원나라가 홍건적에 밀려 몰락하는 상황에 처하자 고려로 돌아와 공민왕을 섬겼다. 공민왕의 총애를 얻은 그는 내시부사에 올랐고, 능 조성 작업을 잘 감독하여 왕으로부터 말안장과 말을 상으로 받았으며, 그의 아내는 택주에 임명되기도 했다.

그러나 공민왕이 비명에 죽고, 우왕이 왕위에 올랐을 때 한 차례 시련이 닥쳤다. 왕의 내시로서 왕을 꼬드겨 사치를 조장하고 함부로 공역을 일으켜 백성을 곤란에 빠트렸다는 죄목으로 그는 재산을 모두 빼앗기고 익주(전북 익산)의 관노 신세가 되었다. 다행히 몇 년 뒤 우왕의 부름을 받고 궁궐로 돌아왔으나 얼마 되지 않아 위화도 회군으로 우왕이 쫓겨나고, 다시 창왕도 쫓겨나는 바람에 불안한 궁궐 생활을 해야만 했다.

공양왕 대에 이르러 그는 내시부사에 복귀했으나, 이때도 여러 번 탄핵을 당했다. 그는 불교를 신봉하고 있었는데, 당시 새롭게 조정을 장악한 신유학(성리학) 세력이 그를 좋게 보지 않았던 것이다. 이때도 그에 대한 탄핵이 누차에 걸쳐 계속되었지만, 공양왕은 결코 김사행을 내쫓지 않았다. 이미 조정은 이성계 일파가 장악한 상태였고, 대신들은 왕을 한낱 허수아비로 여기고 있었던 터였다. 그런 공양왕에게 김사행과 같은 환관이 없었다면 믿고 심부름시킬 사람조차 없게 될 판이었다.

그러나 환관이란 본시 신하의 의리보다는 목숨을 먼저 생각하는, 물결에 따라 움직이는 부초 같은 존재였다. 이성계가 공양왕을 내쫓고 왕위에 오르자, 김사행은 미련 없이 고려 왕조를 버렸다. 새로운 주인으로 섬기게 된 이성계와의 인연은 공양왕 대에 이미 맺어졌다. 이성계가 역성혁명을 감행하기 3개월 전인 1392년 4월, 그는 공양왕의 심부름으로 이성계 집을 찾았다. 이때 그의 손에는 공양왕이 이성계에게 내린 백은 1정과 비단 1필이 들려 있었다. 권력에 대한 남다른 감각을 가진 그는 아마도 이 만남에서 이성계가 장차 나라의 주인이 될 것이라는 예감을 가졌던 것 같다. 왕조 교체기에 숱한 신하들이 목숨을 잃고, 공양왕을 섬겼던 여러 환관들이 노비로 전락하던 상황에서 그가 내시부사의 자리를 지켰을 뿐만 아니라 이성계의 절대적인 신임까지 얻었던 사실은 이를 확인해 준다.

김사행은 궁궐 생활에 대해 완전히 무지했던 이성계에게 궁궐의 법도에 대해 가르쳤고, 무너져 가던 궁궐 제도를 정비하는 데 큰 역할을 했다.

김사행이 한 일 중 매우 중요한 일이 있다. 원래 고려 왕조에서는 내시부의 관료가 모두 환관으로 구성되어 있지 않았다. 오히려 내시부에는 환관보다 일반 관료가 많았다. 그러다가 원나라 속국 시대에 환관의 힘이 성장하면서 환관 지원자가 늘어났고, 내시부 관료의 대부분을 환관이 차지하게 되었다. 이렇게 볼 때, 내시를 환관과 동일하게 인식한 시기는 고려 말엽이다. 그러나 공식적으로 환관이 내시부를 전담하게 된 것은 조선 때부터다. 김사행은 바로 이 제도를 마련했던 것이다.

조선이 건국된 뒤 신하들은 환관들을 모두 궁에서 내쫓자고 주장했다. 1392년 12월 1일에 사헌부에서 올린 상소는 환관의 병폐를 나열하며 김사행을 비롯한 모든 환관을 내쫓아 환관 제도 자체를 없애자고 주장했다. 그러나 이성계는 이런 제안을 단호하게 거부했다.

이성계가 이렇게 단호한 의지를 보일 수 있었던 것은 궁중 생활에서 환관이 차지하는 비중이 적지 않았기 때문이다. 사실, 환관이 없이는 궁중 생활이 불편하기 짝이 없었다. 왕으로서는 자신의 수족처럼 부릴 사람이 꼭 필요했는데, 환관이 아니고서는 궁궐 내에서 그런 존재를 찾을 수 없었다. 환관은 그야말로 죽으라면 죽는 시늉까지 하는 입안의 혀 같은 존재였다. 그에 비해 신하들은 늘 어딘가 껄끄럽고 매사에 간섭이 심한 귀찮은 구석이 존재했다.

더욱이 환관이 아니고서는 궁궐의 자질구레한 일을 믿고 맡길 사람이 없었다. 고려 왕조가 무너지면서 고려의 정궁인 수창궁은 여러 곳이 무너지고 낡은 상태였다. 이 때문에 이성계는 수창궁을 전면적으로 수리하고 개축하고자 했는데, 이 일을 도맡아 시행할 사람은 환관들밖에 없었다. 고려 대부터 궁궐 공사는 모두 환관들이 맡아 감독하고 관리해왔기 때문이다. 특히 김사행은 공민왕 대부터 여러 차례에 걸쳐 궁궐 건축 업무를 맡았기에 이 일에 적임자였다.

김사행은 비단 수창궁 개축 작업에만 투입된 것이 아니었다. 한양에 새로운 도읍을 건설하는 일에도 참여했다. 경복궁과 종묘를 지을 때, 그는 직접 먹줄을 들고 땅을 측량하기까지 했다.

이성계는 김사행의 공을 높이 평가하여 그를 판경흥부사 동판도평의사사사 겸 판사복사농선공감사 가락백에 제수했다. 또 1397년에 문묘를 조성할 때, 김사행을 문묘조성제조로 삼기도 했으며, 급기야 그 해 12월에는 김사행에게 수충보리공신의 칭호를 내렸다.

그러나 김사행의 영화는 그렇게 오래가지 못했다. 1398년 8월 25일 밤, 이방원이 군대를 동원하여 정도전, 남은, 심효생 등 태조의 근위 세력을 죽이고 조정을 장악해버렸다. 이때 김사행은 이방원의 수하들에게 붙잡혀 포박되었다. 방석의 장인 심효생과 내통하고, 세자 방석을 비호하는 세력으로 지목되었기 때문이다. 이방원은 그가 부왕 태조가 총애하는 내시라는 사실을 감안하여 그를 일단 풀어주었지만, 며칠 뒤인 9월 3일, 이방원은 김사행을 다시 잡아들여 참수하고, 삼군부 문에 그의 목을 매달아버렸다.

김사행과 더불어 태조의 총애를 믿고 권력을 부리던 환관 조순曺恂도 참형에 처해졌다. 이들은 비록 권좌에 올라 재물을 탐하고 임금의 마음을 어지럽혔다는 죄목으로 죽음을 당했지만, 실상 태종이 이들을 처형한 것은 태조의 측근 세력 중 수족을 제거하기 위한 차원이었다. 이들이 비록 일개 환관에 불과했지만, 권세는 판서보다 높았고, 재산은 도성의 갑부에 뒤지지 않았으며, 주변 세력 또한 웬만한 재상에 뒤지지 않았기 때문이다.

단종의 마지막 보루
엄자치

엄자치는 세종 대에 왕의 근시가 되었으며, 단종에 의해 종2품 벼슬을 받고 영성군에 봉해진 인물이다. 영성이 전라도 장성군의 속현이었음을 감안할 때, 엄자치의 고향이 장성임을 알 수 있다.

조선 초에는 환관을 공식적으로 모집하지 않았기 때문에 궁궐에 근무하는 환관의 숫자가 얼마 되지 않았다. 건국 초에 환관으로 있던 자들은 대부분 고려 말엽에 환관이 된 자들이었고, 세종이 즉위할 무렵에는 늙은 환관들이 거의 죽거나 병들어 있었으며, 엄자치, 전균, 송중 등 젊은 환관들만 남아 있었다. 이들은 조선 초에 어린 나이로 궁에 들어와 비공식적으로 환관이 된 자들인데, 세종은 이들 젊은 환관들을 심부름꾼으로 삼아야 했다.

엄자치는 당시 환관들 중에서 고참 축에 드는 인물이었기에 세종은 그에게 여러 임무를 맡기곤 했다. 그는 특히 지방관에게 왕명을 전달하는 임무를 자주 맡았다.

세종 16년 12월에는 평안도 도안무찰리사로 있던 최윤덕을 찾아갔는데, 세종이 최윤덕을 위로하는 글과 하사한 옷을 전달하고, 최윤덕에게 잔치를 베풀어주기 위함이었다. 그리고 19년 3월에는 함길도 도절제사가 허위보고를 하자, 세종은 엄자치를 파견하여 허위보고에 대해 질책하고, 그 내막을 조사하도록 했다.

엄자치는 6진을 개척하고 있던 김종서에게도 여러 차례 다녀왔다. 이때 세종은 엄자치를 통해 6진 개척 상황을 세세하게 보고받았으며, 세부적인 일까지 일일이 편지로 쓰거나 구두로 전달하였다.

세종이 죽고 문종이 즉위한 뒤에도 엄자치는 왕의 근시로 지냈다. 문종이 죽고 단종이 즉위했을 때, 엄자치는 대전 내관으로서 단종을 보호하는 입장이 되었다. 세종과 문종을 모신 그로서는 12세의 어린 단종을 보호하는 것이 선왕들의 은혜에 보답하는 유일한 길이었다. 그런 까닭에 왕위를 노리고 있던 수양대군에게 엄자치는 거북스러운 존재일 수밖에 없었다. 비록 한낱 환관에 불과하지만, 엄자치는 2품 벼슬에 군君 칭호까지 얻었고, 공신으로 대접받고 있었다. 게다가 궁궐에서 일어나는 모든 일을 손금 보듯 알고 있었고, 궐내의 수십 명에 달하는 환관들을 지휘하고 있었기에 단종의 두터운 신뢰를 받고 있었다. 따라서 수양대군에게 엄자치는 반드시 제거해야 할 정적이었다.

엄자치는 단종을 지켜달라는 문종의 유시를 받고 조정을 이끌고 있던 김종서, 황보인 등의 고명대신들과도 친밀한 관계에 있었다. 엄자치는 왕의 근시로서 그들의 힘을 빌려서라도 단종이 성인으로 성장할 때까지 왕을 지켜야 했고, 고명대신들 또한 목적이 같았기 때문이다. 따라서 엄자치와 수양대군은 서로 보이지 않는 싸움을 할 수밖에 없었다.

그러던 중 수양대군이 계유정난을 감행하여 김종서, 황보인, 조극관, 민신 등 근왕 세력들을 모두 제거했다. 그리고 영의정에 오른 뒤, 조정을 장악했다. 하지만 단종의 옆에는 여전히 눈엣가시 같은 엄자치가 버티고 있었다. 단종을 내쫓고 왕위를 차지하기 위해서는 환관의 우두머리인 엄자치를 반드시 내쳐야만 한다는 것이 수양대군의 판단이었다.

엄자치에 대한 수양대군의 공격은 거사일로부터 불과 한 달쯤 지난 그 해 11월 18일에 시작되었다. 이날 엄자치를 공격한 인물은 뜻밖에도 좌사간으로 있던 성삼문이었다. 집현전 학사 출신의 대표격이라 할 수 있는 그도 당시에는 수양대군의 계유정난을 지지하고 있던 인물이었다. 비록 노골적으로 수양대군의 거사를 정당화하진 않았지만, 이때 성삼문을 비롯한 집현전 학사 출신 신하들도 김종서와 황보인 등이 조정을 장악한 것을 탐탁지 않게 생각했던 까닭이다.

성삼문은 장문의 상소를 올려 환관의 폐해를 열거하고 엄자치에 군의 칭호를 내린 것은 부당하다고 역설하며 봉군한 명령을 거둘 것을 청했다.

하지만 단종은 조정에 의논을 붙이라고 명령했을 뿐 엄자치의 봉군 명령을 거둘 생각이 없었다. 그러자 대사헌 권준이 다시 엄자치의 봉군 명령을 거둬야 한다고 역설했다. 단종은 이번에도 역시 받아들이지 않았다. 당시 단종으로서는 믿을 수 있는 사람이 엄자치와 같은 근시밖에 없었다. 조정은 이미 수양대군이 장악했고, 신하들도 대부분 수양대군 사람들이었다. 그런 상황에서 엄자치가 타격을 입게 되면 단종은 기댈 곳이 없어지는 상황이었다.

단종이 그렇게 버티자, 조정 대신들도 어쩔 수 없었다. 그런 가운데 수양대군의 영향력은 점차 커졌고, 급기야 왕권을 거의 장악하는 지경에 이르렀다. 이제 단종이 의지할 사람이라곤 가장 측근에서 보필하던 엄자치와 세종의 후궁이자 단종의 유일한 보호자인 혜빈 양씨, 그리고 단종의 왕위를 지키려던 종친 세력인 화의군

이영, 금성대군 이유 등이 전부였다.

1455년 2월 27일, 수양대군은 이들 세력을 일거에 제거해버렸다. 세종의 서장자인 화의군 이영과 세종의 6남인 금성대군 등이 몰래 연회를 갖고 모종의 모략을 꾸몄다는 것이다. 물론 그 모략의 내용이 무엇인지는 밝혀지지 않았다. 수양대군이 그들을 제거하려 한 것은 오직 하나, 자기의 왕위 계승을 반대하고 있었기 때문이다. 어쨌든 수양은 그들이 몰래 연회를 가졌다는 이유 하나만으로 그들을 유배보내버렸다. 이때 화의군 이영에게는 평원대군의 첩 초요갱과 간통했다는 죄목을 추가시켰다. 하지만 그에 대한 증거는 대지 못했다.

이들과 함께 엄자치도 포박되어 의금부에 갇혔다. 죄목은 국정에 간여하여 조정을 능멸했다는 것이었다.

수양대군은 일단 화의군은 유배하고, 엄자치는 고향으로 돌려보내게 했다. 엄자치와 함께 수십 명의 환관들도 모두 귀향 조치당했다.

그러나 며칠 뒤, 대사헌 최항은 엄자치와 금성대군을 죄인으로 다스려야 한다고 강력하게 주장하는 상소를 올렸다. 그 상소를 받아 영의정으로 있던 수양대군은 금성대군은 유배시키고 엄자치는 죄를 물을 것을 단종에게 청했다. 하지만 단종은 받아들이지 않았다. 그러자 수양대군은 단종에게 겁을 주며 "잘 알아서 하라"고 했다. 이에 겁먹은 단종은 결국 수양대군의 요청을 받아들였다.

수양대군은 금성대군을 삭녕에 유배시키고, 엄자치를 하삼도의 관노로 영속시켰다. 또한 엄자치 휘하의 환관들도 대부분 관노로 전락했다. 하지만 3월 26일에 수양대군 편에 선 종친과 대간들이 엄자치를 극형으로 다스려야 한다는 상소를 올렸다. 이에 조정에서 의논하기를 엄자치가 공신이기 때문에 극형에 처할 수 없다는 것이 공론이었다. 결국, 엄자치는 죽음을 면하고 바로 다음 날 제주도로 유배되기에 이르렀다. 이미 심한 고문을 당한 터라 초주검이 된 상태로 제주도로 압송되었고, 엄자치는 고통을 참지 못하고 얼마 가지도 못한 채 길에서 숨을 거뒀다.

그렇게 엄자치가 죽은 것도 모르고 이틀 뒤인 3월 29일에 대사헌 최항은 엄자치를 죽여야 한다는 장문의 상소를 올렸다.

엄자치가 죽은 지 4개월 뒤인 그해 윤6월에 세조는 단종을 상왕으로 밀어내고 왕위를 차지했다. 왕위에 오른 세조는 그간 단종을 지켜주던 혜빈 양씨를 유배보낸 뒤 교수형에 처하고, 단종의 근시이자 마지막 보루였던 엄자치의 집을 김종서를 때려죽인 홍달손에게 하사했다.

연산군의 학정을 꾸짖다 참혹하게 살해된
김처선

김처선은 단종에서 연산군 대에 이르기까지 50여 년 동안 환관으로 재직했으며, 충청도 연기군 전의현 출신이다. 실록에 김처선이 처음 등장하는 것은 계유정난 직후인 1453년(단종 1년) 10월 13일의 기록이다. 정난을 일으킨 수양대군 세력은 대부분 환관을 고향으로 돌려보내거나 유배시켰는데, 김처선 또한 이때 동료들과 함께 유배 조치되었다. 당시 김처선의 유배지는 경상도 영덕의 영해였다. 하지만 유배는 오래가지 않았다. 거사일인 10월 10일에 유배되어 10월 13일에 풀려났는데, 이는 유배가 결정되어 유배지로 가는 도중에 석방된 꼴이다. 이때 정난 세력이 환관들을 대거 유배 보낸 것은 근왕 세력을 제거하는 차원에서였다. 이 때문에 단종과 왕실은 물론이고 조정 신하들까지도 매우 불만스러워했는데 이에 수양대군은 즉시 그들을 궁으로 복귀시킨 것이다.

이후 정난 세력은 조정을 장악하였고, 수양대군은 왕위를 노리게 되었다. 이미 조정을 장악한 그들은 단종의 마지막 보루로 인식되던 내시들과 일부 종친들을 제거할 기회를 노렸고, 급기야 1455년 2월 27일에 금성대군, 화의군 등의 고신을 빼앗고, 엄자치로 대표되는 환관 집단을 모두 해체하였다. 이에 따라 김처선도 고향으로 돌아가야 했다.

그해 3월 19일, 환관의 우두머리 엄자치는 고신을 빼앗기고 공신적에서도 삭제되었으며, 가산도 모두 몰수되어 관에 예속되었다. 김처선 또한 다른 동료들과 함께 노비로 전락하여 자신의 고향인 연기에서 관노 생활을 해야 했다. 이때 김처선의 나이는 기껏해야 10대 말이거나 20대 초반이었다.

그로부터 3개월 뒤 세조는 단종을 밀어내고 왕위에 올랐다.

세조 정권을 세운 계유정난 세력은 환관 제도 자체를 아예 철폐하자는 주장을 했고, 이 때문에 지방의 관노로 예속된 환관들은 쉽게 도성으로 돌아가지 못했다. 김처선은 2년 6개월 동안 관노로 지내다가, 1457년(세조 3년) 8월 18일에 비로소 왕명을 받고 궁으로 돌아갔다. 즉위 초에 세조는 측근들의 말에 따라 환관 제도를 철폐하려는 마음을 품기도 했으나, 환관 없이는 궁궐 생활 자체가 불가능했으므로 행동으로 옮기지 못했다. 또한 즉위 초기에 많은 환관을 관노로 예속시킨 탓에 궁궐엔 환관이 절대적으로 부족한 처지였다. 김처선의 석방은 부족한 환관을 보충하기 위한 조치였다.

하지만 세조 시대의 김처선은 그다지 평탄한 삶을 살지 못했다. 여러 차례에 걸쳐 벌을 받기도 하고 장형을 당하기도 했다. 하지만 세조가 죽고, 예종을 거쳐 어린 성종이 왕위에 오른 뒤부터 김처선은 환관으로서는 최고의 영예를 누리며 지냈다. 성종의 근시가 되어 두터운 총애를 받았고, 덕분에 벼슬이 정2품 자헌대부에 오르기까지 했다. 원래 환관은 종2품까지만 벼슬을 얻는 것이 원칙이었으나 성종은 그를 깊이 신뢰하여 특별히 판서와 같은 자헌대부에 제수했다. 이 일을 두고 사관은 사론을 통해 '성종은 환관을 억제하기는 하였으나 관작이 지나쳤다'고 비판하고 있다. 또 성종 19년에 정언 김봉도 환관에게 지나친 관작을 내렸다며 거둘 것을 상언하고 있다. 하지만 성종은 그들의 주장을 무시하고 김처선의 자헌대부 관작을 유지시켰다.

성종이 죽자, 김처선은 시릉 내시가 되어 3년 동안 성종의 왕릉(선릉)을 보살폈고, 연산군은 그 공을 치하하며 안장을 갖춘 말을 하사하기도 했다.

그러나 연산군 즉위는 김처선의 어두운 미래를 예고하는 것이었다. 김처선은 성격이 깐깐하고 부정한 일은 그냥 지나치지 못하는 성미였다. 그런 까닭에 연산군이 음란한 기질을 드러내 흥청을 불러들이자, 김처선은 색을 멀리하고 정사를 돌볼 것을 간언하곤 했다. 연산군은 그런 김처선을 매우 못마땅하게 여겨 되도록 옆에 오지 못하게 했다.

그런 가운데 연산군의 학정과 패악은 극에 달하고 있었다. 1498년엔 무오사화를 일으켜 한 바탕 피바람을 일으키더니, 1504년에 갑자사화를 일으켜 살육을 일삼았다. 이에 김처선이 죽기를 각오하고 연산군에게 더 이상 살육을 하지 말라는 직언을 하였다.

연산 10년 7월 16일의 일이었다. 김처선은 이미 궁으로 들어오기 전에 집안 사람에게 자신이 다시 집으로 돌아오지 못할 것이라고 유언을 남기고 온 터였다.

김처선의 말을 듣고 분을 참지 못한 연산군은 당장 그를 하옥시켰다. 그리고 우선 장 100대를 때리고 궁 밖으로 쫓아냈다.

거의 초주검이 된 채로 궁 밖으로 내던져진 김처선은 그로부터 수개월 동안 제대로 운신하지 못했다. 김처선이 누워 있는 동안에도 연산군의 피의 잔치는 계속 이어졌다.

김처선이 몸을 추스르고 일어난 것은 이듬해 4월 1일이었다. 이날 김처선은 궁으로 향하면서 집안 사람들에게 궁에 들어가면 다시 돌아오지 못할 것이라는 말을 남겼다. 그리고 두려운 마음을 이기기 위해 술도 한잔 걸치고 연산군을 찾아가 독설을 쏟아냈다.

"늙은 놈이 네 임금을 섬겼고, 경서와 사서도 대강 통했는데, 고금을 통틀어 상감과 같은 짓을 하는 사람이 없었습니다."

이미 죽기로 각오한 그였다. 연산군은 그 말을 듣고 화살을 꺼내들었다. 그리고 이내 화살이 김처선의 갈빗대를 파고들었다. 그러나 김처선은 말을 멈추지 않았다.

"조정의 대신들도 죽음을 두려워하지 않는데, 늙은 내시가 어찌 죽음을 아끼겠습니까? 죽이십시오. 다만 상감께서 오래도록 임금 노릇을 하지 못하는 것이 한스러울 뿐입니다."

김처선은 그때 이미 연산군이 쫓겨날 것을 예견하고 있었다. 그 말에 연산군은 눈알에 핏발을 세우며 미친 듯이 활을 쏘아댔다. 화살을 맞고 김처선이 쓰러지자, 연산군은 칼을 뽑아 그의 다리를 내리쳤다. 양쪽 다리와 팔을 모두 칼로 내리쳐 자른 뒤에 연산군이 소리쳤다.

"일어나 걸으라! 어명이다, 걸으라!"

김처선이 고통스런 신음을 내며 대답했다.

"상감께서는 다리가 부러져도 걸어다닐 수 있소이까?"

그러자 연산군은 김처선의 혀를 자르고 직접 칼로 그의 배를 갈라 창자를 끄집어냈다. 이때 김처선은 죽을 때까지 말을 멈추지 않았다고 한다.

이 이야기는 조신의 《소문쇄록》에 나오는 것인데, 다소 과장한 면은 있을 것이지만, 당시 연산군의 행동 양태로 봐서 사실일 것이다.

연산군의 김처선에 대한 분노는 그래도 계속 이어졌다. 1506년 3월 12일엔 김처선의 집을 철거하여 못을 파는데, 거기에 김처선의 죄를 새긴 돌을 묻게 한 것이다. 또 바로 다음 날, 김처선의 죄명을 돌에 새겨 그 집 길가에도 묻고 담을 쌓으라고 지시했다.

그 얼마 뒤, 연산군은 김처선의 예언처럼 왕위에서 쫓겨났다. 중종이 들어선 뒤에 장령 김언평이 김처선에게 포장襃奬할 것을 상소했다. 하지만 중종은 윤허하지 않았다. 또 중종 7년에도 김처선의 일을 《속삼강행실도》에 넣도록 해야 한다는 상소가 있었으나, 역시 윤허하지 않았다. 이때 중종은 이렇게 말했다.

"김처선은 술에 취해 망령된 말을 해 스스로 실수를 저질렀으니, 수록할 것이 없다."

중종이 이렇게 말한 것은 자칫 김처선의 일을 높이 평가했다가 이후에 환관들이 임금에게 함부로 하는 선례가 될까 봐 염려했기 때문일 것이다.

하지만 영조 대에 이르러 김처선의 충절을 기린 정문이 세워지기에 이르렀다. 이때 영조는 정문을 내리면서 이렇게 말했다.

"왕이 충성한 이에 대해 정문을 세워주는 것은 세상을 권면하는 큰 일이다. 사람이 비록 미천하다 하더라도 충절에 대해 정문을 내리지 않을 수 없는 일이다. 김처선이 충간을 하다가 운명하였다는 것은 내 일찍이 들어 알고 있다. 그러므로 내시부로 하여금 200

년이 지난 지금에 와서 후사를 세우도록 하였으니, 뜻이 깊다 할 것이다. 마땅히 포장하고 권면해야 할 것이니, 특별히 정문을 세워 주도록 하라."

김처선은 이렇게 충절의 한 사람으로 남게 되었다. 김처선의 정문을 세움에 있어 영조 대의 사관은 이렇게 적고 있다.

'김처선은 연산 조의 사람이다. 누차 충간을 진달했으므로 연산군은 그를 미워하여 호랑이 굴에 던졌으나, 호랑이가 잡아먹지 않자, 이에 결박하여 살해하니, 그 충렬이 늠름하고 호연하였다.'

13장

경연청

왕을 위한 정치 학교

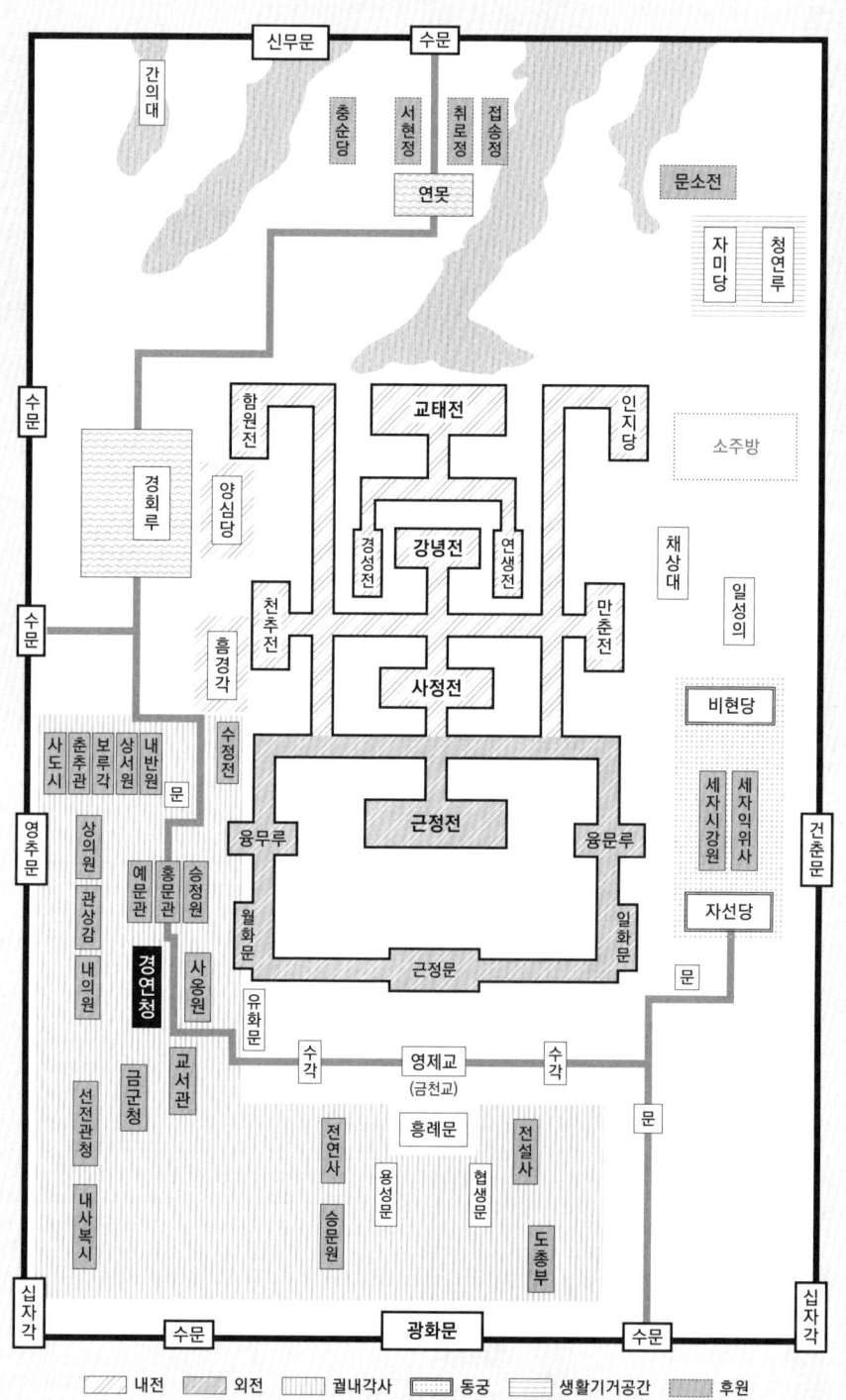

13장 | 경연청, 왕을 위한 정치 학교

46

왕과 신하들의
정치 토론장

경연청經筵廳은 왕을 위한 학문 기관이자 정치 토론장이다. 그런데 특이하게도 이곳은 관직은 있지만 관청은 없다. 그러나 경연 장소는 있었으니, 실체가 없는 것은 아니다. 그런데 경연 장소는 바뀔 수도 있으니 가변적인 기관이었다. 말하자면 경연청은 특정한 건물을 지칭하는 것이 아니라 경연 자체를 일컫는 것이었다. 따라서 왕이 경연을 여는 곳이면 어디든 경연청이 될 수 있었다. 그렇다고 경연청이 없었던 것은 아니다. 대개 일정한 장소를 정해놓고 경연청이라고 불렀기 때문이다.

경연청에 속한 관원으로는 영사, 지사, 동지사 등 3원이 있었고, 특진관, 정3품의 참찬관들과 승지들, 홍문관의 부제학, 시강관들이 있었다. 그런데 이들은 모두 겸직이었다. 영사, 지사, 동지사 등은 의정부의 재상과 홍문관 대제학, 또는 학문적 능력을 갖춘 판서가 맡았고, 특진관은 판서나 참판들 중 학문적 능력이 있는 관료가 지명되기도 했으며, 시강관들은 홍문관의 직제학 이하의 학사들이 맡았다. 시강관 아래로 시독관, 검토관, 사경, 설경, 전경 등도 모두 홍문관 관원들이었다. 또한 참찬관은 각 조의 참판이나 참의 또는 성균관의 고위직들이 맡았다. 이렇게 볼 때 경연청에 속한 관리는 의정부의 재상들과 육조의 판서와 참판, 참의, 학문 기관의 장 또는 고위직, 그리고 승정원의 승지들과 홍문관의 관원들이 망라되어 있음을 알 수 있다.

경연이 처음 시작된 시기는 고려 말 공민왕 때부터였다. 공민왕은 왕실 도서관인 청연각을 경연장으로 사용했다. 당시에는 경연이라는 용어를 쓰지 않고 서연이라는 용어를 썼다. 그러다 공양왕 때 경연으로 고쳤다. 그리고 조선에서는 왕에게 강론하는 곳은 '경연', 왕세자에게 강연하는 곳은 '서연'이라 구분하였다.

경연에서 하는 일이 주로 경서를 강론하는 것이기는 하지만, 왕이 신하들과 만나고 오랜 시간 마주하는 자리이다 보니 자연스럽게 정치 문제나 인물평을 하게 되었다. 이 때문에 경연이 정치의 중심을 이루게 되었다. 한편, 경연청과 관련하여 선조 6년(1573년) 8월 16일의 다음 기록은 매우 흥미롭다.

"예조참판 이택이 특진관으로 경연청에까지 왔으나, 코피가 몹시 나서 들어가지 못하였다."

왕과 토론할 수 있는 경연에 참여한다는 것은 매우 영광스럽고도 긴장되는 일인데, 그것도 특진관으로 초청되었으니, 이택이 몹시 긴장하는 것은 당연한 일일 것이다. 그리고 왕에게 진강할 내용을 준비하느라 며칠 동안 온갖 정성을 다했을 것이다. 그런데 정성이 너무 지나친 나머지 코피를 쏟을 정도로 했다가 결국 진강은 물론이고 경연청 안으로 들어가 보지도 못했으니, 이택의 속이 얼마나 쓰라렸을까 싶다.

경연청의 조직 구성

직책	설명
영사	3원이라 불림
지사	의정부 재상, 홍문관 대제학, 또는 학문적 능력을 갖춘 판서
동지사	
특진관	판서나 참판들 중 학문적 능력이 있는 관료
참찬관	각 조의 참판이나 참의, 성균관의 고위직
시강관	홍문관 직제학 이하의 학사들
시독관	홍문관 관원
검토관	홍문관 관원
사경	홍문관 관원
설경	홍문관 관원
전경	홍문관 관원
승지들	승정원의 승지들

13장 | 경연청, 왕을 위한 정치 학교

47

왕비에게 쫓겨나 경연청에서 자야 했던 태종

실록의 기록을 보면 경연청은 단순히 왕과 신하가 정치 토론만 했던 곳은 아니었다. 실록은 1400년 12월 19일에 이런 기록을 남기고 있다.

"왕이 중궁의 투기 때문에 경연청에 나와서 10여 일 동안 거처하였다."

실록 연대 상으로 이 기록은 정종 2년 때의 일로 되어 있다. 하지만 당시 왕은 정종이 아닌 태종이었다. 정종은 1400년 11월에 태종에게 왕위를 내주고 상왕으로 물러났으니, 1400년 12월은 태종이 왕위에 오른 지 한 달 남짓 되던 때였다.

당시 태종은 원경왕후 민씨에게 쫓겨나 잘 곳이 없어 경연청에서 자야 했다. 원경왕후가 남편까지 내쫓을 정도로 화가 난 이유는 여자 문제였다. 태종은 왕위에 오르자마자, 여인 하나를 취했는데, 하필 그 여인이 왕비 민씨의 최측근인 비서 궁녀였다. 훗날 정식으로 후궁에 책봉되어 신빈 신씨로 불린 이 비서 궁녀는 왕비 민씨가 몹시 아끼던 본방나인이었다. 본방나인이란 왕비가 사가에서 데려온 여종을 일컫는데, 대개 왕비가 가장 아끼고 신뢰하는 시녀다. 사정이 이러하니 왕비가 뿔이 날 법도 하였다.

사실, 태종이 민씨의 최측근을 건드린 것은 처음이 아니었다. 태종의 첫 번째 후궁인 효빈 김씨도 민씨가 가장 아끼던 그녀의 몸종이었다. 김씨는 어린 시절부터 민씨와 함께 자란 동무 같은 존재였다. 그런데 혼인한 지 얼마 되지 않아 김씨를 취하여 아이를 갖게 했으니 민씨는 몹시 화가 났을 것이다. 하지만 김씨를 남편의 첩으로 인정하고, 김씨가 낳은 경녕군도 서자로 받아들였다. 그런데 또다시 같은 일이 생겼으니 얼마나 분개했겠는가.

태종은 민씨의 분노를 피해 경연청으로 피신했다. 당시 태종이 머물던 궁궐은 개경의 수창궁이었다. 1398년 8월에 방원에 의해 제1차 왕자의 난이 일어났고, 정종은 왕위에 오른 뒤에 경복궁의 기운이 좋지 않다며 수창궁으로 옮겨갔다. 그런데 수창궁은 제대로 조성된 정궁이 아니었기에 규모가 작았다. 고려의 정궁인 연경궁은 공민왕 때 홍건적의 침입으로 완전히 잿더미가 되어 소실된 상태였고, 그 이후 고려 왕실은 규모가 작은 이궁인 수창궁에서 지내야 했다. 태조 이성계도 이 수창궁에서 즉위했다가 경복궁을 지어 한성으로 도읍을 옮겼었다. 그런데 이방원에 의해 왕자의 난이 일어나자, 정종은 경복궁을 버리고 개경으로 환도하여 수창궁에서 머물렀다.

그런데 수창궁에는 왕의 침실과 왕비의 침실이 따로 구분되어 있지 않았던 모양이다. 그래서 이방원은 왕비 민씨의 분노와 따가운 눈총을 견디지 못해 경연청으로 도망 와서 지내고 있었다. 아마 당시 경연청으로 쓰던 곳은 왕의 서재나 도서관이었을 것인데, 이곳에서 태종은 무려 보름 가까이 피난살이를 했던 것이다.

물론 이 피난살이는 쉽게 끝나지 않았다. 태종과 원경왕후의 다툼은 이후에도 수년 동안 이어졌기 때문이다. 태종은 이 사건 이후에도 여러 후궁을 받아들였고, 민씨는 태종이 후궁 수를 늘릴 때마다 무섭게 분노했다. 그리고 이렇게 따졌다.

"상감께서는 어찌하여 예전의 뜻을 잊으셨습니까? 제가 상감과 더불어 어려움을 지키고 같이 화란을 겪어 국가를 차지하였사온데, 이제 나를 잊음이 어찌 여기에 이르셨습니까?"

민씨의 이런 공격을 받고 태종도 가만히 있지 않았다. 그녀의 시녀들을 모두 내치고 그녀를 중궁전에 유폐시키다시피 했다. 그리고 분노가 가라앉지 않아 민무구 등 그녀의 동생 네 명을 모두 죽이고, 처가를 완전히 몰락시켜버렸다. 침전에서 내쫓겨 경연청에서 자야 했던 민망함을 처가의 몰락으로 되갚아주었던 것이다.

14장

선전관청
무관들의 직장 선호도 1위

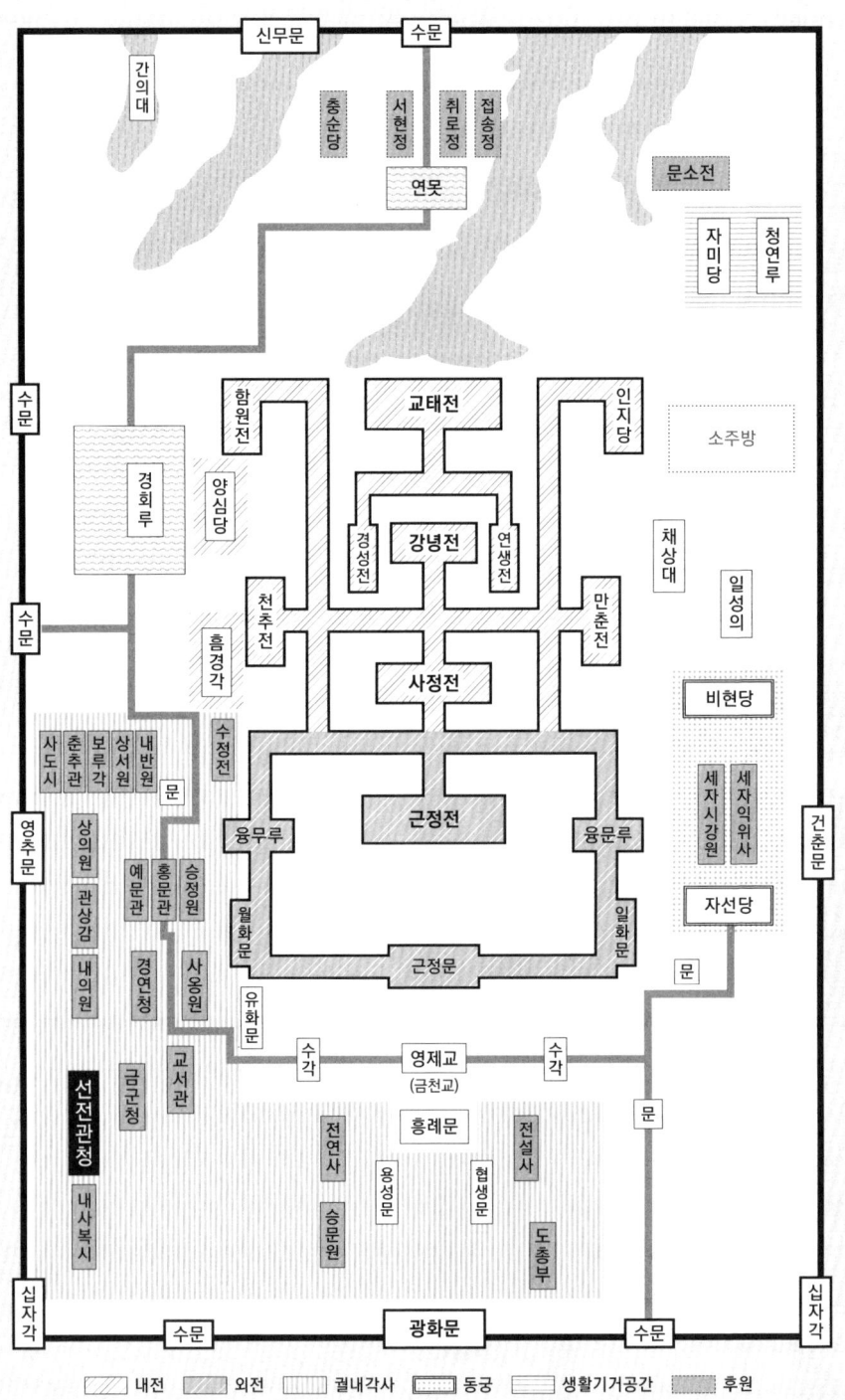

14장 | 선전관청, 무관들의 직장 선호도 1위

48

가장 가까이에서
왕의 목숨을 지키는 사람들

　조선 시대 문관들이 가장 선호한 직장이 홍문관이었다면, 무관들이 가장 선호한 직장은 선전관청宣傳官廳이었다. 관리들의 직장 선호도는 왕과의 거리에 비례했다. 홍문관이 왕과 가장 가까운 거리에 있던 문관들의 관청이었다면, 선전관청은 왕과 가장 가까이하는 무관들의 관청이었다.
　선전관청의 임무는 국왕의 명령을 전달하고 국왕의 신변을 지키는 것이었다. 선전관청의 선전관들은 심지어 국왕이 잠든 사이에 침실을 호위하는 역할까지 했다. 국왕은 그들에게 목숨을 맡겨두고 잠드는 셈이었다. 따라서 그들은 국왕이 가장 신임하는 인물

조직 구조와 직책

직책	설명	인원수
행수	정3품 당상관, 선전관청의 수장	1명
참상관	종6품, 주요 참모	3명
참하관	종9품, 일반 선전관	17명
겸선전관 (문신)	종6품, 문신 겸직	5명
겸선전관 (무신)	종6품 및 종9품, 무신 겸직	50명 (종6품 38명, 종9품 12명)
총합	선전관청 전체 구성원	약 70~80명

들로 구성될 수밖에 없었다.

하지만 조선은 개국 초에만 하더라도 선전관청을 정식 기관으로 두지 않았다. 성종 때 완성된 《경국대전》에도 단지 8명의 관원 수를 둘 수 있는 곳으로 규정되어 있었고, 그것도 계약직에 해당하는 체아직이었다. 그리고 《경국대전》 이전에는 아예 선전관에 대한 법적인 규정 자체가 없었다. 이를 역으로 해석하자면 조선 초에는 임금의 목숨을 지키고 명령을 전달하는 선전관들이 철저히 베일에 싸여 있었다는 뜻이다. 임금이 가장 신임하고 목숨을 맡길 수 있는 인물을 관직과 관계없이 임금이 자의적으로 선택해서 주변에 배치했던 것이다. 또한 그 자격이나 숫자도 명시적으로 정해 놓지 않고 신분에 상관없이 임금이 믿고 곁에 둘 수 있는 사람이라면 얼마든지 지명할 수 있었다. 심지어 환관도 선전관으로 지명하기도 했다.

그런 까닭에 선전관은 임금이 가장 총애하고 신뢰하는 무관이었을 수밖에 없었고, 무관이면 누구나 선전관이 되길 원했을 것이다. 이는 곧 선전관이 되기 위한 경쟁이 치열했다는 의미였고, 그것은 곧 선전관청이라는 기관을 탄생시키는 결과를 낳았다.

선전관청이 정식 관청이 되면서 선전관은 계약직인 체아직에서 벗어나 정직이 되었다. 선전관청은 《속대전》엔 정3품 아문으로 명시되었고, 《대전통편》엔 선전관청의 임무가 명확하게 규정되기에 이르렀다. 《대전통편》에는 선전관청의 임무를 형명形名(기나 북 등으로 군대의 행동을 호령하는 신호법), 계라啓螺(왕의 거동 때 북이나 나팔을 치거나 불던 일), 시위侍衛, 전명傳命(명령 전달) 및 부신符信(군대를 움직일 수 있는 신패)의 출납을 장악하도록 규정되어 있다.

선전관은 규정에 따른 이러한 임무만 있었던 것이 아니라 임금을 가장 가까이서 호위하고 목숨을 지키는 것을 가장 중한 소임으로 여겼다. 그들은 임금 앞에서 유일하게 칼을 소지하고 근무할 수 있었기에 임금이 누구보다도 신뢰하는 존재였다.

선전관청의 구성원은 때에 따라 변화가 많았지만, 법상으로는 《속대전》에는 21명, 《대전통편》에는 24명, 《대전회통》에는 25명으로 규정되어 있었다. 이는 소수 정예 원칙에 따른 것이었다. 이들 정예 무관들은 왕과 나라의 안위를 맡고 있다는 자부심이 대단했다. 따라서 무관이라면 누구나 선전관이 되고 싶은 것은 당연했고, 경쟁도 치열했다.

선전관의 숫자는 겸선전관을 합쳐 대략 70명에서 80명 사이였던 것으로 보인다.《속대전》에 의하면 선전관청의 선전관은 21명이었는데, 수장은 정3품 당상관인 행수 1명, 그 예하에 종6품 참상관 3명, 종9품 참하관 17명을 둘 수 있었다. 하지만 이들 외에도 종6품의 문신이 겸하는 선전관 5명과 종6품의 무신이 겸하는 선전관 38명, 종9품의 무신이 겸하는 선전관 12명 등 겸선전관兼宣傳官 55명이 별도로 있었다.

선전관청에 관한 세심한 내용들은 선전관청의 일기인《선청일기》에 남아있는데, 현재까지 존속하는《선청일기》는 정조에서 고종 대에 걸쳐 작성된 110책이 있다.《선청일기》가 고종 대까지만 작성된 것은 선전관청이 1882년(고종 19년)에 혁파되었기 때문이다.

14장 | 선전관청, 무관들의 직장 선호도 1위

49

고위직으로 가는
출세의 지름길

　선전관은 고위직 무관이 되기 위해서는 반드시 거쳐야 하는 출세의 요람으로 인식되기도 했다. 그 때문에 조선 후기에 이르면 선전관은 명문가 출신들만 차지하는 자리로 변질되었다. 심지어 선천宣薦이라는 제도까지 마련해서 명문가 후손이 선전관을 독점하도록 만들었다.

　선천이라는 것은 일 년에 두 번 실시하는데, 선전관 후보들을 미리 발탁해두는 제도였다. 선천의 대상은 무과 급제자들이나 명문가의 한량, 즉 무과 급제자가 아닌데도 무예를 익힌 양반 자제였다. 선전관에 빈자리가 생기면 선천에 발탁된 자들 중에서 후보자 3명을 뽑고, 왕이 그중 한 명을 낙점하면 선전관이 되는 것이었다.

이렇듯 선전관은 무과 출신과 음서蔭敍(조·부의 공훈에 따라 자손을 관리로 서용하는 제도)로 들어오는 한량 출신이 섞여 있었는데, 음서로 들어오는 한량 출신은 숫자가 2명으로 정해져 있었다. 음서로 들어온 선전관을 남항南行(음서로 벼슬하는 것을 일컫는데 한자는 남행이라고 쓰고 남항으로 읽는다) 선전관이라고 하는데, 숫자가 제한적이기 때문에 이 자리를 차지하는 것은 매우 어려운 일이었다. 이 때문에 한량으로 있다가 남항 선전관이 되기 위해서는 집안 배경이 든든해야 했다. 말하자면 집안 대대로 권력을 누리고 당대에도 권력을 가지고 있는 집안 자제라야 남항 선전관이 될 수 있었다.

선천의 방식은 매우 폐쇄적이었다. 선전관으로 천거할 땐 반드시 선전관 선배들이 직접 후보를 택하기 때문이다. 심지어 왕이라도 선전관 천거에 관여할 수 없었다. 그만큼 선전관의 위세가 대단했다.

선전관의 소임을 마친 무관들은 탄탄대로를 걸으며 고위 무관직으로 향해 가는데, 이 과정에서 선전관 선후배는 서로 밀어주고 당겨주면서 상호 보호막을 형성한다. 선전관 출신이 아닌 자들이 무관 고위직으로 올라오는 것을 철저히 차단하는 것이다.

선전관 임용 문제로 탄핵 당한
김좌명

선전관이 된다는 것은 곧 출세를 보장받는 일이었기 때문에 선전관 자리를 두고 권력 다툼을 벌이는 것은 당연했다. 심지어 선전관을 사사로이 임용했다는 이유로 탄핵을 당하는 경우도 허다했다. 그 사례 중 하나가 현종 8년(1667년) 10월에 있었던 지중추부사 김좌명에 대한 대간의 탄핵 사건이다. 당시 사헌부에서는 중추부 지사 김좌명이 사사로운 관계 때문에 허재라는 인물을 선전관으로 삼았다면서 그를 탄핵했다. 이에 대해 김좌명은 억울한 심정을 호소하며 현종에게 이런 상소를 올린다.

"대간이 아뢰면서, 낙강한 자를 선전관에 제수한 것을 가지고 신의 죄안을 삼았습니다. 그러나 강서講書는 행하기도 하고 행하지 않기도 하여 정해진 규례가 있는 것이 아닙니다."

당시 사헌부에서는 허재가 사서를 강의하는 시험에서 떨어졌는데도 김좌명이 사사로운 감정으로 그를 선전관에 올렸다며 그를 탄핵했다. 이에 김좌명은 원래 선전관이 되는 자격엔 사서 강의 시험 요건이 없으므로 비록 이 시험에서 떨어졌다고 해도 선전관이 되는 일과는 관계가 없다고 항변했다. 그리고 이렇게 덧붙인다.

"빈자리는 항상 부족하고 천거된 자는 항상 많았으므로 모두 다 제수하지 못하였는 바, 제수된 자는 덕 보았다고 여기고 제수되지 못한 자는 곧 나를 젖혀놓았다고 하였습니다. 그러니 그런 사정을 아는 자가 그런 말을 듣는다면 사세에 있어서 당연한 일로 여길 것이고, 모르는 자가 들으면 의심쩍어함을 면치 못할 것입니다. 비방하는 의논이 생겨난 것은 실로 여기에서 말미암은 것입니다."

말인즉, 원하는 자는 많은데 자리는 부족하여 늘 시기와 질투가 넘쳐나서 비난이 많은 것이 당연하다는 뜻이었다. 그러면서 김좌명은 마지막으로 자신의 심정을 이렇게 털어놓는다.

"신은 번거롭게 일일이 지적하면서 아뢰어 시끄럽게 스스로 해명하는 듯이 하고 싶지는 않습니다. 그러나 이와 같이 하지 않으면 조정에서는 끝내 어떤 사람에게 사심을 써서 어느 직에 제수하였는지 모를 것이고, 외방에서 듣는 사람들은 반드시 이 논계가 어떻게 해서 발론되었으며 또 어떻게 해서 정지되었는지 모를 것입니다. 이에 부득불 그 대강을 간략히 진달하는 것입니다."

이 말을 듣고, 현종은 김좌명의 억울한 심정에 동감을 표하며 말한다.

"사실에서 벗어난 일을 어찌 혐의할 필요가 있겠는가. 사직하지 말라."

이렇게 김좌명은 가까스로 자리를 보전하게 되었다. 실록에는 선전관 임용 문제와 관련하여 이 같은 수많은 논쟁이 기록되어 있다. 그만큼 선전관 자리는 누구나 탐내는 자리였다.

14장 | 선전관청, 무관들의 직장 선호도 1위

50

왕과 힘겨루기도 마다하지 않는 선전관청 행수

정조 8년(1784년) 5월 4일, 병조에서 정조에게 이런 말을 올렸다.

"선전관 백경주는 본청의 가부가 순順하지 못하니 예에 의해서 태거하소서."

태거란 곧 내쫓으란 말이었다. 백경주를 쫓아내는 이유는 선전관에 부합한 자가 아니라는 것이었다. 그리고 백경주를 쫓아내야 한다고 주장하는 이는 본청, 즉 선전관청이다. 말하자면 선전관청의 우두머리인 행수가 백경주를 선전관으로 받아들이지 못한다고 말했고, 이를 병조에서 받아들여 정조에게 상언한 것이다.

그 말을 듣고 정조는 노기를 드러내며 명했다.

"조금 전 장신將臣의 말을 들건대, 백경주는 바로 백인걸의 9대손이라고 한다. 백인걸이 어떠한 명인인데 8대, 9대는 물론하고, 비록 10대, 20대라 하더라도 그 자손인 자가 어찌 명환名宦이 되지 못할 염려가 있겠는가?

문관이면 당년록當年錄에 실어야 하고, 무관이면 남항南行의 천거에 들어야 한다. 현재 본청의 여러 인원 가운데 현조顯祖가 백경주보다 더 훌륭한 자가 있는가? 그 청에서 정축定軸(재상을 임명하는 것)에 이의를 제기하고 가부가 어렵다고 하니, 일의 놀라움치고 이보다 더 심한 것이 없다.

옛날 선조先祖 갑자년에 선전관의 가부가 불순한 일로 인하여 16명이 참여하여 의론하다가 임문臨門하여 대처분大處分을 한 일까지 있었으니, 어찌 오늘날 우러러 계술해야 하지 않겠는가?

그때 선전관의 일이 편당偏黨하는 마음에서 나왔기 때문에 이처럼 엄격하게 처분함이 계셨는데, 이번에는 본정本情이 조금 차이가 있어서 우선은 말하지 않고 있으니, 이는 대개 상량商量(헤아려 생각하다, 딴 생각을 하다)함이 있어서이다. 행수行首 변경우를 태거하라."

정조는 선전관청 행수 변경우가 백경주를 선전관으로 받아들일 수 없다고 하는 이유를 백경주의 조상 때문인 것으로 파악했다. 백경주의 9대조가 백인걸이라는 인물인데, 백인걸은 중종에서 선조 대에 활동한 뛰어난 문인이었다. 하지만 그 집안이 정조 당대에는 큰 권세를 누리지 못한 모양이다. 그래서 선전관청 행수 변경우는 그의 9대손인 백경주를 남항 선전관으로 인정하지 않으려 한 것이다. 이에 정조는 무섭게 화를 내며 백경주가 아주 훌륭한 집안의 후손이라며 선전관이 되지 못할 이유가 없다고 단언했다. 그리고 되레 백경주를 내치려고 한 선전관청의 정3품 당상관이자 우두머리인 행수 변경우를 내쳐버린 것이다.

정조가 변경우를 내쫓은 것은 변경우가 선전관의 선택은 선전관청의 권한이라는 생각으로 임금을 업신여긴다고 판단했기 때문이다. 그래서 정조는 변경우가 비록 말은 하지 않았지만 속으로 백경주를 선전관으로 임용하는 것을 마땅치 않게 여기고 있으며, 그런 이유로 백경주를 내쫓으려 한다고 생각했다. 그래서 결국, 백경주가 아닌 변경우를 내치는 결정을 한 것이다.

사실, 이 사건엔 왕인 정조와 선전관청 행수 변경우 사이에 보이지 않는 힘 싸움이 전개되고 있다. 변경우는 비록 노골적으로 말하지는 않지만 선전관을 뽑는 문제는 선전관청에 맡겨야 한다는 입장이고, 정조는 그런 입장을 가진 변경우를 괘씸하게 여겨 아예 행수 자리에서 내쫓아버린 것이다.

이렇듯 선전관의 자리는 단순히 신하들끼리의 권력 다툼뿐 아니라 왕과 선전관청 사이의 긴장 관계까지 만들어질 정도로 민감한 관직이었다.

14장 | 선전관청, 무관들의 직장 선호도 1위

51

선전관 천거 문제로 억울하게 파직당한 박섬

　숙종 2년(1676년) 11월 21일, 선전관 박섬이 파직되었는데, 그 사연은 살펴보면 박섬은 다소 억울한 경우였다. 이날 숙종이 낮 강연인 주강에 나가니, 종친인 완평 부수 이홍이 이런 말을 올렸다.
　"종실 자손의 서파庶派는 일찍이 사로仕路에서 막힘을 당하지 아니하였습니다. 그런데 지금 종실의 아들로서 무과에 오른 자가 서파라고 해서 선전관의 천거에서 삭제를 당하였으므로 감히 계달합니다."
　서파란 곧 서출을 의미하고, 해당 인물은 종실의 서자인 이한주였다. 원래 서출이라고 해도 종실 출신은 벼슬에 제한이 없었는데, 이번에 선전관 선천에서 서출이라고 하여 제외됐다는 말이었다. 이 말을 올린 이홍의 벼슬은 부수副守였는데, 수守 또는 부수는 왕의 친아들인 왕자로부터 4대손 정도 되는 종친에게 내리는 벼슬이다. 이 벼슬은 왕의 직계로부터 4대나 지난 종실 인사에게 주는 것이라 그다지 힘 있는 종친은 아닌 셈이다. 그런데 그런 종친의 서출이면 더욱 힘이 없는 처지인데, 그래도 종친인 만큼 벼슬에 제한이 없어야 한다는 것이 이홍의 주장이었다.

이 말을 듣고 숙종은 꽤 노기를 드러낸다. 숙종은 14세에 왕위에 올라, 친정을 했는데 그때 나이 16세였다. 그런 까닭에 종친이 무시당하고 있다는 말에 매우 민감하게 반응했다. 종친을 무시하는 것이 마치 어린 자신을 무시하는 것처럼 들렸던 모양이다.

숙종은 곧 종친부로 하여금 사건을 조사하여 보고하게 했는데, 이홍의 말은 크게 거짓된 것은 아니었다. 이 때문에 숙종은 몹시 진노하여 선전관 19명을 모두 옥에 가두게 하고, 곧 천거 받지 못한 3명을 천거 명단에 넣도록 했다.

그러자 당시 영의정이었던 남인의 영수 허적이 아뢰었다.

"천거를 막은 자만을 옥사에 가두고, 나머지 사람은 가두는 것이 합당치 못합니다."

이에 숙종이 허적의 말을 따랐다. 그러자 옥사에 남은 선전관은 박섬 한 명뿐이었다. 박섬을 상대로 이 사건의 내막을 신문하자, 박섬이 이렇게 말했다.

"종실의 아들 이한주는 세루世累(세상의 속된 일)가 있었을 뿐만 아니라, 등과登科(과거에 합격함)했을 때 국휼國恤(국상)을 당했는데도 화동花童(어린 소녀)을 끼고 문을 닫고 연락宴樂(잔치를 즐김)을 했기 때문에 막은 것이요, 서파庶派(서출)이기 때문에 막은 것은 아닙니다. 나머지 두 사람은 점수가 부족하고 또한 그 문망聞望(명예와 인망)이 부족한 것으로 말미암은 것이요, 그 문지門地(가문)가 낮다는 것이 아닙니다."

박섬의 이 말은 사리에 맞고 일리 있는 말이었다. 그런데 어린 숙종은 종실의 아들이 서출이라는 이유로 벼슬에서 제거됐다는 생각에 집착하여 박섬에게 형벌을 가하고 진상을 캐물으라고 닦달했다. 그러자 병조판서 김석주가 숙종을 만류했다. 김석주는 숙종의 외가 인물로 당대의 권력자였다.

"이한주의 일이 과연 박섬의 말과 같다면 일차는 천거를 막는 것이 본래 마땅한 것입니다. 박섬에게 형벌을 주는 것은 옳지 못합니다."

그러자 숙종은 박섬에게 형벌을 가하는 것은 중지시켰지만, 그를 파직하라고 명령했다. 이런 조치에 대해 당시 사관은 이런 평가를 남기고 있다.

'무릇 선전관이라는 것은 곧 무사武士로서는 극선極選(가장 좋은 자리에 뽑힘)이므로 비록 종실의 적자라 하더라도 재주와 인망이 부족하다면 어떻게 막지 않겠는가? 하물며 이한주는 잘못된 바가 이와 같았으니, 공의公議에 부치는 것이 당연하며 군상君上(임금)이 간여할 바가 아니다. 그리고 조신들이 그 옳지 못함을 말하는 자가 없었고, 허적과 김석주가 시도는 하였으나, 능히 굳게 다투지 아니하여 조가朝家(조정)의 처분이 중용을 넘는 것을 면치 못하였으니, 가석할 뿐이다.'

사관의 이 사평처럼 박섬이 이한주를 선전관으로 받아들이지 않은 것은 지극히 당연한 처사였으나 숙종은 종친과 관계된 일이라고 감정적으로 접근하여 사안을 제대로 처리하지 못했던 것이다.

어쨌든 선전관 추천이나 임관과 관련해서는 아주 사소한 일이라도 항상 시비가 붙곤 하였는데, 그만큼 이 자리를 원하는 자들이 많았던 탓이다.

15장

금군청
최정예로 이뤄진 왕의 친위부대

경복궁과 궐내각사 배치도

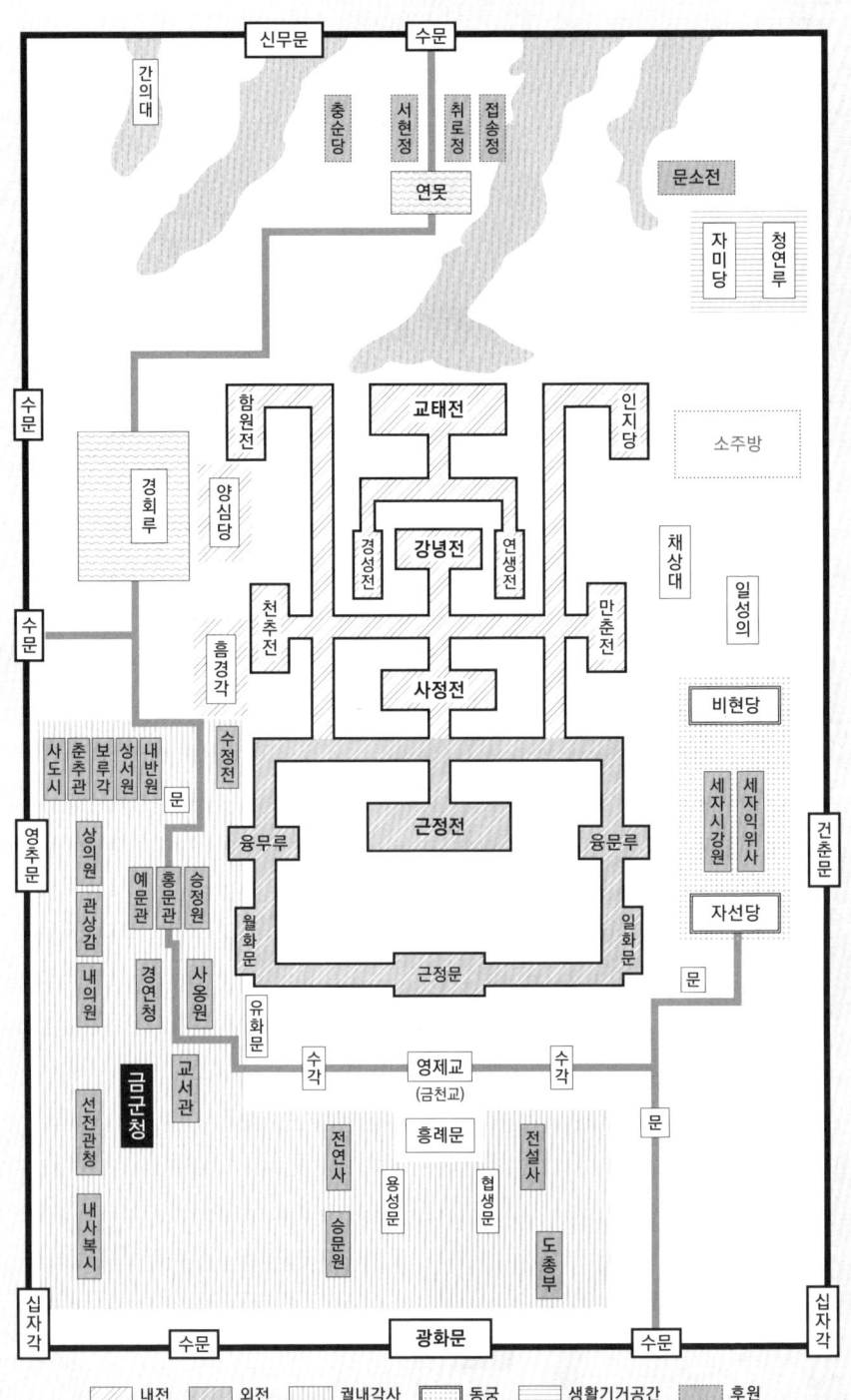

15장 | 금군청, 최정예로 이뤄진 왕의 친위부대
52

왕을 지키는
700명의 무사들

　금군청禁軍廳은 왕의 친위부대인 금군禁軍을 일컫는다. 금군은 조선 중기까지는 그저 금군으로 불리며 내금위, 겸사복, 우림위 등 3위 체제로 구성되어 있었으며, 각각 3명의 장수가 통솔하는 구조였다. 그러다 효종 대에 이르러 내삼청으로 통합하여 일원화하고 하나의 정식 군영으로 발족하였다. 이후 현종 7년(1666년)에 금군청으로 명칭을 변경하였고, 소속 병력도 700명으로 규정했다.
　금군의 주요 직책은 종2품의 별장을 위시하여 그 아래 정3품의 장수 7명이 포진하는 형태였다. 7명의 장수에는 겸사복장 2명, 내금위장 3명, 우림위장 2명이 있었다. 이들 7명의 장수는 7번으

금군청의 구성

구성 부대	출신 성분	병력 수	장수의 수	임무
내금위	양반 자제들 중 무예 탁월한 자들	300명	내금위장 3명	왕의 신변 보호, 왕궁 호위
겸사복	양반, 서얼, 양민, 천민, 외국인 포함	200명	겸사복장 2명	왕의 신변 보호, 왕궁 호위
우림위	서얼들	200명	우림위장 2명	변방 파견 시 금군 부족 문제 해결

금군청의 주요 직책

직책	품계	인원수	설명
별장	종2품	1	금군청의 최고 책임자
장수	정3품	7	내금위장 3명, 겸사복장 2명, 우림위장 2명

로 나누어진 금군의 번장들인 셈이다. 금군은 총 700명으로 내금위가 300명, 겸사복이 200명, 우림위가 200명이다. 따라서 내금위는 3명의 내금위장이 각 100명씩 통솔하고, 겸사복은 2명의 겸사복장이 각각 100명씩 통솔하고, 우림위는 우림위장 2명이 각각 100명씩 통솔하는 구조였다.

내금위, 겸사복, 우림위 등 세 조직은 성립 과정과 출신 성분이 달랐다. 우선 내금위부터 살펴보면, 내금위의 전신은 내상직이었는데, 태종 7년(1407년)에 내금위로 명칭을 변경했다. 그리고 1409년에는 내시위라는 별도의 금군을 만들었는데, 세종 6년(1424년)에 내시위는 내금위에 합쳐졌다.

내금위 병력은 양반 자제들 중에서 무예가 탁월한 자들만 선발되었다. 병력 수는 성종 대까지는 60명에서 200명 사이에서 변동이 심했는데, 《경국대전》에는 190명으로 규정되었다. 그러다 연산군에 이르러서는 대폭 증가하여 500명이나 되었다가 점차 줄어들어 400명이 되었다가 숙종 대에 이르면 300명으로 확정된다. 하지만 규정상으로만 300명이었을 뿐 400명 가까이 유지된 경우가 많았다.

내금위와 함께 금군청을 이루는 또 하나의 부대인 겸사복은 고려 시대의 내사복시 제도에서 비롯된 부대다. 태종 9년(1409년)에 처음 창설되어 국왕의 신변 보호와 왕궁 호위를 담당했다.

겸사복은 내금위와 달리 반드시 양반 신분일 필요는 없었다. 신분보다는 무예 능력을 더 중시하는 부대였다. 이 때문에 겸사복에 속한 병력은 양반, 서얼, 양민이 뒤섞여 있었으며, 심지어는 천민이나 외국인도 무예만 탁월하면 구성원이 될 수 있었다. 특히 겸사복에는 북계 인력이 많았는데, 이들 북계인들은 2년씩 번갈아가며 변방과 궁궐에서 근무하였다.

금군청에 속한 또 하나의 부대인 우림위는 신분상으로 서얼들로 이뤄진 병력이었다. 이들은 주로 겸사복과 내금위가 변방으로 파견될 때 금군 부족 문제를 해소하는 차원에서 만들어진 부대였다. 물론 이들도 무예가 뛰어나고 신체가 우수해야만 발탁될 수 있었다.

이렇게 내금위, 겸사복, 우림위로 이뤄진 금군청 병사들은 모두 품계를 받은 군인들로 이뤄져 있었다. 이들의 품계는 종9품에서 정3품까지 주어졌으며, 모두 기간제인 체아직이었다. 일반적으로 이들의 복무 연한은 7년이었으나 신분이나 품계에 따라 기간을 연장하기도 했다. 또 7년의 복무 기간이 끝나면 대개 군영의 좋은 자리로 영전하는 것이 일반적이었다. 이 때문에 금군청 출신의 군관은 어디 가나 우대를 받았고, 출세도 빨랐다. 물론 그중에서도 양반 출신들로 이뤄진 내금위 군관들이 가장 우대를 받았다. 그리고 우림위는 서얼 출신이라 품계에 한계가 있었고, 겸사복에 속한 천민이나 양인, 서얼 출신들도 품계를 제한했다. 하지만 금군청 출신은 양반 출신 군인인 갑사보다는 항상 우대를 받았다.

금군청은 영조 31년(1755년)에 용호영으로 명칭이 변경되었다. 하지만 용호영 별장은 그대로 금군별장이라고 불렀다. 또 정조 때엔 왕권 강화를 위해 숙위소나 장용영 등을 설치했는데, 이때 용호영도 그 일원이 되었다.

이후로 용호영은 계속 유지되다가 1882년에 잠시 혁파되었으나 이내 복원되었고, 1894년에 갑오개혁으로 완전히 폐지되었다. 용호영 폐지 이후 금군은 통위영에 소속되어 통위사의 관할 아래 놓이게 되었다.

15장 | 금군청, 최정예로 이뤄진 왕의 친위부대

53

내금위에서 벌어진
별별 사건들

　금군청 3위 중에서 가장 촉망받는 양반 무관 인재들이 모인 내금위에서도 별별 사건이 다 벌어졌다. 개인적인 감정을 다스리지 못하고 주먹질을 하는가 하면 물건이나 진상품을 훔치는 경우도 있었고, 고관대작의 집을 찾아다니며 청탁을 하다 걸리는 일도 있었다. 이에 대한 사례들 중 눈에 띄는 몇 가지를 소개하고자 한다.

　태종 12년(1412년) 3월 22일에 일어난 사건이다. 내금위의 대호군 조주와 호군 최보로가 서로 치고 받고 싸웠다가 징계를 당했다. 그것도 입직, 즉 숙직을 하다가 벌인 사건이었다. 대호군이라고 하면 종3품, 호군이라고 하면 정4품 벼슬로 둘 다 장군의 위치에 있는 장수다. 말하자면 상하 관계에 있던 장군 두 사람이 입직을 하다가 말다툼이 발생하여 치고받고 싸웠다는 것인데, 그 내막은 같잖은 수준이다.

입직 중에 조주는 잠이 든 모양인데, 잠을 자다 꿈을 꿨다. 그는 꿈에서 전 대호군 임상양이란 자를 보았다고 말했는데, 최보로가 그 말을 듣고 느닷없이 이런 악담을 하였다.

"장군도 임상양처럼 정직될 거요."

최보로가 거론한 임상양은 얼마 전인 3월 9일에 백성들로부터 불법적인 조세를 거둬들인 죄로 파직당한 인물이었다.

이 말을 듣고 조주가 대노하여 최보로의 머리채를 잡아채고 몽둥이로 마구 때렸다. 그러면서 최보로의 할아버지에 대한 험담까지 늘어놓았다. 이에 질세라 최보로도 참지 않고 칼을 꽂은 채로 칼집으로 조주를 때렸다. 그리고 결국 이들의 싸움은 알려지고 말았고, 두 사람은 결국 둘 다 고신告身(벼슬을 내리기 위해 내리는 사령서)을 빼앗기고 죄를 받아야 했다. 별것 아닌 꿈에서 비롯된 감정 싸움으로 두 사람은 창창한 앞길을 망쳐버린 것이다.

세종 13년(1431년) 3월 6일에는 황당한 사건으로 내금위 소속 이곤이라는 자가 참형에 처해질 위기에 놓인 사건이 발생했다. 이날 형조에서 내금위 소속 관원 이곤이 명나라에 바칠 개를 훔쳤다고 보고했다. 놀라운 것은 이에 대한 형벌이 참형이라는 것이었다. 형조에서는 형률에 의거 참형에 처할 것을 보고했다. 그저 어느 집

개를 훔쳤다면 큰일도 아니었을 것이나 명나라에 진상할 개를 훔친 것이니 진상품을 훔친 죄를 적용해야 했다. 이 일을 놓고 세종은 잠시 고민에 빠졌다. 비록 진상품에 손을 댄 것이기는 하나 개를 훔친 일로 사람을 죽이기까지 하는 것은 아니라는 판단에 세종은 결국 1등을 감하라고 지시했다. 1등을 감하면 몸에 자자형(묵형, 몸에 글자를 새기는 것)을 가하고 유배를 보내는 것이었다.

명나라 황제에게 진상할 정도의 개라면 결코 예사스러운 개는 아닐 게 분명했다. 그래도 그 개가 얼마나 탐이 났으면 목숨을 걸고 개를 훔쳤을까? 이곤은 개에 대한 남다른 애착이 있거나 아니면 훔친 개를 팔아 큰 이득을 보려 했음이 분명하다.

세종 11년(1429년) 2월 22일에는 내금위 부사정 이중림에 대해 '장 80에 충군하라'는 명령이 떨어졌는데, 그 내막을 살펴보니, 그가 나라에서 금하고 있는 분경죄를 저질렀다는 것이다. 분경이라는 것은 청탁을 하기 위해 권력자의 집을 분주하게 드나드는 행위를 일컫는다. 이를 다른 말로 엽관운동이라고도 했는데, 엽관운동은 관직을 얻기 위해 권력자를 찾아다니는 행위를 의미한다. 이러한 엽관 행위는 반드시 뇌물을 동반하기 마련이었고, 부정부패의 온상이 되는 것이었다. 그래서 조선에서는 정종 1년인 1399년 8월에 하급 관리가 상급 관리의 집을 찾아가지 못하게 하는 분경금지법을 마련했다. 처벌 대상은 권력자를 찾아다닌 자와 찾아온 자를 받아준 권력자 모두였다.

이 법이 마련되고 가장 먼저 처벌된 사람은 대사헌 정구와 중승 김구덕이란 자였다. 하지만 그들이 처벌된 뒤에도 분경은 좀처럼 사라지지 않았다. 그래서 세종이 즉위한 이후에는 분경에 대해 더욱 강력하게 처벌했다.

분경의 대상이 되는 고위 관리는 인사권이 있는 이조나 병조의 고위직, 그리고 감찰권을 가진 사헌부와 사간원의 관리, 형조에서 송사를 담당하는 고위직, 정승이나 주요 직책의 고위직 등이었다. 하지만 비록 분경의 대상이 되는 고위직 또는 요직의 관리라고 해도 친족 8촌 이내이거나 외가 6촌 이내, 처족 6촌 이내, 사돈이나 바로 곁에 사는 이웃은 예외였다.

이렇듯 분경에 대해 엄격한 규정을 마련한 상황에서 내금위 부사정(종7품 무관 벼슬) 이중림이 병조판서 최윤덕의 집을 찾아갔다가 딱 걸린 것이다. 이에 대한 형율은 장 100대에 파직하고, 먼 변방에 군역으로 보내는 것이었다.

세종은 이 보고를 받고 이중림에 대한 죄를 1등 감하여 '장 80에 충군하라'고 명령했다. 물론 파직되었고, 변방으로 쫓겨 간 것이다. 병조판서에게 청탁하여 고속 승진의 기회를 얻고자 했다가 되레 나락으로 떨어진 격이었다.

열거한 이 3가지 사건은 내금위라는 직장에서 벌어진 잡다한 사건들 중에 얘깃거리가 될 만한 대표적인 것만 추린 것이다. 실록에는 이 외에도 웃지 못할 잡다한 사건들로 인해 직장에서 쫓겨나거나 패가망신한 사례가 숱하게 기록되어 있다.

15장 | 금군청, 최정예로 이뤄진 왕의 친위부대

54

천인 출신 겸사복을 얕보다
괘씸죄에 걸린 두 사람

　세종 7년(1425년) 11월 6일에 세종은 환관으로 겸사복이 된 유실과 또 다른 겸사복 윤길의 직첩職帖(벼슬 임명장)을 거두고 군역에 충당시키라는 명령을 내렸다. 이날 유실은 형장 90대, 윤길은 80대를 맞고 쫓겨났다. 그들의 죄목은 사복마司僕馬를 조련하는 일로 해주에 가서 음식 대접을 받기도 하고, 기생을 태우고 마음대로 다녔다는 것이었다. 그리고 같은 죄를 저질렀지만 유실에게 형장을 10대 더 가한 것은 그가 아비의 삼년상 중이었기 때문이다.
　그런데 명목상 그들의 죄는 죄목에 쓰인 대로였지만, 그들이 형벌을 받은 이유는 따로 있었다. 이에 대해 실록은 이렇게 쓰고 있다.

처음에 겸사복 홍유근은 궁인 홍씨의 오라비로서 사랑을 받아 퍽 교만하였다. 해주에 말 조련하러 갈 적에 유근도 참여했는데, 유실과 윤길 등이 그가 천인이기 때문에 예로 대접하지 아니하므로, 유근이 원망을 품고 먼저 와서 몰래 아뢰니, 임금은 이로 말미암아 알게 되었던 것이다.

이 기록에 등장하는 궁인 홍씨는 세종이 좋아하던 궁녀 출신 후궁 소용 홍씨였다. 홍씨는 비록 천인 출신이었지만 세종이 아내 소헌왕후 심씨와 결혼한 이후 처음으로 사랑한 여자였다. 세종에게는 첫사랑이나 다름없는 존재였다. 홍유근은 바로 이 첫사랑의 오빠였다. 비록 천인이지만 여동생이 왕의 총애를 받는 후궁이었으니, 출신 신분을 가리지 않는 겸사복 직책을 주어 벼슬살이를 하게 해줬던 모양이다. 그런데 자신이 사랑하는 여인의 오빠를 단지 천출이라는 이유로 두 사람이 함부로 대했다는 말을 듣자 세종은 참지 못하고 홍유근을 대신하여 복수를 한 것이다.

사실, 당시 해주에서 음식 대접을 받고 기생을 태우고 다닌 인물은 유실과 윤길 두 명만은 아니었다. 심지어 홍유근도 그 자리에 함께 있었다. 그런데 홍유근을 비롯한 다른 관원들에게는 벌을 내리지 않고 유실과 윤길만 꼭 집어서 벌을 내렸다. 연인의 오빠를 괄시한 이들에게 일종의 괘씸죄를 적용했던 것이다.

이러한 세종의 처사를 두고 도승지 곽존중이 공평한 처사가 아니라며 그들 두 사람에게도 죄를 주지 말라고 했다. 세종은 유실과 윤길에게만 자신이 따로 내린 명령이 있었는데, 그 명령을 듣지 않았다는 말로 얼버무리며 기어코 그 두 사람에게 형벌을 가하고 내쫓아버렸다.

세종은 흔히 공평무사하고 공명정대한 성군으로 알려졌지만, 그도 자신이 좋아하는 연인의 일 앞에서는 평정심을 잃었던 것이다.

사실, 겸사복은 신분에 구애받지 않고 무예가 출중한 무인들로 이뤄진 집단이지만, 간혹 홍유근과 같은 이도 겸사복의 벼슬을 받곤 했다. 신분을 중시하던 조선 시대였지만, 신분을 넘어서는 벼슬을 내릴 필요가 있었고, 이때 가장 적당한 곳이 바로 겸사복 벼슬이었다. 홍유근은 겸사복 제도의 그런 허점 덕에 영화를 누린 인물이었다.

16장

오위도총부
조선의 합동참모부

경복궁과 궐내각사 배치도

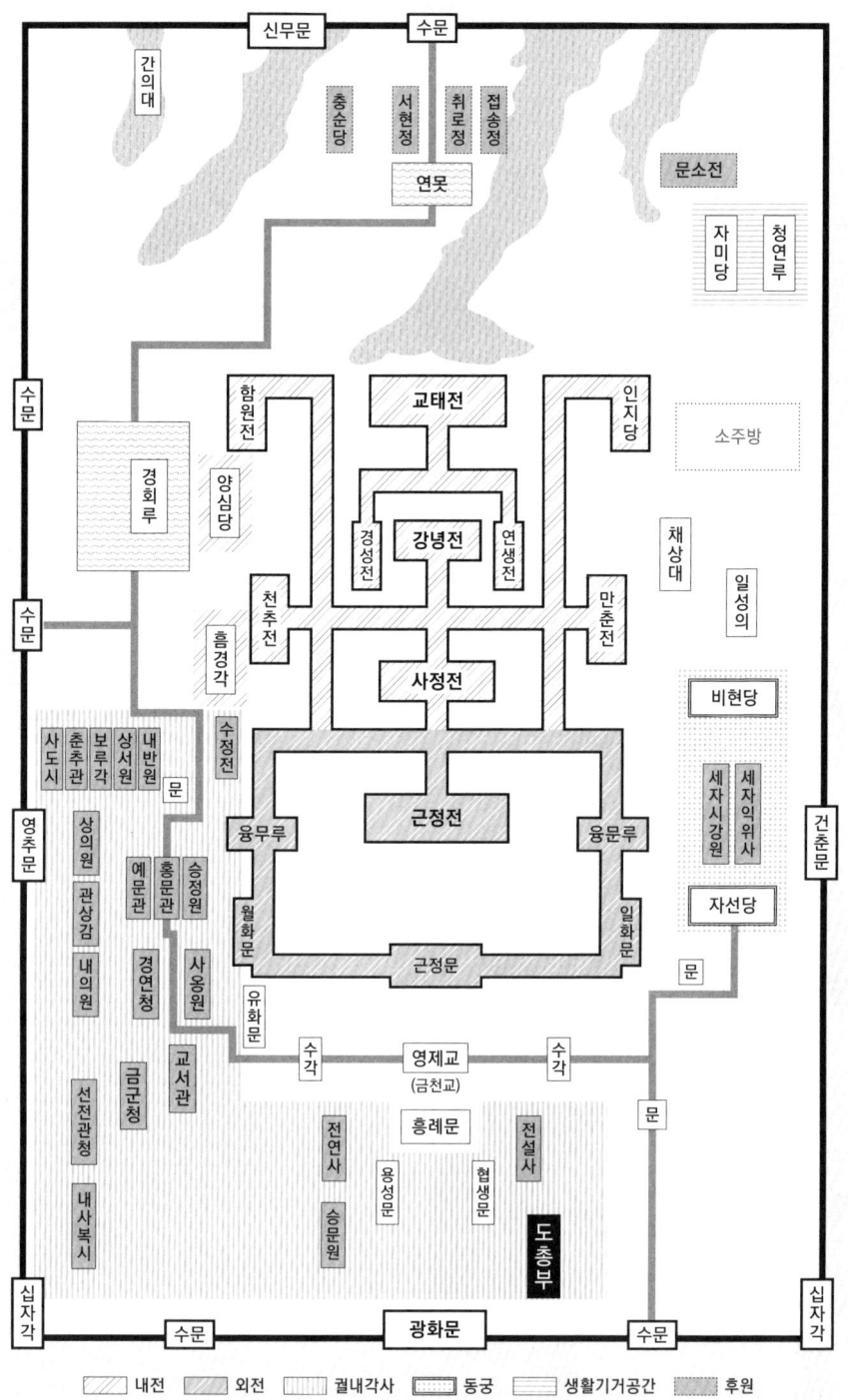

16장 | 오위도총부, 조선의 합동참모부

55

군졸들의 호랑이로 군림한 도총부 관원들

중앙 군대인 오위(의흥위, 용양위, 호분위, 충좌위, 충무위)를 총괄하던 최고 군령기관으로 요즘의 합동참모부에 해당한다. 고려 시대에는 삼군총제부로 불리다가 조선 초에는 의흥삼군부로 이름이 바뀌었다. 이후 의흥삼군부는 태종 1년(1401년)에 승추부로 다시 개칭되었는데, 그로부터 2년 뒤인 1403년에 삼군에 각각 도총부를 설치하였다. 그리고 1405년에 승추부가 병조에 통합됨에 따라 삼군도총부는 병조의 지휘를 받게 되었다. 이에 따라 병조가 매우 비대해졌는데, 병조의 군사 업무를 다시 분산시키기 위해 삼군진무소가 설치되었다. 그러다 세조 3년(1457년)에 중앙군 조직이 오

조직 구성

직책	품계	인원수	임무	기타
도총관	정2품	5	오위도총부의 최고 책임자	종친, 부마, 정승 등 고위 관리 겸임
부총관	종2품	5	도총관 보조	
경력	종4품	4	사무 총괄	
도사	종5품	4	경력 보조	
서리	-	13	일반 사무 및 행정 지원	
사령	-	20	일반 사무 및 행정 지원	

위로 개편되면서 삼군진무소는 오위진무소가 되었고, 1466년에 관제개혁이 이뤄지면서 오위도총부로 개칭되었다.

오위도총부는 중앙군을 총괄하는 역할을 했는데, 중종 때 비변사가 설치되면서 군국기무만 전담하는 기구로 전락했다. 이에 기능이 점차 약화되어 법제상으론 유명무실한 관부로 남아 있다가 1882년에 군제개혁이 이뤄지면서 완전히 폐지되었다.

오위도총부가 총괄한 오위는 의흥위, 용양위, 호분위, 충좌위, 충무위 등으로 구성된 전국 군대 전체를 일컫는다. 하지만 오위도총부는 비변사가 설치된 이후 유명무실한 기관으로 전락했기 때문에 관원이 많지는 않았다. 관원으로는 도총관(정2품)과 부총관(종2품)이 10명 있었는데, 대개 다른 기관의 관료가 겸임하였다. 그래서 대개 종친이나 부마, 정승 등 고위 관리가 임명되었다. 따라서 오위도총부의 실질적인 운영은 종4품의 경력 4명과 종5품의 도사 4명이 맡고 있었다. 나머지 관원으로는 서리 13명, 사령 20명이 전부였다. 하지만 어쨌든 궁궐 안에 있는 기관이었기에 이 관원들은 매일 궁궐로 출퇴근하였다.

오위도총부는 흔히 도총부로 불리었는데, 주된 임무는 성문을 지키는 위졸들을 점검하는 것이었다. 사무는 단순한 편이었는데, 이는 대개 경력이 총괄하였다. 그런데도 총관과 부총관이 10명이나 배치되었고, 그 아래 경력이나 도사의 수가 10명 이상 될 때도 많았다. 이 때문에 관제 개편이 있을 때마다 도총부의 고위직과 경력이나 도사 같은 낭청의 수를 줄여야 한다는 주장이 많았다.

도총부의 주요 임무가 입직하는 위졸들을 점검하는 것이므로 군졸들에 대한 도총부 관원들의 불법적인 착취가 심했다. 도총부 관원들은 점검을 핑계로 자주 군졸들을 괴롭히며 재물을 뜯어내곤 했는데, 이런 행위를 두고 당시 군인들은 '도총부의 사냥'이라고 불렀다. 도총부 관원들은 마치 사냥하듯이 군졸들의 주머니를 털곤 했다. 그러다 보니 도총부 관원은 일반 군졸들에겐 호랑이 같은 존재였다.

16장 | 오위도총부, 조선의 합동참모부
56

악습이 관습이 되어버린 '궐내행하'

광해군일기 4년(1612년) 5월 27일에 병조에서 이런 보고를 하였다.

"무릇 군사가 상번上番하여 군장軍裝을 점고點考받을 때 본조와 도총부의 하인들이 행하行下를 빙자하여 사사로이 서로 속전贖錢을 징수하는데, 이는 대대로 내려온 고질적인 폐단이었습니다. 그러므로 작년 본조의 계목啓目 안에 '군장을 점고한 뒤에 시사試射하여 불합격한 자는 논죄하거나 혹은 속전을 거둔다.'는 일을 아뢰어 윤허받았으니, 이같이 하면 군장은 자연히 정밀하고 좋아질 것입니다. 그런데 오늘 점고하는 때에 낭청의 하인들이 제멋대로 침학하는 것이 전날과 같았다고 합니다. 말 뒤의 배리陪吏가 비록 보호받는 자라 하더라도 대궐 아래의 위졸衛卒에게 어찌 징렴할 수 있단 말입니까. 일의 체모로 헤아려 보건대 매우 온당치 않으니, 도총부의 점고한 낭청을 우선 추고하는 것이 어떻겠습니까?"

병조의 이 보고서는 병조와 도총부 관원들의 불법적인 금전 탈취에 대한 것이었다. 당시 군인들이 군역을 지고 서울로 올라오면 그들의 군장을 점검하는 일을 병조와 도총부의 하인들이 맡았는데, 이 과정에서 터무니없는 트집을 잡아 군인들로부터 벌금을 징수함으로써 돈을 갈취했다.

이런 행동은 고려 때부터 고질적으로 내려오던 악습이었다. 도총부나 병조의 관원들이 하인들을 시켜 군인들의 돈을 갈취하는 행위는 행하를 빙자한 것인데, 행하라는 것은 원래 군인들의 준비물을 점검하는 것이었다. 그리고 점검하는 과정에서 제대로 준비물을 갖추지 못하면 속전, 즉 벌금을 부과함으로써 준비물을 제대로 갖추게 하는 데 목적을 두고 있었다. 하지만 이것이 악습으로 변해 군인들의 돈을 갈취하는 것으로 변질되었다. 특히 도총부 관원들은 성문을 지키는 위졸(문졸)로 온 자들을 상대로 돈을 갈취하는 것이 일상화되어 있었다.

조선 왕조는 개국 초부터 이러한 악습을 근절시키기 위해 무단히 애를 썼지만 조선 말기까지도 이 악습은 사라지지 않았다. 심지어 '궐내행하闕內行下'라는 이름으로 지방관으로 파견되는 관리들로부터 돈을 뜯어내는 것도 하나의 관습으로 굳어져 있었다.

이때 지방관으로 파견되는 관리는 반드시 임금을 만난 뒤 임명장을 받고 임지로 떠나야 했는데, 도총부 관원들이나 각 문의 별감들이 문을 막고 일종의 통과세를 받곤 했는데, 이를 궐내행하라고 했던 것이다.

궐내행하로 인해 관리들이 내야 하는 금액은 많게는 300냥이 넘었다고 하는데, 이를 지금 돈으로 환산하면 약 1500만 원에 해당하는 큰 금액이다. 더 놀라운 것은 이 돈이 관리의 주머니에서 나오는 것이 아니라 부임할 곳의 백성들에게서 나온다는 점이다. 새로운 지방관이 부임한다는 소식이 전해지면 부임지의 이방이 고을의 백성들에게 각출하여 궐내행하에 쓰이는 돈은 물론이고 신임 관리의 이사 비용과 부임 과정에서 쓰이는 모든 비용을 마련했기 때문이다.

도총부의 관원과 하인, 또는 문지기들이 행하를 빙자하여 돈을 뜯은 것은 그들에게 제대로 월급이 주어지지 않았기 때문이다. 특히 성문이나 궐문을 지키는 문졸들과 별감들은 월급이 없었기에 기회만 있으면 수단과 방법을 가리지 않고 돈을 뜯어냈다. 이는 궐문의 문졸뿐 아니라 각 성문의 문졸이나 각 지방 관아의 문졸도 마찬가지였다.

조선 시대는 이렇듯 궁궐에서부터 지방 관아에 이르기까지 관리와 군졸, 그리고 백성들을 대상으로 불법적으로 돈을 갈취하는 것이 악습으로 굳어져 있는 사회였다. 말하자면 궁궐의 도총부 관원과 그 수하의 사령 및 하인들이 문졸들을 상대로 돈을 갈취하면, 그들 문졸들은 또 궁문을 드나들어야만 하는 지방관을 상대로 돈을 갈취하고, 지방관은 또 백성들의 돈을 갈취하여 그 돈을 충당하는 식이었다. 또한 지방의 관아를 지키는 문졸들도 같은 수법으로 백성들을 상대로 통과세를 거뒀으며, 관아의 옥졸도 또한 죄수와 그 가족들로부터 돈을 갈취했다.

이러한 금전 갈취 행위는 지방 아전들에게도 일상화되어 있었다. 아전들 역시 월급이 없었기에 백성들에게 각종 세금을 거둬들이는 방법으로 돈을 갈취했다. 그렇듯 조선 사회는 금전 갈취에 대해 매우 무감각한 사회였다.

17장

관상감
천문과 풍수 업무

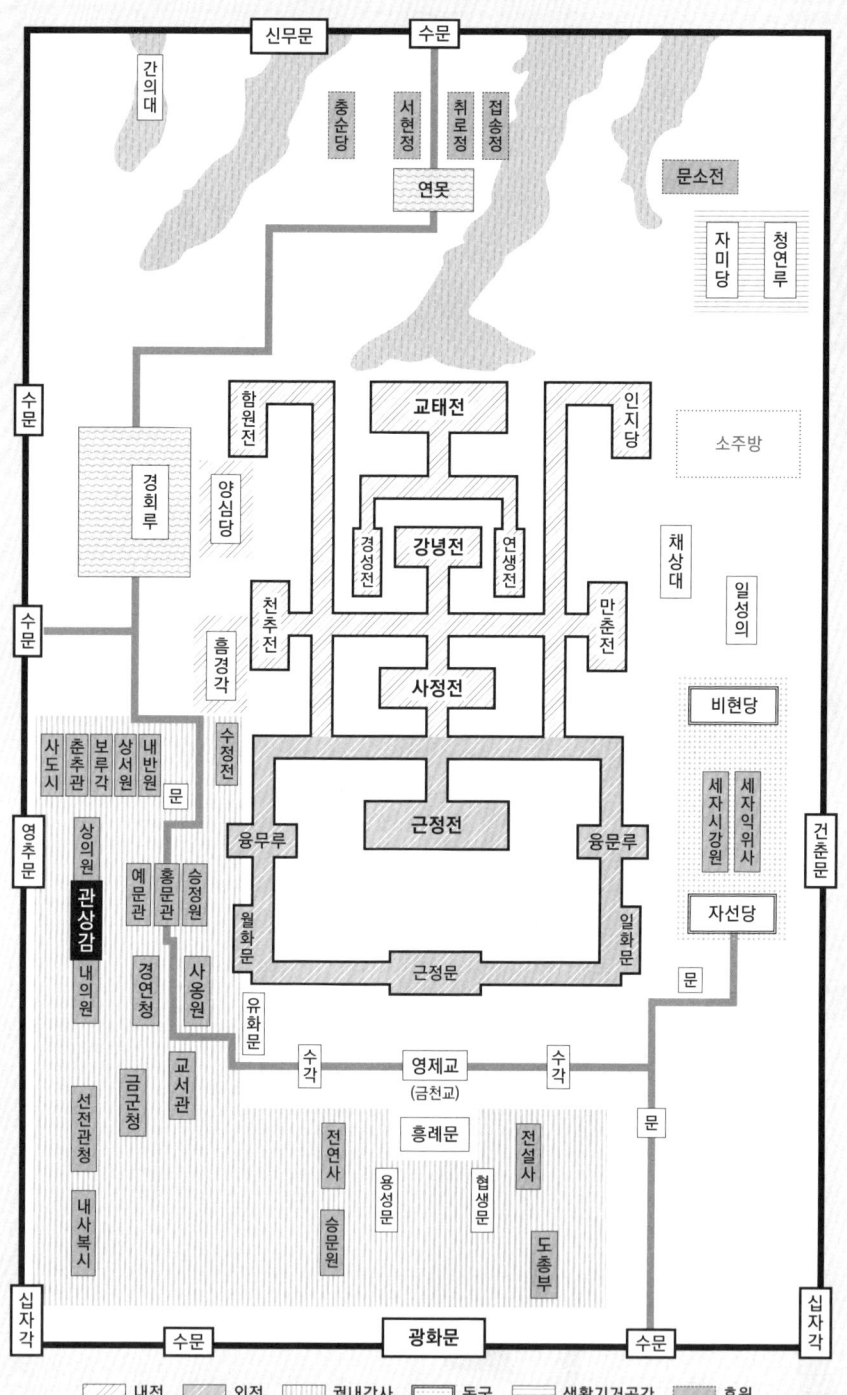

17장 | 관상감, 천문과 풍수 업무

57

조선의 자연과학 전문가 집합소

　관상감觀象監은 지금의 기상청, 천문관측소와 같은 곳으로, 천문, 풍수지리, 달력, 기상 관측, 시간 측정, 사주팔자 등에 관한 일을 맡아보는 관청이다. 관상감의 원래 명칭은 서운관書雲觀이었는데, 세조 대에 이르러 관상감으로 개칭되었다. 연산군 시절에는 잠시 사역서로 이름이 바뀌었다가 중종 때 다시 관상감으로 환원되었다.
　이곳의 관리들은 모두 잡과雜科에 합격한 사람들인데, 명실상부한 자연과학 분야의 전문가들이었다. 관상감에서 연구하는 학문은 천문학, 지리학, 명리학 등이었다. 천문학은 말 그대로 천문과 기상을 연구하고, 지리학은 어느 곳에 집을 지으면 좋은지, 무덤은 어디에 쓰면 좋은지 등을 알아보는 풍수지리를 말하는 것이며, 명리학은 앞날의 운세를 알아보는 사주팔자학 같은 학문을 말한다. 이 중에서도 특히 명리학은 고려 때부터 시각 장애인들이 전문으로 해왔다. 이 외에도 과거 시험이나 임금의 행차와 같은 국가 대사의 일정을 잡을 때, 예조에서 기안해서 올리면 관상감에서 좋은 날짜를 정해서 시행했다.

《경국대전》에 따르면 관상감의 관원은 65명이다. 정1품 영사는 영의정이 겸하고, 그 아래 제조 2명이 겸직으로 있으며, 정3품의 정 아래로 부정, 첨정, 판관, 주부, 천문학교수, 지리학 교수, 직장, 봉사, 부봉사, 천문학 훈도, 지리학 훈도, 명과학 훈도, 참봉 등의 관직과 다수의 임시직이 있었다.

조선 천문학의 수준은?

현대인들의 생각으로는 조선 시대의 천문학이 별을 보고 점을 치는 수준에 그쳤을 것이라 여길 수도 있다. 그러나 당시 조선의 천문학은 결코 서양에 뒤지지 않았다. 요하네스 케플러가 독일의 유명한 천문학자라는 사실은 잘 알려져 있다. 그런데 '케플러 초신성'이라는 용어는 좀 생소할 수 있다. 케플러 초신성은 1604년 10월 17일에 관측된 초신성 폭발 현상을 일컫는다. 그러나 케플러가 초신성을 관찰하기 4일 전인 10월 13일에 조선의 천문학자들이 먼저 이를 발견한 내용이 선조실록에 실려 있다.

> 밤 1경更에 객성客星이 미수尾宿 10도의 위치에 있었는데, 북극성과는 110도의 위치였다. 형체는 세성歲星보다 작고 황적색黃赤色이었으며 동요하였다. 〈선조 37년 9월 21일〉

이 내용을 쉽게 풀어놓자면, 17시에서 19시 사이에 떠돌이별(객성)이 전갈자리(미수) 10도의 위치에 있었으며, 북극성과는 110도의 위치에 있었고, 크기는 목성(세성)보다 작고 빛깔은 황갈색이었으며, 움직이고 있었다는 의미다. 이 당시 음력 9월 21일을 양력으로 환산하면 10월 13일이므로, 케플러가 초신성을 발견한 시간보다 4일 앞서 조선의 천문학자들이 초신성을 발견한 셈이다.

이 기록을 통해 알 수 있듯이 조선 천문학자들은 단순히 별을 보고 점을 치는 사람들이 아니었다. 이 객성에 대한 기록은 여기서 그치지 않는다. 이후에도 이듬해 3월 15일까지 무려 6개월 동안 50여 차례에 걸쳐 관찰한 기록이 남아 있다.

이러한 기이한 천문 현상 때문에 당시 선조는 몹시 불안해했다. 객성의 출현은 나라에 심상치 않은 일이 벌어질 것이라는 징조로 받아들였기 때문이다. 이 현상과 관련하여 홍문관에서는 천재지변이 생긴 만큼 임금은 몸과 마음을 삼가야 한다는 글을 올리기도 했다.

이때 관측된 초신성은 결국 폭발했는데, 초신성이 폭발한 이유는 태양을 제외한 대개의 별이 쌍둥이 별이기 때문이다. 두 별이 함께 돌다가 서로 부딪쳐 폭발하는 것이다. 조선 시대에는 이런 현상을 하늘의 엄중한 경고로 생각했고, 그래서 홍문관에서 왕이 몸과 마음을 삼가야 한다는 글을 올렸던 것이다. 별을 관측하는 수준은 발전되어 있었지만, 그것을 인간 세계와 연관시켜 생각하는 것은 과학적이지 못했던 셈이다.

17장 | 관상감, 천문과 풍수 업무

58

조선 천문학의 대가
이순지와 《제가역상집》

관상감 소관인 조선의 천문학을 거론하자면 이순지李純之를 빼놓고는 말할 수 없다. 이순지는 지사 이맹상의 아들이며, 언제 태어났는지는 기록되어 있지 않다. 그의 자는 성보誠甫, 본관은 양성陽城이다.

그는 태어날 때부터 병약하였으나 학문을 좋아하여 문과에 급제하고 관직 생활을 시작했다. 이때 천문학에 관심이 깊던 세종은 명석한 문인들을 따로 뽑아 산학(수학)을 익히게 했는데, 이순지도 그 중 하나였다. 이순지는 이 무렵에 이미 역산曆算(천체 수학)에 정통한 상태였다.

세종이 그 명성을 듣고 이순지를 불러 물었다.

"지도상으로 이 나라는 어디에 위치해 있는지 아느냐?"

"본국은 북극에서 38도 강强에 위치하고 있습니다."

하지만 세종은 그 말을 믿지 않았다. 이순지를 과소평가한 것이다. 그런데 얼마 뒤 중국에서 온 산학자(수학자)가 천문학 책을 바치자, 그에게 세종이 물었다.

"이 나라가 어디에 위치해 있는지 그대는 잘 알겠군."

"고려(당시 중국에서는 조선을 여전히 고려라고 부르는 사람이 많았다)는 북극에서 38도 강에 위치한 나라입니다."

그 소리에 세종은 이순지를 의심했던 것을 크게 반성하고, 역산에 관한 한 이순지의 말을 모두 인정하기 시작했다.

이순지의 역산에 대한 지식이 깊어지자, 세종은 그에게 고래의 역법을 상고하여 사실과 맞지 않는 부분을 수정하는 작업을 시켰다. 이후 그는 3년 동안 역법 교정에 전념하였고, 이 기간 동안 역산의 대가로 성장하게 된다.

그의 역산 능력을 높이 평가한 세종은 그를 서운관에 예속시켜 간의대 업무를 보게 했다. 간의대는 천문을 관측하여 별의 운행과 변화를 기록하고 그 원리를 파악하는 곳으로, 요즘의 천문관측대 같은 곳이다. 이곳에서 장영실, 이천 등과 머리를 맞대고 간의簡儀, 규표圭表, 앙부일구, 보루각, 흠경각 등을 제작했다.

1437년에 이순지는 모친상을 당했는데, 세종은 그가 빠지면 역산에 큰 차질이 생긴다고 판단하고 기복起復(초상을 당해 휴직 중인 관리를 복상 기간 중에 직무를 보게 하던 제도)을 명령했다. 이순지가 이를 받아들이지 않자, 세종은 그의 아버지 이맹상에게 아들 순지가 벼슬에 나올 수 있도록 설득하라는 명령을 내렸다. 당시 이순지는 정4품 벼슬인 호군의 자리에 있었는데, 이런 하위직에 대해 임금이 직접 기복 명령을 내리는 일은 거의 없었다. 이는 세종이 얼마나 천문학의 발전에 심혈을 기울이고 있었는지 잘 보여주는 대목이다.

세종은 1443년에 이순지를 동부승지로 전격 발탁했다. 동부승지는 공조를 맡은 비서관인데, 이순지를 이 직책에 배치한 것은 과학, 특히 천문학 업무를 세종이 직접 챙기겠다는 의미였다.

이 시기에 세종은 이순지에게 천문학에 관한 새로운 서적을 편찬하라는 특별한 명령을 내렸는데, 이는 종래의 천문역서가 가진 문제점을 보완하고 중복된 부분을 삭제하여 긴요한 사항들만 한눈에 볼 수 있도록 하라는 것이었다.

1445년(세종 27년) 3월 30일, 드디어 이순지가 세종의 명령을 실천에 옮겨 편찬한 책이 바로 《제가역상집諸家曆象集》이다.

4권 4책으로 이루어진 이 책의 제1권은 천문天文, 제2권은 역법曆法, 제3권은 의상儀象, 제4권은 구루晷漏(해시계와 물시계)를 다루고 있다.

일월日月과 오성五星(수성, 금성, 화성, 목성, 토성)의 움직임에 관한 책인 《칠정산내·외편》과 함께 당대 최고의 천문역서인 《제가역상집》은 이순지와 세종의 천문학에 대한 열정이 고스란히 담겨 있는 역작이다. 천문학의 요점을 일목요연하게 정리하여 역산에 대한 깊은 지식이 없더라도 한눈에 알 수 있게 만든 점이 이 책의 강점이며, 이는 실용주의 정책으로 일관했던 세종의 면모와 고금의 천문역서에 통달했던 이순지의 지식 체계가 일궈낸 조선 천문학의 쾌거였다.

17장 | 관상감, 천문과 풍수 업무

59

관상감이 남긴
조선 천문 과학의 유산들

조선의 천문 관측기구, 간의대

관상감 관원들은 조선 천문 과학의 유산을 남겼는데, 우선 간의대를 꼽을 수 있다. 경복궁의 경회루 북쪽에 설치된 석축 간의대는 높이 6.3미터, 길이 9.1미터, 너비 6.6미터의 천문 관측대였다. 이 간의대에는 혼천의, 혼상 등이 설치되어 있었다. 간의대와 주변 시설물들은 중국과 이슬람 양식에 조선의 전통 양식을 혼합한 것이었으며, 1438년(세종 20년) 3월부터 이 간의대에서 서운관(관상감) 관원들이 매일 밤 천문을 관측한 것으로 기록되어 있다.

간의대에 설치된 혼천의는 천체의 운행과 그 위치를 측정하는 기계로, 중국 고대 우주관 중 하나인 혼천설渾天說에서 비롯된 것이다. 혼천설의 골자는 우주는 새알처럼 둥글게 이 땅을 둘러싸고 있고, 땅은 마치 새알 껍데기 같은 우주 속의 노른자위처럼 생겼다는 학설이다. 쉽게 말하면, 우주는 둥근 원 모양이고 지구는 그 속에 있는 또 하나의 둥근 원이라는 뜻으로, 곧 지구 구형설인 셈이다.

혼천의는 천구의와 함께 물레바퀴를 동력으로 움직이는 시계장치와 연결된 것으로서 일종의 천문 시계 기능을 하고 있었다. 또 간의대에 설치되었던 혼상은 일종의 우주본으로, 지구본처럼 둥글게 되어 있으며, 둥글게 만든 씨줄과 날줄을 종이로 감싼 모양이다. 어설퍼 보이는 이 천문 관측기는 당시로서는 최고의 과학적 결정체였다.

이 외에도 간의대에는 방위와 절기, 시각을 측정하는 도구인 규표와 태양시와 별의 시간을 측정하는 일성정시의가 설치되어 있었다.

혼천설은 중국 고대에 형성된 우주 개념 중 하나이다. 고대 중국에서는 우주의 원리에 대해 개천설과 혼천설이 대립했는데, 개천설蓋天說에서는 우주의 모양에 대해 하늘이 땅 위를 덮고 있는 형태라고 주장하고, 혼천설에는 땅은 둥글고 하늘은 주변을 둥글게 감싸고 있는 형태라고 주장한다. 또 개천설에서는 하늘의 중심을 북극으로 설정하고 북극을 중심으로 하늘이 회전하며, 하늘과 땅은 평면이라고 주장한다. 하지만 이것으로는 낮과 밤의 길이 변화와 계절의 변화를 설명하지 못하는 한계에 부딪친다. 이에 반해 혼천설은 하늘과 땅을 곡면으로 설정하고 천체의 모양을 달걀 모양이라고 주장하여 개천설의 한계를 극복한다. 이후, 16세기까지 혼천설이 중국의 우주론을 지배했다.

천문학의 발전이 가져온 해시계와 물시계

천문학의 발전은 시계의 발명을 가져왔다. 당시의 시계는 해시계와 물시계로 대표되며, 해시계는 앙부일구, 현주일구, 천평일구, 정남일구 등이 있었고, 물시계는 자격루와 옥루가 있었다.

해시계를 일구日晷라고 한 것은 해 그림자를 통해 시간을 알 수 있도록 했기 때문이다. 이 일구들은 모양과 기능에 따라 여러 가지로 나뉘는데, 우리나라 최초의 공중시계인 앙부일구는 그 모양이 '솥을 받쳐놓은 듯한[仰釜]' 형상을 하고 있다 하여 이 같은 이름이 붙여졌다. 이것은 혜정교와 종묘 남쪽 거리에 설치되어 있었다. 현주일구와 천평일구는 규모가 작은 일종의 휴대용 시계였고, 정남일구는 시계 바늘 끝이 항상 '남쪽을 가리킨다'고 해서 붙여진 이름이었다.

장영실 등이 만든 앙부일구는 단순히 해시계를 발명했다는 측면 외에 더 중요한 과학적 사실을 알려주고 있다. 다른 나라의 해시계가 단순히 시간만을 알 수 있게 해준 데 반해, 앙부일구는 바늘의 그림자 끝만 따라가면 시간과 절기를 동시에 알게 해주는 다기능 시계였다. 또한 앙부일구는 세계에서 유일하게 반구로 된 해시계였다. 앙부일구가 반구로 된 점에 착안하여 그 제작 과정을 연구해보면 놀라운 사실이 발견되는데, 그것은 당시 사람들이 해의 움직임뿐만 아니라 지구가 둥글다는 사실도 알고 있었다는 점이다. 물론 지금과 같은 지구 구형설이나 지동설에 따른 것이 아니라 혼천설에 따른 것이었다.

해시계는 이처럼 조선의 시계 문화에 획기적인 발전을 가져다주었지만 기능적인 한계를 안고 있었다. 해시계는 해의 그림자를 통해 시간과 절기를 알게 해주는 것이었기에 흐린 날이나 비가 오는 날에는 이용할 수 없었다. 그래서 만들어진 것이 물시계였다.

물시계로는 자격루와 옥루가 있었다. 자동으로 시간을 알려주는 시보 장치가 달린 이 물시계는 일종의 자명종 시계다. 1434년 세종의 명을 받아 장영실, 이천, 김조 등이 고안한 자격루는 시, 경, 점에 따라서 자동으로 종, 북, 징을 쳐서 시간을 알리도록 되어 있었다. 1437년에는 장영실이 독자적으로 천상 시계인 옥루를 발명했고, 세종은 경복궁에 흠경각을 지어 옥루를 설치했다. 옥루는 중국 송, 원 시대의 모든 자동 시계와 중국에 전해진 아라비아 물시계에 관한 문헌들을 철저히 연구한 끝에 고안한 독창적인 것으로서 중국이나 아라비아의 시계보다 훨씬 뛰어났다는 평가를 받고 있다.

측우기와 갑인자의 발명

　해시계, 물시계와 더불어 천문학의 발전으로 이루어진 또 하나의 뜻깊은 발명품은 측우기였다. 측우기는 1441년에 발명되어 조선 시대의 관상감과 각 도의 감영 등에서 강우량 측정용으로 쓰인 관측 장비로, 현대적인 강우량 계측기와 유사하다. 이는 갈릴레오의 온도계나 토리첼리의 수은 기압계보다 200년이나 앞선 세계 최초의 기상 관측 장비다. 측우기의 발명으로 조선은 새로운 강우량 측정 제도를 마련할 수 있었고, 이를 농업에 응용하게 되어 농업 기상학에서 괄목할 만한 진전을 이룩하였다. 또 강우량을 정확하게 파악할 수 있어 홍수 예방에도 도움이 되었다.

　시계와 측우기 외에도 인쇄 문화에서 획기적인 발전이 이루어졌는데, 바로 갑인자의 등장이다. 세종은 당시까지 사용하던 활자인 경자자의 문제를 해결하기 위해 새로운 활자를 만들도록 했고, 이천의 지휘 아래 이순지, 장영실, 김돈, 김빈 등이 중심이 되어 두 달 만에 활자 20만 자를 만들었다. 1434년 갑인년에 동활자로 만들어진 갑인자는 가늘고 빽빽하여 보기가 어렵고, 판이 잘 허물어져 글자가 한쪽으로 쏠리고 삐뚤어지는 경자자의 문제점을 거의 완벽하게 개선했다. 갑인자는 필력이 정확하게 나타나고, 아름다우며, 보기에 편하고, 크기가 일정하여 흔히 한국 활자본의 백미라고 하며, 세계 활자사에서도 일획을 긋는 업적으로 평가받고 있다.

조선 정부는 그 이후에도 400여 년 동안 갑인자를 계속 사용했는데, 세종 이후로 동활자가 계속 유실되어 많은 부분이 목활자로 대체되었고, 그런 까닭에 조선사를 통틀어 세종 때 만든 동판 갑인자로 찍어낸 글자보다 세밀하고 유려한 활자는 없다. 갑인자는 조선 500년은 물론이고, 중국의 어느 활자보다도 정교했던 것이다.

17장 | 관상감, 천문과 풍수 업무

60

조선의 '위대한 손' 장영실과 세종의 과학 혁명

조선 천문 과학을 논할 때 장영실을 빼놓고 이야기할 수 없다. 그는 세종의 과학 정책을 현실화시킨 '위대한 손'이었기 때문이다.

장영실에 대해 《세종실록》은 그의 아버지가 원나라 소항주蘇杭州 사람이며 어머니가 기생이었다는 것, 그리고 그가 동래현의 관노 신분이었다고 기록하고 있다. 장영실의 성씨를 감안할 때, 그의 아버지는 원나라 사람이긴 했지만 몽골인이 아닌 한족이었고, 장영실이 관노였다는 사실을 통해 그의 어머니는 관비였음을 알 수 있다. 즉, 장영실은 몽골 지배 시절의 한족 아버지와 고려 동래현에 예속된 관기 사이에서 태어난 혼혈아였다는 뜻이다.

동래의 관노 신분인 장영실을 궁궐로 불러 올린 사람은 태종이었고, 그의 뛰어난 능력을 알아본 사람은 세종이었다. 세종은 관노 신분이었던 장영실을 종3품 대호군의 벼슬까지 주면서 능력 발휘를 독려했다.

세종의 적극적인 지원 아래 장영실이 일궈낸 과학적 쾌거를 열거하자면 대표적으로 혼천의, 혼상, 물시계, 해시계, 측우기, 간의대, 갑인자 등을 들 수 있다. 물론 장영실 혼자 이 일을 해낸 것은 아니었다. 주로 정초와 정인지, 세종 등이 이론과 원리를 설명하고, 이순지, 김담 등이 수학적 기반을 마련했으며, 이천이 현장을 지휘했다. 하지만 실제 이 기계들을 제작한 기술자는 장영실이었다.

장영실이 세계 과학사에 빛나는 업적들을 남길 수 있었던 것은 세종의 뛰어난 지도력과 안목 덕분이었다. 학문은 물론이고 기술적인 측면에도 지대한 관심과 노력을 아끼지 않았던 세종은 측우기의 제작에 왕세자를 직접 참여시키는 열성을 보였으며, 출신 성분에 관계없이 능력에 따라 학자와 기술자를 등용하기도 했다. 장영실은 세종의 그와 같은 실용적 가치관 덕분에 마음껏 능력을 발휘할 수 있었고, 덕분에 조선은 과학 혁명을 이룰 수 있었으며, 15세기 문예 부흥을 구가할 수 있었다.

사복시

말과 목장 관리

18장

경복궁과 궐내각사 배치도

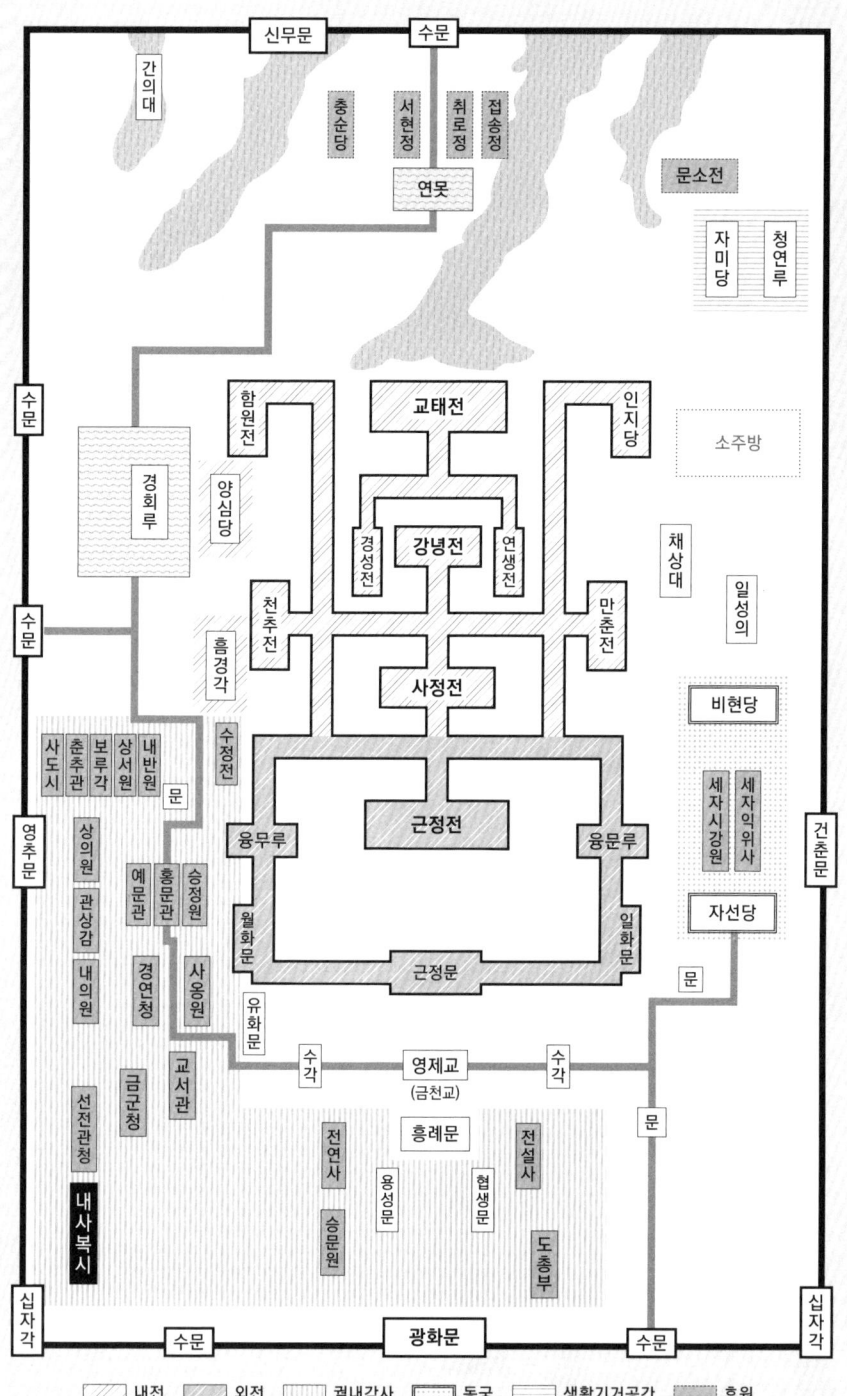

18장 | 사복시, 말과 목장 관리

61

궁궐에서 가장 많은 인력을 부리는 곳

사복시司僕寺는 수레와 말, 그리고 목장에 관한 일을 맡은 곳으로 고려 시대 때부터 있던 관청이다. 사복시는 내사복시와 외사복시로 나뉘는데, 내사복시는 경복궁 영추문 안쪽과 창경궁 홍문관 남쪽에 있었고, 외사복시는 현재의 서울 종로구 수송동에 있었다. 따라서 궁궐에 근무하는 사복시 관원은 내사복시에 한정된다.

사복시의 소속 관원으로는 제조 2명이 있고, 그 아래로 정3품의 정 1명, 종3품 부정 1명, 종4품 첨정 1명, 종5품 판관 1명, 종6품 주부 2명이 있었다. 그리고 그 아래로 안기 1명, 조기 1명, 이기 2명, 보기 2명, 마의 10명이 예속되어 있었다. 종6품 안기부터 종9품 보기까지는 모두 잡직관이다.

관원 구성 및 임무

직책	품계	인원수	임무
제조	-	2	2총괄
정	정3품	1	총괄
부정	종3품	1	부총괄
첨정	종4품	1	조력 및 보조
판관	종5품	1	관리
주부	종6품	2	관리 보조
안기	종6품	1	말을 조련하고 보양하는 임무 총괄
조기	종7품	1	임금의 수레와 말을 책임
이기	종8품	2	조기와 함께 가마와 수레 관리
보기	종9품	2	조기와 이기를 보조하여 수레와 말 관리
마의	-	10	말을 치료하는 의사

서리 및 기타 인력

직책	인원수	임무
서리	15	행정 업무
일꾼	600	일반 업무 수행
차비노	14	심부름하는 관노
근수노	8	심부름하는 관노
이마	4	말 관리
견마배	11	말고삐를 잡고 따라다니는 임무
고직	4	창고지기
대청직	1	건물 관리인
사령	11	관아를 지키거나 심부름하는 나졸
군사	2	군사 업무

잡직관들의 임무를 살펴보면, 안기安驥는 말을 조련하고 보양하는 임무를 총괄하는 직책이다. 종7품 조기調驥는 임금이 타는 수레와 말을 책임진 관리이며, 종8품 이기理驥는 조기와 함께 가마와 수레를 관리하는 직책이다. 종9품 보기保驥 역시 조기와 이기를 보조하여 수레와 말을 관리하는 역할을 한다. 마지막으로 품계가 없는 마의馬醫는 말을 치료하는 의사이다.

사복시에는 이들 관원 외에도 서리가 15명 있고, 그 아래로 일꾼 600명, 차비노 14명, 근수노 8명, 이마 4명, 견마배 11명, 고직 4명, 대청직 1명, 사령 11명, 군사 2명이 배치되었다. 차비노와 근수노는 심부름하는 관노이며, 이마는 말을 관리하는 직책이다. 견마배는 말고삐를 잡고 따라다니는 일을 했다. 또 고직은 창고지기를 말하며, 대청직은 건물 관리인이며, 사령은 관아를 지키거나 심부름하는 나졸을 일컫는다.

이렇듯 사복시는 궁궐 속 관청들 중에서 가장 많은 인력을 보유한 조직이었다. 게다가 사복시는 각 지역의 목장을 관리하는 업무도 있었기 때문에 지방 조직도 있었다. 《세종실록 지리지》에 나타난 지방의 목장 수는 53개였으며, 《동국여지승람》에는 87개, 《대동여지도》에는 114개, 《증보문헌비고》에는 209개가 있었다는 기록이 있다. 이 목장들은 각 도의 관찰사 관할 아래 감목관이 지휘, 감독하였고, 감목관 아래로는 군두, 군부, 목자 등 말 생산과 관리에 필요한 많은 인원이 배치되었다.

조선 사회에서 말은 가장 요긴한 이동 수단이었을 뿐만 아니라 군사적으로도 매우 중요한 동물이었다. 그런 까닭에 목장 관리가 군사력에도 상당한 영향을 미쳤다. 사복시는 조선 사회에서 없어서는 안 될 매우 중요한 관청이었다.

18장 | 사복시, 말과 목장 관리

62

점마별감
비리 사건

사복시에는 각 도의 목장에서 기르는 말을 점고點考, 즉 숫자를 세고 기록하는 임무를 맡은 별감이 있었는데, 이들을 점마별감點馬別監이라고 했다. 실록에는 이 점마별감들에 얽힌 사건들이 많이 전한다. 주로 이들이 저지른 부정에 관한 내용이다. 태종 10년(1410년) 7월 12일의 기사에 이런 내용이 전해진다.

유겸이 북경에서 돌아와 말하였다.

"박희중과 최진성이 점마별감으로 의주에 이르러 역환易換 마필을 점고하여 보내는데, 의주 등처의 군민의 요구에 따라, 임의로 진헌할 좋은 말과 군민의 나쁜 말을 바꾸어 해송解送하였습니다."

내용인즉, 중국에 진헌할 말을 바꿔치기 했다는 것인데, 이 말을 듣고 태종은 즉시 순금사로 하여금 그들을 조사하게 했고, 결국 유겸의 말이 사실로 밝혀졌다. 순금사의 조사에 의하면 박희중이 바꾼 말은 24필이었고, 최진성이 바꾼 말은 22필이었다. 이를 장물로 계산하면 참형에 해당하는 중대 범죄였다. 하지만 태종은 이들을 죽이지 않고 유배형으로 끝냈다. 둘 다 한성에서 내로라하는 집안의 자식들인 데다, 박희중은 이조 정랑, 최진성은 예조 정랑이라는 요직에 있었기 때문이다.

어쨌든 이들은 중국에 진헌할 말을 바꿔치기하여 유배형을 당했다는 것인데, 점마별감들 중에는 아예 말을 빼돌려 팔아먹는 경우도 있었다.

세종 23년(1441년) 3월 2일의 일이다. 경기의 점마별감을 맡은 사복시 직장 배지눌과 충청도의 점마별감을 맡은 사복시 윤이완이 각각 목장의 말을 팔아먹었다는 고발이 있었다. 세종은 곧 이들을 사헌부로 잡아와 추국토록 했는데, 과연 고발 내용대로 말을 팔아먹은 정황이 밝혀졌다.

우선 배지눌은 추국 끝에 말 6필을 팔아넘겼다는데, 3필은 자기 아버지의 종에게, 나머지 3필은 역리의 이름을 도용하여 별도로 팔아넘겼다고 했다. 하지만 정작 조사해보니, 말을 산 사람들은 전혀 모르는 일이라 했다. 그러자 세종은 그들을 의금부로 넘겨 다시 추국토록 했다.

배지눌과 함께 이완도 의금부에 내려 추국토록 했는데, 역시 말의 행방이 묘연했다. 결국 말을 산 자들은 밝혀내지 못한 채 둘 다 장 100대에 도徒(감옥살이) 3년에 처해졌다. 그런데 이완은 공신의 아들이라 귀양 보내는 것으로 종결되었고, 배지눌만 장 100대를 맞고 3년 징역형을 살아야 했다.

이 두 사건 외에도 실록에는 점마별감들이 말을 빼돌리거나 바꿔치기한 사건이 많이 등장한다. 또한 점마별감으로 파견된 자들이 한결같이 좋은 집안 출신의 관리들이었다. 이는 곧 누구나 점마별감 자리를 탐냈다는 뜻이다. 물론 그만큼 뒤로 챙기는 이익이 많았기 때문이었을 것이다.

사복시에 바치는 말 값

조선 초기에 관리가 막 된 신참들은 사복시에 말 값을 바치는 풍습이 있었다. 1401년 윤3월, 태종은 경연 중 다음과 같은 질문을 했다.

"일찍이 들으니, 사복시에 신참이 말 값을 바치는 법이 있다던데, 사실인가?"

시독관이 그렇다고 대답하자, 태종은 다시 물었다.

"처음에 이런 법을 만든 이유는 무엇인가?"

시독관은 이렇게 대답했다.

"예전에 참외관參外官은 말을 타지 못하고, 배참拜參하여 말을 준 연후에야 탈 수 있었기 때문에, 그 값을 바치는 것입니다. 지금은 말을 주는 법은 없어졌지만, 값을 바치는 법은 여전히 남아 있습니다."

참외관이란 정7품 이하의 무관 잡직을 의미하며, 배참이란 지방으로 내려갈 때 쉬어갈 역참을 배정받는 것을 의미한다. 말 값이란 무관 잡직들이 관직을 받고 배속될 때 사복시에 일종의 통과세를 내는 것을 의미한다. 조선 시대의 잡직들은 이러한 통과세를 주요 수입원으로 삼았으며, 지방관들도 발령이 나면 궁궐을 지키는 문지기나 별장들에게 통과세를 내야 궁궐 안으로 들어갈 수 있었던 것과 유사하다.

태종은 이러한 관행을 듣고 웃으면서 말했다.

"말을 주고 그 값을 바치게 하는 것도 틀린 일인데, 하물며 말을 주지 않고 값을 바치게 하는 것이겠는가? 의정부에 내리어 없애도록 하라."

그러나 이러한 왕명에도 불구하고 사복시 관원들은 말 값을 계속 받았다. 사복시 관원들 중 잡직에 종사하는 사람들에게는 말 값이 중요한 수입원이었기 때문에 암암리에 계속 받아 챙겼던 것이다.

19장

전설사
장막과 차일 전담

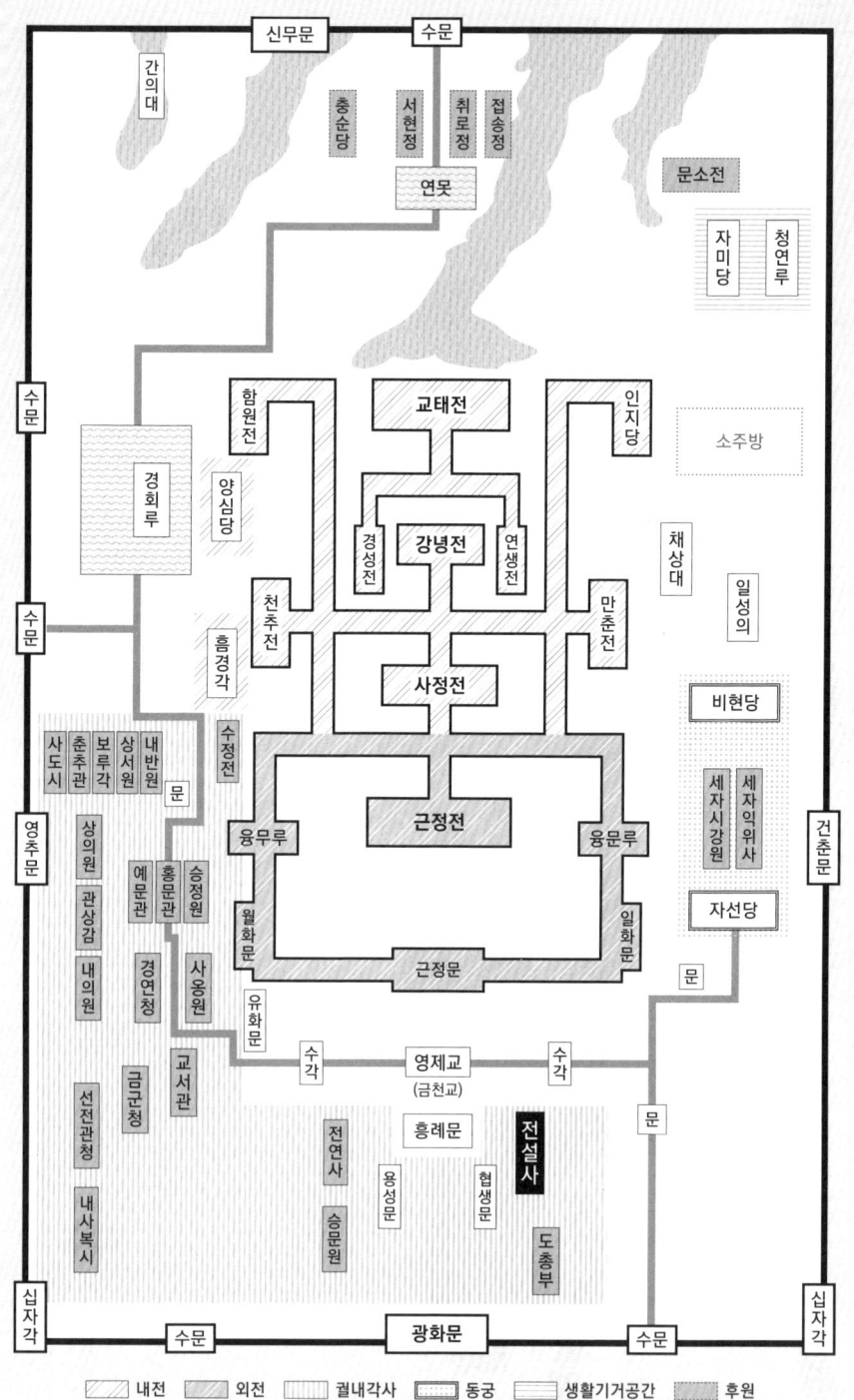

19장 | 전설사, 장막과 차일 전담

63

날씨에 운명이 달린 그들

전설사典設司는 예식을 할 때 쓰는 장막을 공급하는 일을 맡아보던 관청이다. 고려 시대의 상사국에서 비롯되었다. 상사국은 고려 목종 대에 설치되어 충렬왕 대에는 사설서로 불리다가 공양왕 대에는 상사서로 개칭되었다. 이후 조선 왕조에 들어와 사막司幕, 즉 장막을 다루는 관청으로 불리다가 세조 대에 전설사로 굳어졌다.

관원으로는 제조 1명과 정4품의 수守 1명이 있었으며, 그 아래로 제검 2명, 별좌 2명, 별제 2명이 있었다. 하급 관원으로는 서원 1명, 일꾼 14명, 사령 4명, 군사 2명이 배치되었다.

이들의 주 업무는 장막과 유악油幄, 차일을 관리하는 것이었

관원 구성 및 임무

직책	품계	인원수	임무
제조	정2품 또는 종2품	1	총괄
수	정4품	1	총괄 보조
제검	정4품 또는 종4품	2	장막 관리 및 설치
별좌	정5품 또는 종5품	2	장막 관리 및 설치 보조
별제	정6품 또는 종6품	2	장막 관리 및 설치 보조
서원	-	1	행정 업무
일꾼	-	14	장막 설치 및 유지 보수
사령	-	4	장막 설치 및 유지 보수 보조
군사	-	2	장막 설치 및 유지 보수 보조

다. 유악은 기름칠을 한 장막으로 비가 올 때 사용하는 것이고, 차일은 햇빛을 가릴 때 사용하는 것이다.

전설사는 오로지 장막에 관련된 일에 한정되기 때문에 특별한 사건이나 사고가 없을 것처럼 보이지만, 의외로 사건 사고에 많이 휘말리곤 했다.

전설사 관원은 단순히 장막을 관리하는 임무뿐만 아니라 장막을 설치하는 임무도 맡고 있었다. 장막은 대개 나라에 큰 행사가 있을 때 주로 사용되며, 큰 행사에는 고관대작이나 임금이 참석했다. 따라서 나라에 행사가 있을 때마다 전설사 관원들은 몹시 분주하게 움직여야 했다. 특히 행사가 있는 날에 비가 내리면 십중

팔구 문책을 당하곤 했다. 비가 내리면 유악을 설치해야 하는데, 유악이 오래되면 찢기거나 기름기가 날아가서 비가 새는 경우가 허다했다.

　세조 13년(1468년) 8월 11일의 실록 기록에는 전설사 별제 강거정을 처벌하는 내용이 있다. 이날 비바람이 몹시 불자, 세조가 환관 안중경을 시켜 장막과 유악을 점검하게 했고, 빗물이 새는 것이 많아 벌을 주었다.

　사실, 유악은 관리하기가 쉽지 않았다. 비가 올 때만 사용하기 때문에 자주 사용하지 않으며, 기름칠을 아무리 잘 해도 비가 많이 오면 물이 새기 일쑤였다. 자주 사용하지 않으니 그저 보관만 해두고 수선하지 않는 경우가 많았고, 오랫동안 사용하지 않으면 자연스럽게 유악에 바른 기름이 휘발되어 제 역할을 할 수 없었다. 더구나 비와 바람이 동시에 몰아치는 날씨라면 웬만큼 잘 만든 유악이라도 견디기 쉽지 않았다. 그래서 유악 관리에 늘 신경을 써야 했지만, 전설사에 속한 일꾼은 고작 14명뿐이었다. 이 14명이 그 많은 장막과 유악을 제대로 관리하고 수선하는 것은 애당초 불가능한 일이었다. 그런 까닭에 전설사 관원들은 날씨가 좋기만 빌어야 했다. 그들이 바라는 좋은 날씨는 너무 맑아 해가 쨍쨍한 것도 아니고 비가 오는 것도 아닌 적당히 흐린 날이었다. 물론 바람이 불지 않아야 했다. 하지만 날씨란 하늘에 달린 조화이니, 결국 운에 맡길 수밖에 없었.

　성종 6년(1475년) 9월 15일에는 전설사 관리들이 국문당하는 사건이 있었다. 성종이 광릉에 행차하는데 장막을 엉뚱한 곳에 설치한 것이다. 이날 날씨도 괜찮았고, 비도 내리지 않았지만 정말 예상치도 못한 엉뚱한 일로 전설사 관리들이 모두 국문당하는 신세가 되었다. 필시 일꾼들에게 전달이 잘못되어 벌어진 일일 텐데, 그야말로 재수 없는 날이었던 것이다.

이렇듯 전설사 관원들은 날씨나 운에 따라 운명이 좌우되는 경우가 많았다. 또한 아무리 잘해봤자 별다른 포상이 이루어지는 곳도 아니었다. 임무를 잘 수행해봤자 눈에 띄지도 않았고, 눈에 띄어도 잘못이나 지적받고 벌을 받는 그런 곳이었다. 그러니 전설사 관원이 되는 것을 꺼리는 것은 당연했다. 말하자면 전설사는 관원들이 모두 가기를 꺼리는 대표적인 관청이었던 것이다.

19장 | 전설사, 장막과 차일 전담
64

유악때문에 순식간에 죄인이 된 관원들

조선의 정치사를 살피다 보면 전설사에서 관리하는 유악 때문에 일어난 중요한 사건 하나가 눈에 들어온다. 장막을 관리하는 전설사에 웬 정치 사건이냐고 의문을 가질 만하지만, 재수가 없으면 무슨 일이든 벌어지는 곳이 바로 전설사였다. 그 정치 사건은 1680년에 남인 일파가 대거 축출된 경신환국인데, 이 사건의 전말은 이렇다.

1680년 3월, 당시 집권당이던 남인의 영수이자 영의정이었던 허적은 조부 허잠의 시호를 맞이하는 잔치를 벌이게 되는데 이날 공교롭게도 비가 내렸다. 그래서 숙종은 허적에게 유악을 내어주라고 명한다. 하지만 이미 유악은 허적이 빌려간 상태였다. 이 사실을 알게 된 숙종은 심하게 분노하며 패초(국왕이 급한 일이 있을 때 신하를 불러들임)로 군권 책임자를 모두 불러들였다.

사실, 유악은 엄밀히 따지자면 군수물자였다. 개인이 사사롭게 사용할 수 없게 되어 있었다. 그래서 유악이 필요할 때에는 왕이 선처하여 빌려주는 형태를 취했는데, 거의 형식적인 절차였다. 대개 고관대작들이 유악이 필요하면 전설사에 요청하여 빌려가는 것은 대수롭지 않은 관행이었다.

그런데 숙종은 이 관행을 문제 삼았다. 숙종은 군수물자인 유악을 왕의 허락도 없이 빌려간 것은 왕을 능멸하는 일이라며 분노했다. 그리고 즉각적으로 당시 남인이 거의 차지하고 있던 군권을 서인들에게 넘겨버린다. 훈련대장직은 남인계의 유혁연에서 서인계의 김만기로 바꾸고, 총융사에는 서인 김철을, 수어사에는 서인 김익훈을 임명한다. 그러나 어영대장은 당시 서인 김석주가 맡고 있었으므로 보직을 유임시켰는데, 이로써 서인이 군권을 완전히 장악하게 되었다. 그야말로 아무것도 아닌 일을 구실 삼아 일거에 정계 개편을 해버린 것이다.

하지만 사건은 이것으로 끝나지 않았다. 이왕 남인들을 대거 몰아내기로 작정한 숙종은 남인들을 또 하나의 사건에 엮어버렸다. 이른바 '삼복의 변'과 남인을 엮어 대대적인 남인 숙청 작업을 감행했다.

서인이자 외척인 김석주의 사주를 받은 정원로가 허적의 서자 허견이 인조의 손자이며 인평대군의 세 아들인 복창군, 복선군, 복평군 등 삼복과 함께 역모를 도모했다는 고변을 했던 것이다.

고변 내용을 살펴보면 허견과 삼복 형제들은 숙종이 즉위 초년에 자주 병을 앓는 것을 보고 왕위를 넘겨다보았고, 또한 도체찰사부에 소속된 군대에게 몇 차례에 걸쳐 특별한 군사 훈련을 시켰다는 것이 골자였다. 도체찰사부의 군대를 사적으로 움직였다는 것은 왕권에 도전하는 행위로 간주될 수 있는 일이었고, 그 때문에 도체찰사였던 영의정 허적에게 치명적인 타격을 입힐 수 있는 요소였다.

문제가 되었던 도체찰사부는 효종 대까지는 잦은 전란과 군비의 필요성으로 상설되었으나, 평화가 정착되던 현종 대에 폐지된 기관이었다. 그러다가 숙종 초에 중국 대륙의 정성공, 오삼계 등의 움직임에 대비하여 군비를 강화해야 한다는 남인 윤휴, 허적 등의 주장에 따라 1676년 다시 설치되었다. 이후, 허적은 지방 군대는 물론 훈련도감, 어영청 등 도성의 군영도 도체찰사부에 소속시켜 군권을 일원화하자고 하였으나, 외척이자 서인이었던 김석주의 반대로 오히려 1677년 6월에 도체찰사부 자체가 일시 혁파되기도 했다.

도체찰사부는 영의정을 도체찰사로 하는 전시의 사령부로서, 외방 8도의 모든 군사력이 이 기관의 통제를 받도록 되어 있었다. 그러나 인조반정 뒤 국왕 및 궁성 호위부대로 발족한 중앙 군영은 예외적인 존재로 인식되어 도체찰사부에 예속되지 않았다. 허적이 중앙 군영까지 그곳에 예속시키려고 하다가 김석주의 반대로 뜻을 이루지 못한 셈이다. 그 후 1678년 12월 도체찰사부는 영의정 허적의 주장으로 다시 설치되었는데, 이때 숙종은 허적을 견제할 요량으로 부체찰사로 김석주를 임명해둔 상태였다.

비록 도체찰사부에 중앙 군영이 통합되긴 했으나 이들 군사 기관은 사실 서인측이 창설하고 발전시켰기 때문에 그 기득권을 놓치지 않으려 했다. 하지만 남인이 정권을 장악하게 되자 중앙 군영의 지휘권도 거의 남인에게 넘어가고 말았던 것인데, 허적의 유악 남용 사건으로 서인이 다시 중앙 군영의 군권을 장악하게 된 것이다.

한편, 허적의 아들 허견과 복창, 복선, 복평군 삼형제의 모반 행위에 대한 고변의 주요 내용이 도체찰사부의 군사를 동원한 것이었기 때문에 도체찰사부 복설에 관련된 자들은 모두 역모에 연루되게 되었다. 그래서 허견과 삼복 형제뿐만 아니라 허적, 윤휴, 유혁연, 이원정, 오정위 등 남인 중진들이 대거 죽음을 당하거나 유배되었다. 또한 고변자 정원로 역시 역모자의 하나로 지목받아 처형되었다. 이로써 남인은 대거 축출되고 서인이 대폭 등용되어 조정은 서인에 의해 장악되었다. 처음에 단순히 유악 남용 사건에 불과했던 이 사건은 대대적인 남인 숙청으로 이어져 정권이 바뀌는 환국에 이르게 된 것이다.

물론 이 대대적인 정치적 소용돌이 속에서 그저 관행대로 유악을 내줬을 뿐인 전설사 관원들은 엄청난 형벌을 받고 쫓겨나야만 했다. 아무 죄도 없었던 그들은 그야말로 황당하기 짝이 없는 이 사건으로 순식간에 직장을 잃고 죄인으로 전락해야만 했으니, 지독하게 재수가 없었던 셈이다.

20장

내수사
왕실 재산 관리

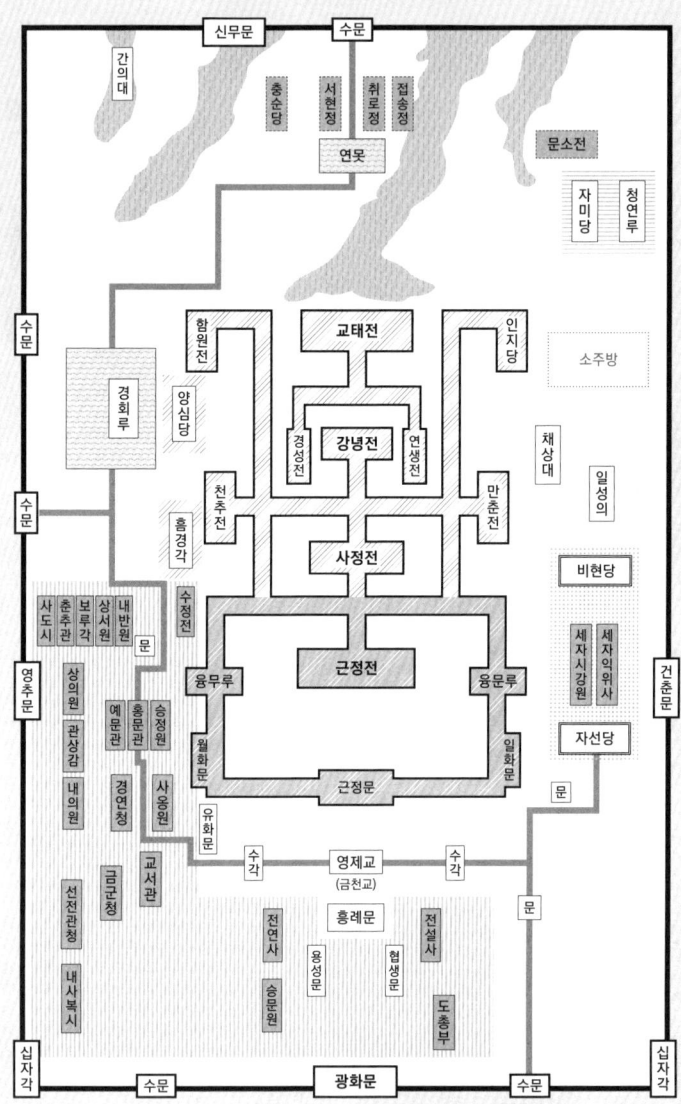

20장 | 내수사, 왕실 재산 관리

65

알고 보면 최고 권력 기관

내수사內需司는 궁궐에서 소용되는 물품을 관리하는 기관으로 이조에 소속되어 있는 관청이다. 왕실의 쌀, 베, 잡화, 노비 등 실질적인 왕의 재산을 관리하는 곳으로서, 이곳 관원의 대부분은 환관들이었다.

내수사는 비록 궁궐 밖에 청사가 있었지만, 소속 관원들의 궁궐 출입이 매우 잦아서 흡사 궁궐에 소속된 기관으로 인식되었다.

조선 개국 초에만 하더라도 내수사라는 기관은 없었다. 당시에는 고려 왕실로부터 물려받은 왕실 재산과 이성계가 원래 가지고 있던 사유재산을 관리하는 곳을 본궁本宮이라고 칭했는데, 이것이 내수사의 전신이다. 본궁이란 곧 이성계의 본가를 칭하는데,

관원 구성

직책	품계	인원수	비고
전수	정5품	1	환관
별좌	정5품 또는 종5품	1	-
부전수	종6품	1	환관
별제	정6품 또는 종6품	1	-
전회	종7품	1	환관
전곡	종8품	1	환관
전화	종9품	2	환관
서제	-	20	사무 담당
노비	-	다수	-

다른 한편으로는 왕실 재산을 의미하기도 했고, 왕실 재산을 관리하는 곳을 지칭하기도 했던 것이다.

하지만 본궁은 공식적인 국가 기관은 아니었다. 왕실 재산을 관리하는 공식적인 기관이 생긴 것은 세종 대에 이르러서였다. 세종은 재위 5년(1423년)에 내수소內需所라는 기관을 만들어 왕실 재산 관리를 맡도록 했다. 이후 세조 12년(1466년)에 관제 개편이 이뤄질 때 내수사로 개칭되어 고종 대까지 존속하였다.

《경국대전》에 따르면 내수사의 관원은 전수(정5품) 1명, 별좌(정5품 또는 종5품) 1명, 부전수(종6품) 1명, 별제(정6품 또는 종6품) 1명, 전회(종7품) 1명, 전곡(종8품) 1명, 전화(종9품) 2명이 있었고, 이들 중 별좌와 별제를 제외한 나머지는 모두 환관이었다. 이들 관원 아래로 사무를 담당하는 서제 20명을 두었고, 많은 수의 노비가 있었다.

내수사 관원은 왕이 직접 임명했기 때문에 내수사 관원의 권세는 대단할 수밖에 없었다. 비록 관원이 아니더라도 내수사의 노비들조차 막강한 권세를 누렸다. 그들의 권세는 물론 내수사에 딸린 땅과 돈 덕분이었다.

내수사에 딸린 모든 전답은 왕실 재산이어서 면세의 특권을 받았다. 내수사의 재산은 세종 대에 크게 확대되었다. 이는 세종 당시에 국찰이라고 할 수 있는 회암사의 노비와 토지를 내수사에 예속시킨 탓이다. 이후 왕실 재산이 비대해지자, 내수사에서는 고리대금업이나 토지 임대업 등 다양한 방법으로 재산을 불려나갔고, 그로 인해 피해를 보는 백성들이 생겨나기도 했다. 그래서 성종 대에는 남효온에 의해 내수사 혁파론이 제기되기도 했으나 성종은 받아주지 않았다.

내수사는 왕실 재산 관리 외에도 몇 가지 일을 더 관장했다. 궁녀를 뽑는 일에도 관여하였으며, 궁중에서 죄를 지은 내시나 궁녀들을 내수사 감옥에 가두는 일도 맡아 했다. 이는 내시나 궁녀도 왕에게 딸린 재산처럼 여겼다는 것을 말해준다.

내수사에서는 왕의 비자금을 관리하기도 했다. 왕의 비자금을 내탕금이라고 하는데, 내탕금의 용도는 다양했다. 이를테면 공주나 왕자들을 도와준다든지, 절에 시주를 한다든지, 또는 손자들에게 용돈을 준다든지, 아니면 특별히 왕이나 왕비를 위한 건물을 짓는다든지 하는 일에 사용했다. 물론 왕의 의식주에 필요한 경비는 국가기관에서 정해져 나왔지만, 정해진 경비 외에 왕이 사사로이 써야 할 돈은 모두 내탕금에서 꺼내 썼다.

그렇다고 내탕금을 꼭 개인적으로만 쓴 것은 아니었고, 나라에 재난이 일어났을 때에는 왕이 내탕금을 풀어 해결하기도 했다. 백성들의 어려움을 구제하고 국가적인 위기를 헤쳐 나가는 자금으로 쓰이기도 했던 셈이다. 하지만 특별한 상황을 제외하고는 내탕금은 대부분 왕실의 사사로운 용도에 쓰였고, 내수사에서는 내탕금을 유지하고 확충하기 위해 고리대리금업도 마다하지 않았다.

20장 | 내수사, 왕실 재산 관리

66

연산군 시절, 절정에 이른
내수사 별좌의 횡포

내수사의 직책 중에 환관이 아닌 일반 관리가 맡은 직책이 있었는데, 별좌와 별제였다. 별좌와 별제는 대개 5품 내지 6품 관리가 맡았는데, 육조의 정랑이나 좌랑이 겸임하기도 했고, 때로는 왕의 총애를 받는 인물이 지명되기도 했다.

내수사 별좌와 별제는 왕실 재산을 관리하고 유지, 확충하는 자리였기 때문에 왕의 총애가 없으면 결코 오를 수 없는 직책이었다. 그래서 이들의 횡포와 전횡도 심했다.

법상으로는 내수사 별좌와 별제는 각 1명을 두도록 되어 있었으나, 때에 따라서는 겸별제 또는 겸별좌라는 이름으로 10명 이상 임명되는 경우도 있었다. 그리고 이들의 숫자가 많을수록 백성들에 대한 수탈이나 횡포는 심해졌다. 또한 이들은 왕의 총애를 받았기 때문에 매우 오만방자했는데, 특히 내수사 별좌를 가장 많이 뒀던 연산군 시절의 인물들이 그 절정을 이뤘다. 그중에 대표적인 인물이 강오손이다.

강오손에 대해 연산군 시절의 한 사관은 이런 평가를 내리고 있다.

> 왕이 하고자 하는 바를 내수사가 오로지 맡아 봉행하므로 왕이 이를 의지하고 중하게 여겼는데, 별좌 강오손이 강희맹의 첩의 소생으로서 총애를 믿고 스스로 방자하여 조신朝臣을 업신여기니, 겸별좌들은 감히 겨루지도 못하였다.

사관이 이런 평을 남긴 것은 연산군 11년(1505년) 8월 29일인데, 이날 연산군은 내수사의 관원이 부족하다고 하면서 겸별좌 6명을 더 임명하였다. 이들 겸별제들은 모두 연산군의 총애를 받고 있던 인물들이었지만, 그들이 비록 왕의 총애를 받았다손 치더라도 강오손에 비길 바가 아니었다는 것이다.

당시 연산군은 강오손을 몹시 신뢰하고 총애했는데, 이와 관련하여 연산군 12년(1506년) 8월 6일엔 이런 기록이 남아있다.

> 내수사 별좌 강오손은 우의정 강귀손의 서제庶弟(서자 아우)로 성질

이 흉측하고 사나운데 왕은 매우 총애하고 신임하여, 그로 하여금 금표禁標 안에서의 놀이 때 공봉供奉하는 일을 맡아 보게 하였는데, 궁중에 드나들며 친히 일을 아뢰므로, 왕이 무릇 금표 안에 영조營造(건물을 짓거나 물건을 만듦)가 있을 때 반드시 먼저 오손에게 물었고, 오손은 이로 인해 방자와 횡포가 더욱 심하였다.

말인즉, 연산군은 도성 곳곳에 금표를 설치하고 백성들의 출입을 막았는데, 그곳에서 놀이를 하거나 또는 새로운 건물을 만드는 일을 모두 강오손에게 맡겼다는 것이다. 이 때문에 강오손은 수시로 연산군과 직접 대면하며 놀이나 공사에 대해 의논했고, 그로 인해 매우 방자하게 행동했을 뿐 아니라 횡포도 심했다는 내용이다.

그런데 강오손과 함께 이 오만한 행동과 횡포를 일삼는 별좌들이 여럿 더 있었는데, 그들 별좌들 중에는 심지어 노비 출신도 있었다. 신분이 원래 노비였는데, 일약 정6품 별좌에 오른 그 인물은 이팽동이란 자였다.

이팽동은 원래 장원서의 노비였는데, 그의 아내가 연산군의 딸 휘순공주의 유모였다. 그래서 연산군은 휘순공주의 청탁을 받아 이팽동을 면천시키고 내수사 별좌로 삼았다. 내수사 별좌는 최소 6품 벼슬이니 이팽동은 공노비 신분에서 졸지에 양반이 된 셈이었다.

이팽동의 파격적인 신분 상승에 대해 당시의 사헌부 장령 서극철이 반대하는 의견을 올렸으나 연산군이 듣지 않자, 사헌부 전체가 이 문제를 공론화했다. 이에 연산군은 마지못해 이팽동의 내수사 별좌 직을 뗐지만, 양인의 신분은 유지하도록 했다. 이후 연산군은 이팽동에게 내수사 직책 대신 군직을 내렸다. 이 역시 사헌부에서 강력하게 반대했지만, 연산군은 더 이상 물러서지 않았다. 덕분에 이팽동은 비록 양반의 신분은 아니었지만 군직을 받은 덕분에 중인의 신분은 유지할 수 있었다.

군직을 받은 이팽동은 여전히 내수사 일을 보았는데, 강오손과 손발이 잘 맞아 함께 횡포를 일삼곤 했다는 것이다.

20장 | 내수사, 왕실 재산 관리

67

내수사의
고리대금업이 불러온 폐단

　내수사의 업무 중 왕실 재산을 늘리는 것은 가장 중요한 일이었다. 이를 위해 전국에 걸쳐 분포한 토지나 곡식을 빌려주고 임대료나 고리의 원리금을 상환받거나, 내탕금으로 고리대금업을 하여 재산을 증식하였다. 그런데 그 과정에서 여러 가지 폐단이 나타났다. 성종 1년(1470년) 10월 10일의 다음 실록 기사는 그 내용을 이렇게 적고 있다.

　호조戶曹에서 아뢰었다.
　"폐단을 구제하는 데에 행해야 할 만한 조건을 아룁니다.

우선 내수사의 장리長利인데, 그 전수노典守奴의 횡포가 거리낌이 없어 받은 자가 만일 상환을 할 수가 없으면 이웃이나 친족에게 물리어 징수하고, 억지로 마소와 전답을 팔게 하여 거두며, 혹은 자기의 곡식을 가지고 내수사를 빙자하여 이익을 취하기도 하고, 출납하는 장부를 오직 제 마음대로 가감하므로 백성이 매우 이를 괴로워합니다.

청컨대 소재所在한 고을의 수령으로 하여금 받은 자의 이름자와 곡식의 수량을 명백하게 치부置簿하고 출납할 때에는 상세히 고찰을 가하게 할 것이요, 만일 함부로 백성을 침노하는 자가 있으면 수금囚禁해서 전계轉啓하여 제서유위율制書有違律로 논하게 할 것이며, 그 내수사의 관리로서 부동符同하여 작폐作弊하는 자는 범죄자로 1등을 내리는 것으로써 논하고, 수령으로서 능히 규검하지 못하는 자도 또한 죄를 주고 파직하여 내치소서."

호조의 이 보고는 내수사에 소속된 노비들의 횡포가 막대했음을 보여주고 있다. 내수사 노비들은 이성계 집안 노비 출신들로 신분은 천했지만 권세는 막강했다. 그들은 곡식이나 돈을 빌린 자가 원리금을 상환하지 못할 경우 이웃이나 친족에게 대신 징수하기도 했고, 강제로 재산을 팔게 하기도 했으며, 그 과정에서 장부를 조작하여 사익을 취하기도 했던 것이다.

호조에서는 이런 폐단을 막기 위해 왕실 전답이 소재한 고을의 수령에게 그 내용을 살피게 하고, 만일 내수사에서 부당한 방법으로 백성의 재산을 취하면 벌을 줄 것이며, 해당 지방의 수령이 제대로 감찰하지 못하면 그 수령 역시 파직하고 내쫓아야 한다고 제안하고 있다. 이에 관한 법률로 제서유위율을 거론하고 있다. 제서유위율이란 임금이나 세자의 지시에 관한 법률인데, 《대명률》에 따르면 이를 위반했을 때 장 100대를 치게 되어 있다.

성종은 이러한 호조의 제안을 수락하고 시행하도록 했다. 하지만 이후에도 내수사의 횡포는 그치지 않았다. 그래서 한때 내수사를 혁파하자는 논의도 있었으나 논의에 그쳤을 뿐이었다. 다만 성종은 내수사에서 고리를 받는 것을 금하도록 조치했다. 하지만 얼마 지나지 않아 성종은 그 명을 거둬들여야 했다. 수렴청정하고 있던 대왕대비 윤씨(정희왕후)가 내수사의 장리를 유지하도록 했기 때문이다.

21장

사옹원
조선 최고 요리사들의 일터

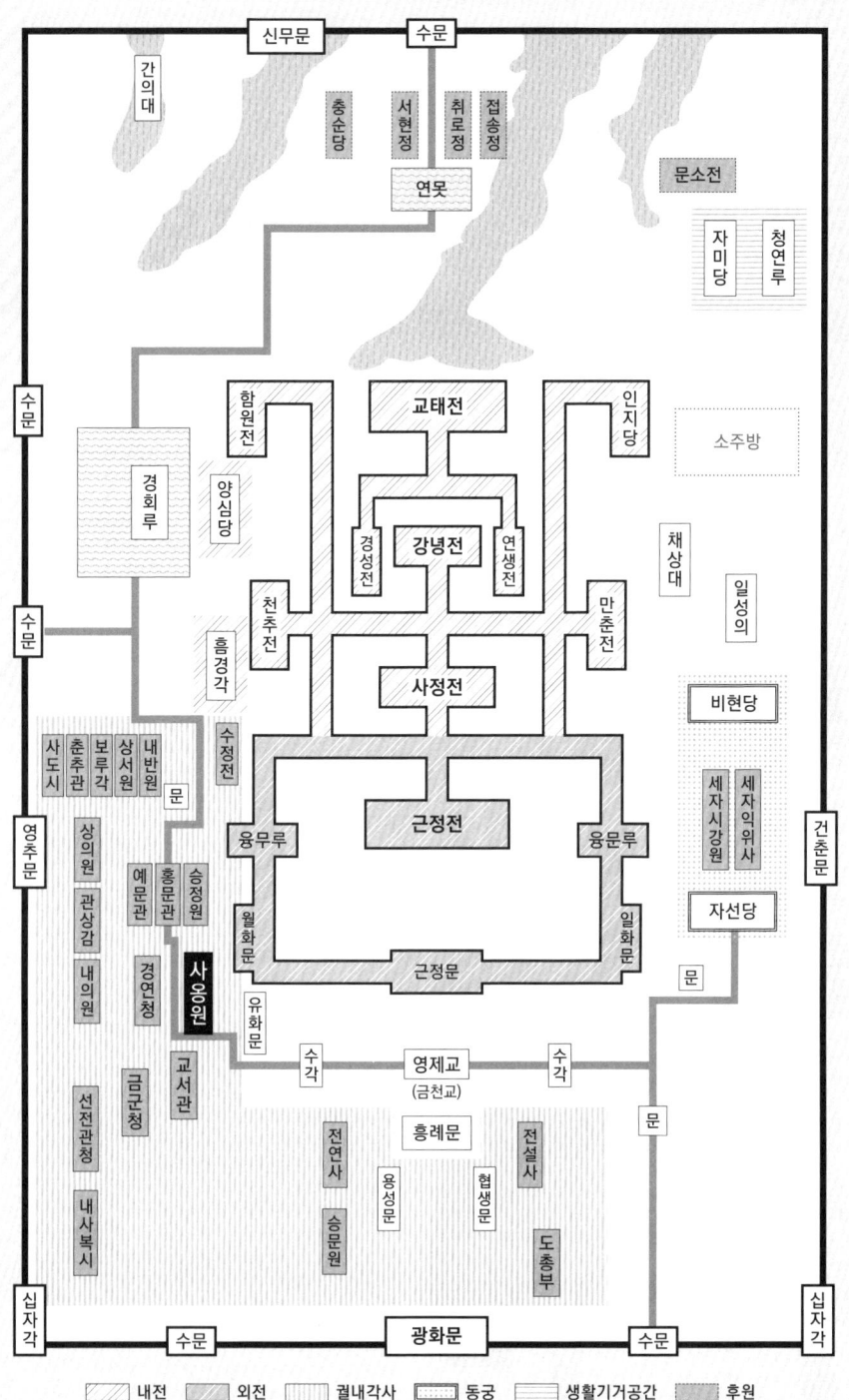

21장 | 사옹원, 조선 최고 요리사들의 일터

68

궁궐 음식을 담당하는 곳

사옹원司饔院은 왕의 식사에 소용되는 음식물의 공급과 왕궁에서 소용되는 음식에 관한 일을 맡은 관청이다. 사옹원의 '옹饔'은 음식을 잘 익힌다는 뜻으로서 새로 나온 음식을 먼저 조상 신위들께 올리는 일도 담당하였다.

이곳의 관리로는 정 1명, 첨정 1명, 판관 1명, 주부 1명, 직장 2명, 봉사 3명, 참봉 3명 등이 있으며, 자문역으로 도제조 1명, 제조 4명, 부제조 5명이 있었다. 부제조 1명은 대개 승지가 겸하였고, 그 아래로 제거, 제검을 합쳐서 4명이 있었다. 이러한 관리 구성은 큰 변동이 없다가 영조 대에 편찬된 《속대전》에 이르면 판관 직책이 없어지고 주부 1명이 추가되었으며, 참봉 직책은 사라졌다. 또 고

조직 구성

직책	품계	인원수	비고
정	정3품	1	-
첨정	종4품	1	-
판관	종5품	1	후에 직책 폐지
주부	종6품	3	-
직장	종6품	2	-
봉사	종6품	3	-
참봉	종9품	3	후에 직책 폐지
도제조	정1품	1	자문역
제조	정2품	4	자문역
부제조	정3품	5	자문역, 대개 승지가 겸임
제거	무록관	2	사옹원의 실질적인 총괄
제검	무록관	2	-

종 대에 편찬된 《대전회통》에 이르면 주부 1명이 추가되어 3명이 되었다.

행정직을 제외하면 사옹원의 실질적인 우두머리인 제거라는 직책은 원래 내의원, 상림원, 충호위, 복흥고, 주자소, 사옹원 등에 모두 설치된 무록관직이었다. 그런데 1448년의 관제 개편 이후엔 사옹원에만 2명을 두게 되었다.

제거는 무록관이기 때문에 녹봉이 지급되지 않고 관료의 신분만 가진 관원이었다. 그나마 초기에는 과전은 지급되었으나, 세

사옹원의 요리 관련 직책

직책	서열	설명
재부	1위	종6품, 전체 감독, 대전과 중궁전, 대비전의 음식 책임
선부	2위	반찬 담당, 문소전 제사상과 대전 환관들의 식사 담당
조부	3위	종8품, 대전 수라간 각색장들의 식사와 중궁전 환관의 식사 담당. 동궁전 식사 담당
임부	4위	정9품, 다인청과 궁궐 내 여러 전각의 음식 담당
팽부	5위	종9품, 다인청과 궁궐 내 여러 전각의 음식 담당

조 때에 직전법이 실시된 이후에는 과전조차 주어지지 않았다. 제거 아래에 4품 벼슬인 제검이 2명 배치되었는데, 이들 역시 무록관이었고, 녹봉이 지급되지 않았다.

하지만 어쨌든 제거 2명과 제검 2명은 사옹원의 실질적인 총괄 책임자였다. 비록 그들 위로 사옹원 정 1명이 있긴 했지만, 왕의 식사와 궁중의 음식물을 총괄하는 행정 책임자는 그들 제거와 제검이었기 때문이다.

이들 제거와 제검 휘하에 음식을 직접 조리하는 요리사들이 있었는데, 전체 감독을 의미하는 재부 1명, 반찬 담당을 의미하는 선부 1명, 양념 담당을 의미하는 조부 2명, 떡 담당을 의미하는 임부 2명, 삶는 요리 담당을 의미하는 팽부 7명이 그들이었다. 하지만 이들의 명칭은 그저 품계를 구분하기 위한 것일 뿐 실제 업무와는 관계가 없었다.

이들 중 총주방장격인 재부는 종6품으로 대전과 중궁전, 대비전의 음식을 책임졌다. 그리고 선부는 태조와 태조의 4대 조상을 모시는 문소전의 제사상과 대전 환관들의 식사를 담당하는 책임자였다. 종8품의 조부 2명 중 1명은 대전 수라간 각색장들의 식사와 중궁전 환관의 식사를 책임졌으며, 다른 1명은 동궁전의 식사를 책임졌다. 그리고 정9품의 임부와 종9품의 팽부는 다인청이나 궁궐 내 여러 전각의 음식을 담당했다.

반감, 각생장, 대령숙수

재부를 비롯하여 이들 품계가 있는 책임자들을 흔히 음식 조리를 감독한다는 의미의 반감飯監이라고 불렀는데, 각 전의 음식 관련 업무를 담당하고 있으면서 주방장 역할을 하는 존재라고 할 수 있었다.

그들 주방장 아래로 각색장이라고 불리는 사람들이 있었는데, 분야별 전문 담당자들을 지칭한다. 예컨대 물을 끓이고 탕을 만드는 탕수색, 생선 굽는 일을 맡은 적색, 밥 짓는 일을 맡은 반공, 술 빚는 일을 하는 주색, 고기 요리를 전담하는 별사옹, 채소 요리를 담당하는 채증색, 떡을 맡은 병공, 다과를 맡은 다색, 찜 조리를 맡은 증색, 상 차리는 일을 맡은 상배색, 등촉을 맡은 등촉색 등이 있었다.

각색장의 역할

각색장	업무
탕수색	탕을 만드는 일을 담당
적색	생선 굽는 일을 맡음
반공	밥을 짓는 일을 담당
주색	술을 빚는 일을 맡음
별사옹	고기 요리를 담당
채증색	채소 요리를 담당
병공	떡을 만드는 일을 맡음
다색	다과를 만드는 일을 담당
증색	찜 요리를 담당
상배색	상 차리는 일을 맡음
등촉색	등촉을 담당

 이들은 모두 잡직으로 벼슬을 받았으며, 하루 2교대로 근무했고, 근무일수가 2,700일이 되면 품계를 올려 받을 수 있었는데 종8품이 한계였다.
 이들 각색장 아래에 요리를 담당하는 100여 명의 숙수들이 있었다. 궁중에 근무하는 이 요리사들을 흔히 대령숙수待令熟手라고 불렀는데, 대령이란 왕명을 기다린다는 뜻이고, 숙수란 요리사를 일컫는다. 대령숙수들은 궁 밖에 살면서 궁궐로 출퇴근을 했는데, 대개 대령숙수의 자리는 자식에게 물려주었다. 이들의 신분은 천민이었지만, 전문 기술직이었기 때문에 평민과 같은 대우를 받

았다. 대령숙수의 복장은 남색 무명으로 지은 두루마기에 두건을 썼다고 한다.

대령숙수의 주요 임무는 임금의 수라에 올리는 음식을 만드는 것과 궁중 잔치를 위한 요리를 만드는 것이었다.

대령숙수의 역할과 업무

항목	설명
의미	대령(왕명을 기다리는 자) + 숙수(요리사)
업무	임금의 수라 및 궁중 잔치 요리 담당
근무 방식	궁 밖에 거주, 출퇴근
신분	천민, 그러나 평민과 같은 대우
복장	남색 무명 두루마기와 두건
품계	잡직으로 벼슬 받음, 근무일수 2,700일에 종8품 한계

임금의 수라상은 대개 소주방(내소주방, 외소주방)에서 만들었지만, 진연과 같은 큰 잔치가 있을 땐 별도로 조리실을 지어서 음식을 만들었다. 특히 국가적인 잔치가 거행될 때는 숙설청을 만들어 준비했는데, 진연의 경우엔 진연도감이 일시적으로 설치되었고 숙설소(잔치를 준비하기 위한 임시 주방)도 만들었다. 대개 숙설소가 설치되면 감독관인 감관이 파견되고, 그 아래에 50명에서 100명 정도의 숙수가 동원되었다.

69

조선 왕조의 수라상과
궁중 음식의 대중화

　조선 왕조의 궁중 음식은 고려 궁중 음식의 전통을 이은 것으로서 한국의 전통 음식을 대표한다. 궁중 음식은 왕의 식사인 수라상에서 비롯되었는데, 조선 궁중에서 수라상은 하루에 네 번 차려졌다. 일상식으로는 아침과 저녁의 수라상이 있었고, 간편식으로는 이른 아침의 초조반상과 점심의 낮것상이 있었다. 이 외에도 때때로 야참이 올려지기도 한다. 이런 까닭에 영조실록에서는 '대궐에서 왕족의 식사는 하루 다섯 번이다'는 기록을 남기고 있다. 하지만 조선 왕들 중에 가장 장수했던 영조는 하루에 세 번만 상을 받았다고 전한다.

수라상의 종류

구분	항목	설명
일상식	12첩반상	하루에 2번 차림(아침, 저녁)
간편식	초조반상	아침 7시 이전, 탕약을 들지 않는 날, 보양식 개념, 죽과 마른 찬
	낮것상	점심. 미음과 죽, 응이. 손님 시 국수 장국 제공
	야참	때때로 제공됨

    간편상에 해당하는 초조반상은 탕약을 들지 않는 날에만 아침 7시 이전에 마련되는 것으로 대개 보양식 개념으로 먹었으며, 죽과 마른 찬으로 구성되었다. 그리고 점심상인 낮것상은 간단한 미음과 죽, 응이를 차렸는데, 손님이 올 경우엔 국수 장국을 대접했다. 국수 같은 면이 올라가는 상을 일러 면상이라고 했다.

    간편상에 사용되는 죽으로는 흰죽, 잣죽, 타락죽, 깨죽, 흑임자죽, 행인죽 등이 있었고, 미음으로는 차조와 인삼, 대추, 황율을 고아 만든 차조미음과 찹쌀과 마른 해삼, 홍합, 우둔고기로 만든 삼합미음이 있었다. 그리고 응이는 율무, 갈분, 녹말, 오미자 등으로 만들어 올렸다.

    간편상에 올라가는 반찬으로는 어포나 육포, 자반, 북어보푸라기로 된 2~3가지 마른 찬에 나박김치나 동치미 같은 국물 있는 김치와 소금이나 새우젓으로 간을 한 맑은 조치가 올라갔다. 또 죽의 간을 맞추기 위해 소금, 꿀, 청장 등을 종지에 담아 따로 올리고, 덜어먹을 빈 그릇도 하나 올렸다.

간편상과 달리 일상식으로 차린 아침과 저녁의 수라상은 열두 가지 반찬이 올라가는 12첩 반상 차림으로 이뤄진다. 또한 그 구성은 대원반과 곁반, 전골상인 모반으로 이뤄진다. 이때 대원반엔 흰쌀밥인 백반과 팥물로 지은 홍반, 그리고 육류, 채소류, 해물류로 이뤄진 12첩 반찬이 놓이고, 곁반엔 국, 찜, 조치, 김치, 장류가 놓이며, 모반엔 불을 쓰는 전골이 올라간다.

궁중 요리에서는 왕이나 왕비 또는 세자가 식사를 하기 전에 반드시 기미를 하게 되어 있었다. 기미란 이들 왕실 사람들이 먹기 전에 먼저 맛을 보는 것을 의미하는데, 음식에 독이나 다른 좋지 않은 것이 들어있는 것을 미리 파악하는 데 목적이 있다.

간편상과 일상식 외에 특별식이 마련되는 것은 대개 궁중 연회가 개최될 때이다. 궁중 연회는 왕과 왕비의 생신, 회갑, 세자 책봉 등 왕족의 경사 때나 외국 사신을 맞이할 때 열린다. 이때에는 평소의 궁중 음식 외에 술 안주상에 해당하는 미수상이 차려지고, 다소반, 과상, 진어상 등이 차려졌다. 이때 올라가는 음식은 평소 음식 외에 병과류와 숙실과, 화채류가 추가된다. 병과류는 각색편, 각색단자, 두텁떡, 화전, 인절미, 약식, 주악, 각색정과, 다식, 과편, 약과, 강정 등이 있으며, 숙실과는 밤, 대추, 율란, 조란, 과란, 강란 등이 있으며, 화채류는 청면, 화면, 오미자화채, 식혜, 수정과, 배숙, 수단 등이 있다.

이러한 궁중 음식은 대개 일반 백성들이 맛볼 수 없었는데, 구한말인 1909년에 궁내부 주임관 및 전선사장으로 있었던 안신환이 세종로에 요리집 명월관을 열면서 궁중 음식이 처음으로 대중화될 수 있었다.

명월관은 대한제국의 고관대작과 친일파 인물들이 출입했는데, 1918년에 화재로 소실되었다. 이에 안신환은 태화관을 개점했는데, 이 태화관에서 1919년 3월 1일에 33인의 독립선언식이 거행되었다. 이후 일제의 압력으로 태화관은 문을 닫았는데, 안신환은 다시 남대문 1가 조흥은행 본점 자리에 식도원이라는 음식점을 새로 내고 궁중 음식을 대중화시켰다.

안신환 외에도 궁중 음식의 대중화에 기여한 인물들이 있었는데, 이들은 창덕궁 낙선재에서 음식을 만들던 궁녀들과 대령숙수들이었다. 1960년대까지 낙선재엔 조선 왕족들이 거주하였고, 그곳엔 4명의 궁중 요리사가 있었다. 그중 한 사람인 한희순은 어릴 때부터 주방에서 일하던 궁녀였다. 한희순은 1970년에 조선 왕조 궁중 음식이 국가무형문화재로 지정되자, 제1대 기능 보유자가 되었다. 이후 그 제자 황혜성이 2대 기능 보유자가 되었으며, 황혜성의 딸 한복려가 기능을 전수받아 궁중 음식 대중화에 기여했다.

21장 | 사옹원, 조선 최고 요리사들의 일터
70

궁중 식사를 책임진 반감들의 수난

예나 지금이나 어떤 행사를 치르더라도 식사는 매우 중요한 일이었다. 식사가 중요하다면 궁궐의 식사를 책임진 반감들의 책임감도 막중할 수밖에 없었고, 그로 인해 반감飯監들이 겪은 수난도 많았다. 그중 한 사건을 살펴보자.

태종 10년(1410년) 9월 26일의 일이다. 태종이 사냥을 갔다가 돌아왔는데, 백관이 모두 선의문 밖으로 나가 태종을 영접했다. 태종이 사냥을 마치고 돌아온 시간은 밤이었다. 노루를 33마리나 잡고 의기양양해서 돌아온 태종은 무슨 이유인지 신하들에게 무섭게 화를 냈다. 그 영문을 몰라 의아해하고 있는 신하들에게 태종은 이런 말을 하였다.

"오래 사냥하는 것도 아닌데, 교외에서 맞이하는 것은 부당하다."

말인즉, 조용히 사냥하고 돌아오고자 했는데, 백관이 모두 교외까지 나와 맞이하니, 백성들이 모두 알게 되었고, 이것이 창피하다는 뜻이었다.

사냥을 좋아했던 태종은 걸핏하면 정사를 제쳐놓고 사냥을 나가곤 했는데, 이런 태종의 행동에 대해 신하들의 비판적인 시각이 있었다. 특히 사관들은 졸졸 따라다니며 태종의 행적을 적곤 했고, 태종은 따라다니는 사관들을 귀찮아하여 쫓아버리기도 했다. 물론 이 모든 것이 백성의 눈을 의식한 것이었다. 왕이 정사는 뒷전이고 사냥에 정신이 팔렸다는 소문이 돌았기 때문이다. 그런데 이날 사냥을 하고 밤길을 틈타 조용히 돌아왔는데, 정승들이 백관을 대동하고 교외까지 나와 기다리고 있었으니, 사냥을 나간 것을 백성들에게 광고한 꼴이 되었다. 그래서 태종이 화가 뻗쳐 씩씩거리며 분풀이 했는데, 가장 먼저 화풀이 대상이 된 것이 바로 음식을 책임진 반감들이었다.

"사냥을 나갔는데, 사옹방에서 어찌 공궤供饋하지 않았느냐?"

이런 불호령이 떨어졌다. 공궤란 윗사람에게 음식을 올리는 것을 의미한다. 즉, 임금이 사냥을 나갔으면 음식을 만들어 올려야지, 왜 음식을 올리지 않았느냐는 책망이었다.

사실, 반감들은 임금이 사냥을 나갔는지도 잘 몰랐던 모양이다. 그래서 음식을 만들어 사냥에 따라갈 생각조차 못했던 것이다.

어쨌든 태종의 불호령이 떨어졌고, 동시에 왕의 음식 담당 반감 3명에게 장형이 내려졌다. 반감들이 졸지에 화풀이 대상이 되고 말았던 것이다. 실제 화풀이 대상은 의정부의 정승들이었지만, 차마 정승들에게 화풀이를 하진 못하고 만만한 반감들에게 매질을 해댔던 것이다.

간 큰 반감 매룡

세종 2년 9월 28일의 일이다. 상왕이 된 태종이 세종과 이야기를 나누면서 이명덕과 원숙 두 사람을 불러놓고 평소에 매우 괘씸하게 여기던 자 다섯 명이 있는데, 이들을 벌주라고 했다. 그 다섯 명 중 한 명이 반감 매룡이란 자였는데, 그에 대해 태종은 이렇게 말했다.

"노예 중에 매룡이란 자는 반감이 되었는데, 내가 강원도에 거둥하였을 때, 마침 몸이 좀 불편하여 시녀를 데리고 갔었다. 그때 공녕군의 어미 되는 자도 따라갔었는데, 본궁 노비 도이를 시켜서 반찬을 맡게 하였다. 그래서 도이가 매룡에게 고기를 달라고 청하였는데, 매룡이 누워서 대답하기를, '내게 무슨 물건이 있어서 네게 줄 수 있겠는가. 나의 세勢(음낭)나 베어 가라.'고 하였다 한다. 그 악하고 몹쓸 짓이 이와 같았지만 차마 베어 죽일 수가 없었고, 내쫓아 관노가 되게 한 것이 이미 여러 해 되었다. 차마 하지 못한다는 폐단이 흘러서 이에까지 이르렀으니, 이 다섯 사람의 죄를 마땅히 정부와 육조가 같이 의논하여 법률에 따라서 시행하게 하라."

태종의 이 말을 들어보면, 매룡이란 자는 정말 간이 배 밖에 나온 자가 아닌가 싶다. 비록 왕위에서 물러났지만, 여전히 군권을 쥐고 있는 상왕의 신분인데, 그런 태종의 반찬 담당 숙수노(숙수 일을 하는 노비)가 고기를 달라고 청하는데, 그런 농담을 하고 있었다니 정말 이해할 수 없는 처사였다. 물론 숙수노 도이가 태종에게 일러바쳤고 반감 매룡은 곧장 내쳐져 관노 신세로 전락했다. 하지만 그 일을 되새겨보니 태종은 여전히 화가 풀리지 않았던 모양이다. 그래서 기어코 신하들에게 명을 내려 매룡을 죽이게 한 것이다.

태종은 죽일 때 반드시 형신을 가하여 그런 행동을 한 연유를 밝히도록 했다. 그냥 쉽게 죽이지 말고 심한 고문을 하고 목을 잘라 처형하라는 뜻이었다. 원래 뒤끝이 많은 태종이었기에 매룡을 쉽게 죽여서는 화가 풀리지 않을 것 같았던 모양이다.

22장

상의원
조선 패션을 선도하는 곳

경복궁과 궐내각사 배치도

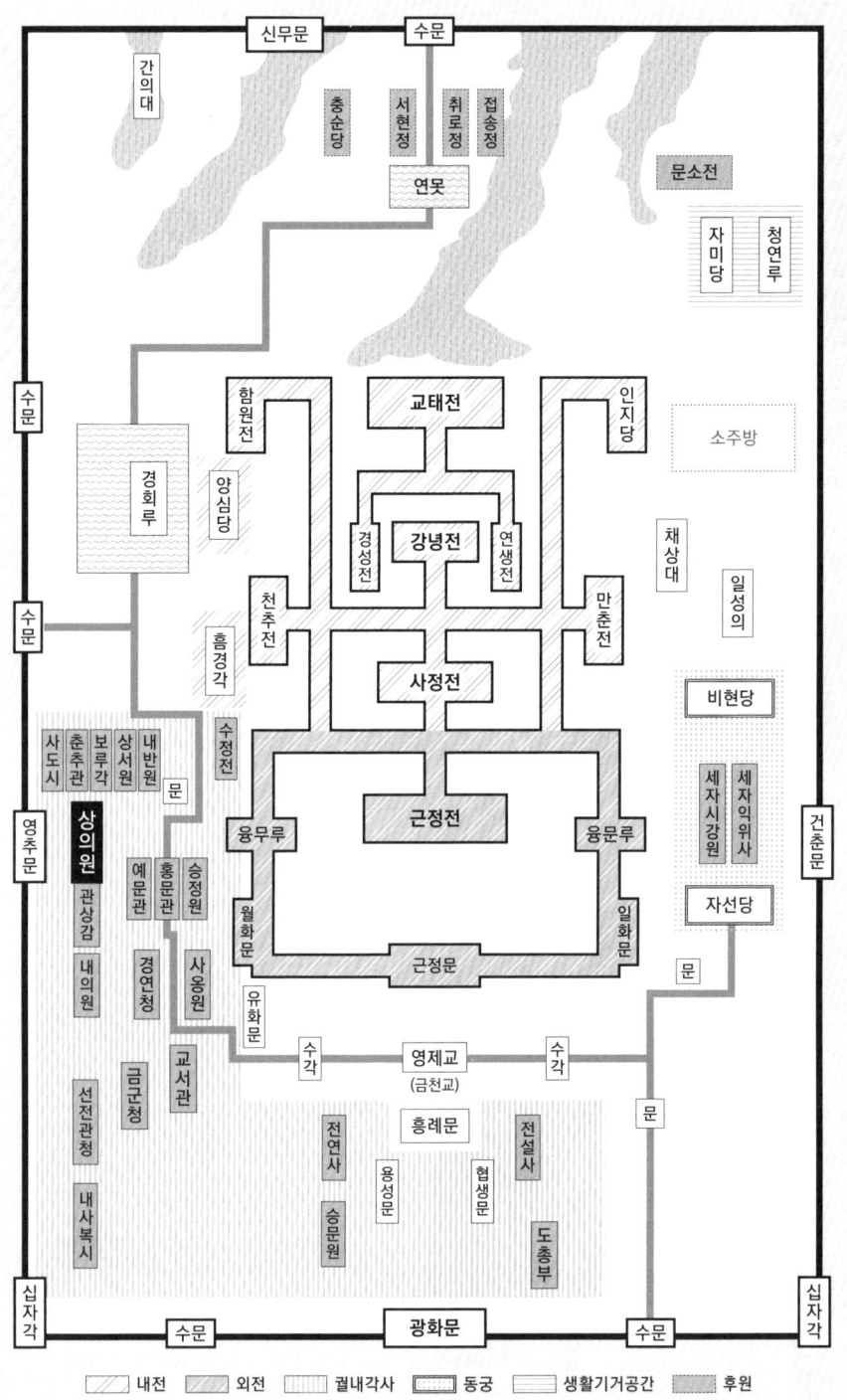

22장 | 상의원, 조선 패션을 선도하는 곳

71

왕실의 옷과 보석을 담당한 600명의 장인들

상의원尚衣院은 왕실에서 필요로 하는 각종 의복을 관장하고, 재물과 보화를 관리하고 제조하며 공급하던 곳이다. 상의원은 일상적인 관례에 따라 매달 초하루와 보름, 생일, 명절, 절기에 대전, 대왕대비전, 중궁전, 세자궁, 빈궁, 현빈궁 등 각전과 각궁에 정해진 물품을 진상하고, 가례, 책례, 존숭, 능행 등 왕실 의례가 있을 때나 왕의 명령이 있을 때에 필요한 물품을 공급하였다.

상의원은 고려 시대에는 상의국, 장복서 등으로 불리다가 조선 초에 이르러 상의원으로 고정되었다. 이후 조선 시대 내내 같은 명칭으로 불리다가 고종 대인 1895년에 상의사로 개칭되었고, 다시 1905년에 상방사로 이름을 바꿨다.

상의원의 위치는 경복궁에서는 영추문으로 들어가면 사도시가 먼저 보이고, 다시 관상감을 만나게 되는데, 관상감 바로 뒤에 있었다. 또 창덕궁에서는 돈화문 안으로 들어가서 오른쪽으로 꺾으면 상의원이 자리하고 있었다.

상의원의 관리는 겸직인 제조 휘하에 정3품의 정 1명, 종5품의 판관 1명과 별좌 다수, 정6품의 주부 1명과 별제 다수, 종7품의 직장 2명이 있었다.

이들 관리 외에 상의원에 소속된 수백 명의 장인들이 있었다. 상의원에 예속된 공장, 즉 기술자의 숫자는 《경국대전》에 68종 597명으로 기록되어 있다. 대개 《경국대전》에 기록된 숫자보다는 많기 때문에 상의원에 예속된 장인들의 숫자만 해도 600명은 족히 넘었다는 뜻이다.

그들 장인들 중에 우선 직물과 관련해서는 성장筬匠(베틀의 바디를 만드는 장인), 능라장綾羅匠(비단 장인), 방직장紡織匠(직물 장인), 합사장合絲匠(실 꼬기 장인), 연사장鍊絲匠(옷감을 잿물에 삶아 희고 부드럽게 하는 장인) 등 220여 명으로 전체의 1/3 정도 되었다.

이들 장인들은 비단이나 면직류 등을 직조하는 역할을 했는데, 성장筬匠은 직접 직조하는 장인이 아니었다. 성장은 바디를 만드는 장인을 말하는데, 바디는 직조 도구의 하나이다. 바디는 가늘고 얇은 대오리를 참빗처럼 세워서 두 끝에 앞뒤로 대오리를 대고 단단하게 실로 얽어 만든 것이다. 이것은 살의 틈마다 날실을 꿰어

상의원의 관리들

직위	품계	인원수
제조(겸직)	종1품	1명
정	정3품	1명
판관	종5품	1명 및 별좌 다수
주부	정6품	1명 및 별제 다수
직장	종7품	2명

상의원의 장인들

분야	장인 수	설명
직물 관련	220여 명	성장, 능라장, 방직장, 합사장, 연사장 등
직물 관련 이외	400여 명	복식류, 관모류, 피혁과 모피류, 신발류, 염색과 도료, 무기류, 금은보화류, 마구류, 금속류, 빗류, 악기류, 주물, 옹기 등을 다루고 제작

날실을 고르게 해주는 한편, 북의 통로를 만들어주고 씨실을 쳐서 직조를 조밀하게 해준다. 말하자면 직물을 제직할 때 경사의 밀도를 정하고 위사를 투입할 때 북이 통과하는 길잡이 역할을 하고, 투입된 위사를 직물이 짜여진 끝까지 밀어주는 역할을 한다.

200여 명의 직조 장인들 외에 복식류, 관모류, 피혁과 모피류, 신발류, 염색과 도료, 무기류, 금은보화류, 마구류馬具類, 금속류, 빗류, 악기류, 주물, 옹기 등을 다루고 제작하는 장인들이 약 400명 정도 더 있었다. 그리고 이들 장인들로 해결되지 않을 때는 외부의 장인을 불러 썼다.

22장 | 상의원, 조선 패션을 선도하는 곳
72

늘 가슴 졸이며 사는 상의원의 의복 장인들

상의원은 생각보다 까다롭고 무서운 직장이었다. 상의원은 왕실에 소용되는 의복과 버선, 모자 등을 짓는 것이 가장 주된 임무였다. 그런데 이 복장과 관련해서는 사람마다 자기 취향이 달라 마음에 쏙 들게 만들기 쉽지 않았다. 특히 왕이나 중전이 복장에 관해 까탈을 부리면 상의원 관원들은 난감하기 짝이 없었다. 그래서 상의원 우두머리는 늘 종종걸음을 치며 왕이나 왕비의 안색을 살펴야만 했다. 그만큼 상의원 관원으로 사는 것이 녹록지 않은 일이었다.

태종은 복장이든 음식이든 매우 까탈스러운 왕이었다. 당시에는 사옹원처럼 상의원에도 3품 무록관인 제거 벼슬이 있었고, 제거가 실질적인 상의원의 우두머리였다. 그런데 1416년 5월 1일, 상의원 제거 심서에게 태종의 불호령이 떨어졌다. 태종이 노발대발한 이유는 버선 때문이었다. 상의원에서 임금이 신는 버선을 지어 올렸는데, 마음에 들지 않았던 것이다.

왕은 버선을 두 번 신는 일이 없었다. 항상 새 버선만 신기 때문이었다. 왕이 한 번 신은 버선은 신하들에게 하사하거나 내시들에게 선물로 내렸다. 그래서 왕이 신는 버선은 항상 새로 지은 것이었다. 그런데 태종이 갑자기 버선에 대해 까탈을 부렸다.

상의원에서 올린 버선은 세포말이었다. 세포말이란 가는 베로 만든 버선을 지칭하는데, 이것은 좀 미끄럽기도 하고 신고 벗을 때 잘 찢어진다. 그래서 태종은 격노하며 당장 심서를 옥에 가두라고 했다. 그러나 주변에서 심서를 옥에 가두는 것을 만류했던 모양이다. 사실, 음력 5월이라 이미 여름이 시작되어 날씨가 더워진 상황이었다. 그렇다면 당연히 가는 베로 된 버선을 올리는 것이 옳은 처사였다. 태종도 얼마 지나지 않아 그 상황을 이해했는지 심서를 옥에 가두지 말라고 다시 명령했다. 그러면서 한 마디 덧붙였다.

"이제부터는 가는 베는 쓰지 말라."

이렇게 이 사건은 다행히도 태종의 배려 덕에 임금의 버선을 가는 베로 만들지 말라는 요구로 끝났다. 하지만 대개 상의원 관원들에 대한 징계는 이 정도에서 끝나지 않았다.

세종 대의 뛰어난 의복 장인 백운보라는 자가 있었는데, 그는 옷 짓는 능력이 뛰어나 세종의 총애를 한 몸에 받았다. 그는 오로지 옷 만드는 재주가 뛰어나 벼슬을 얻었고, 옷을 잘 지었다는 공로로 때때로 세종으로부터 많은 선물을 받기도 했다. 그랬던 그가 세종 7년(1425년) 7월에 의금부 감옥에 갇히는 신세가 되었다. 그를 감옥에 가두라고 명령한 사람은 다름 아닌 세종이었다. 그가 어의를 지어 올렸는데, 이것이 세종의 마음에 들지 않았고, 결국 의금부 옥에 갇히는 처지가 되고 말았던 것이다.

그를 옥에 가두고 나서 세종은 자신이 너무 지나쳤던 건 아닌지 생각했는지, 그를 풀어주려고 했지만 주변 신하들이 반대하며 말했다.

"운보는 별다른 재주는 없으나, 다만 옷을 짓는 법을 알기 때문에 성은을 지나치게 받아 벼슬이 4품에 이르고, 인해 본원의 별좌에 차임되었으니, 마땅히 아침 저녁으로 두려워하고 조심하여 지극한 은혜에 보답해야 할 것인데, 망령되게 스스로 높은 체하고 진상하는 옷을 제 손으로 만들지 않아 체제에 맞지 않게 하였으니, 죄를 주어 뒷사람을 깨우치게 하기를 신 등은 원합니다."

하지만 세종은 그래도 백운보에게 죄를 주는 것은 너무 과하다고 생각했다.

"그대들의 청함이 매우 사리에 합당하다. 하지만 죄를 더하지는 말고 그대로 가두라."

그리고 세종은 나흘 만에 백운보를 석방시켰다.

하지만 이 사건으로부터 1년 6개월 후, 백운보는 곤장 80대를 맞는 고초를 겪었다. 당시 백운보는 상의원 별감 자리에 있었는데, 그의 죄목을 사헌부는 이렇게 보고했다.

"상의원 별감 백운보는 제복祭服에 적석赤舃으로 잘못 바쳤으니, 곤장 80대를 쳐야 할 것입니다."

제복이란 제사 지낼 때 입는 옷이고, 적석은 붉은 신발을 의미한다. 즉, 제사 지낼 때 신는 신발을 잘못 만들어 올린 죄로 벌을 받게 된 것이다.

결국, 백운보는 사헌부의 보고대로 곤장 80대를 맞아야 했다.

옷 짓는 일이라면 천하에 둘째가라면 서러워할 백운보도 이렇듯 옥에 갇히기도 하고 곤장을 맞기도 했을 정도였으니, 상의원 관원들은 늘 조마조마한 마음으로 근무할 수밖에 없었을 것이다.

세종 대의 유명한 과학기술자 장영실이 처음 받은 벼슬도 상의원 별좌였다. 상의원은 옷이나 보석뿐 아니라 임금의 가마를 만들거나 각종 물건을 만드는 장인들도 예속시켰기 때문이다. 하지만 장영실도 결국 임금의 가마를 잘못 만든 사건으로 죄를 받고 쫓겨나는 것으로 관직 생활을 마쳐야 했다.

백운보나 장영실처럼 상의원에 내로라하는 최고의 장인들은 아무리 공이 많아도 작은 실수 하나만 저질러도 가차 없이 쫓겨나야 하는 처지였다. 그만큼 상의원은 엄격하고 까다로운 직장이었던 것이다.

22장 | 상의원, 조선 패션을 선도하는 곳
73

'상방기생'으로 불린
침선비

　상의원의 가장 주된 임무는 옷과 신발, 장신구를 만드는 일이었다. 그리고 이 일을 위해서 가장 중요한 일은 바느질이었다. 바느질의 일인자들은 침선장과 침선비였다. 침선장은 평민이나 천민 출신의 남성들이었는데, 이들의 숫자에 대한 기록은 남아 있으나 구체적인 활동에 대한 기록은 거의 남아 있지 않다.

　하지만 상대적으로 침선비에 대한 기록은 많이 남아 있는 편이다. 침선비는 주로 궁궐 천비 중에서 바느질을 전담하는 침방 소속의 비자나 수놓기를 전담하는 수방 소속의 비자들이었다. 이들 침선비는 7, 8세 어린 나이부터 도제식으로 교육을 받으며 기술을 익혔다.

그런데 이들 침선비는 흔히 상방기생이라고도 불리었다. 상방이란 상의원을 지칭하는데, 상방기생이란 상의원에 예속된 기생을 뜻하였다. 이들을 상방기생이라고 부른 것은 때때로 궁중 연회가 열리면 춤과 노래를 담당하기도 했기 때문이다.

조선 왕들 중에서 침선비에게 기생 역할을 가장 많이 시킨 왕은 폭군의 대명사인 연산군이었다. 유달리 여색을 밝힌 연산군은 자주 궁중에서 연회를 열곤 했고, 그 바람에 늘 기생들이 필요했다. 특히 그가 아낀 기생 출신 후궁인 장녹수를 앞세워 궁궐에서 많은 기생을 교육시켰다. 또한 그는 기생들에게 자주 상품을 내리곤 했는데, 덕분에 연산군 시절의 침선비들은 궁중 연회에 동원되어 상을 탈 기회가 많았다.

이렇듯 침선비가 기생처럼 동원되었기 때문에 가끔은 기생 출신을 침선비로 삼기도 했다. 하지만 기생을 침선비로 삼는 것은 엄연히 금지되어 있었다. 그럼에도 기생을 침선비로 삼았다가 상의원 제조가 벌을 받는 경우도 있었다. 현종 6년(1665년) 9월 24일의 사건도 그 중 하나였다. 이날 사헌부에서 현종에게 다음과 같은 보고를 하였다.

"지난번 연석筵席에서 진연進宴할 때의 기생들 가운데 기생이 아닌데도 선발되어 올라온 사람은 즉시 도로 내려보내게 하라고 하교하였습니다. 이는 실로 성상께서 폐단을 끊고 민원을 돌보는 성대한 뜻에서 나온 조처인 것입니다. 그런데 지금 들리는 바에 의

하면 장악원에서 막 내보낸 기녀를 침선비로 상방에 예속시켰다고 합니다. 상방의 침선비를 어찌 다른 데서 초출할 사람이 있을 터인데, 그렇게 서둘러 이속移屬시켜 끝내 이미 내린 명령을 헛된 데로 귀결시킨단 말입니까. 상방의 해당 제조를 추고하여 무겁게 다스리소서."

현종은 결국 이 일로 상의원 제조에게 죄를 묻고 그를 파직시켰다.

하지만 이 사건 이후에도 기생 출신을 침선비로 삼는 일은 근절되지 않았다. 또한 침선비를 연회에 동원하는 일도 사라지지 않았다. 그 때문에 침선비는 여전히 상방기생으로 불리곤 했다. ■